東亞學系列

Trời mưa ướt bụi ướt bờ
Ướt cây ướt lá ai ngờ ướt em

越南漢喃作家辭典

鄭克孟 編著

Ainosco Press

編著者簡介

鄭克孟

越南社會科學院翰林院所屬漢喃研究院教授、博士生導師。蘇聯社會科學翰林院東方學研究院博士（1990）、漢喃研究院院長（廳局級正職，1999–2013）、漢喃雜誌總編輯（2001–2015）、越南社會科學學院漢喃系系主任（2010–2015）、國際儒學聯合會會員（2004–2013），曾在越南河內國家大學所屬人文與社會科學大學兼職教授，參與世界多所研究機構的合作研究。

主要研究領域包括：文獻學、金石學、版本學、文化學。著有《越南漢喃作家辭典》（2002，2007，2012，2019）、《越南碑銘的一些問題》（2008）、《越南漢文燕行文獻集成》（越方主編，2010）、《越南漢文小說叢刊》（越方主編，2011）、《漢喃碑銘學與版本學》（2012）、《漢喃版本學》（2014）、《越南文化中漢喃遺產》（2016）、《越南安子竹林佛教叢書》（同主編，2018）、《越南文廟考》（主編，2020）等，以及越文、英文、中文、俄文、韓文論文百多篇，主編叢書與譯叢多套。

目錄

序 i
A 1
B 4
C 11
D 31
Đ 38
G 55
H 60
K 84
L 95
M 111
N 125
O 150
P 153
Q 165
S 171
T 177
U 239
V 243
X 251
Y 253

參考資料 254
作家字號索引 257
作家姓名索引 275
作品索引 288

序

　　古之人也,取名亦定字,名字之外又有號。起初,字與號為貴族專屬,後來才擴展到朝官儒士、文人騷客。

　　所謂「名」,由長輩取。取名也有一定的法則。周朝時,貴族有規定:孩子滿百日或滿月才能取名。那時候,人名較為簡單,一般都以干支命名。後來,隨著文化的發展,人的名字也愈加繁雜。或者有人認為給孩子取個醜名字才容易養活,取個賤名就不會夭折。

　　所謂「字」,或曰「表字」,為「名」補義。弱冠之年才取字,《禮記·檀弓上》:「幼名、冠字,周道也。」字可由長輩為之取,也可自己取字。已經取字的人,是已經受到社會認可的成年人。

　　名與字也可以體現家族裡的輩分。名與字裡含「伯」、「孟」、「仲」、「季」,便是此義。

　　古之文人,皆有號。「號」是一種固定的別名,又稱別號。「號」,可自己取之,不受家族行輩的限制,因而可以更自由地抒發使用者的某種情操。文人之號,或寄其情,或述其志,或言其愛,或念其故縣,或記其人生。

　　名、字和號雖然都用來稱呼,但不能亂用,必須遵守一定的規則。名,用於謙稱,或輩分大的人稱呼輩分小的人;平輩之間關係較為親切者則可以直呼其名。呼長輩名為無禮;呼父母名為不敬;呼君王名為大逆。字與號,則多用於尊稱。

　　古代文人騷客常用自己的字和號署名,或做書的標題:朱文安的《樵隱詩集》、《樵隱國語詩集》;陳元旦的《冰壺玉壼集》;吳時任的《吳家文派希允公集》、《希尹公遺草》;阮浹的《幸庵遺文》、

《笠峰文稿》；阮思僩的《阮洵叔詩集》、《石農詩集》、《石農全集》、《石農文集》等都屬於這一類的標題。這種現象讓後人頗以為難，若不知前人的字與號，就難以知道作者是誰。古人的字和號又可能會重複，因此會出現不同的作者使用同一個字或號的情況。據我們統計，越南歷代作家中有 6 位取號「澹齋」，7 位以「靜齋」為號。

考慮到上述困難，我們根據現有的記載進行統計、核對，然後編輯成這本《越南漢喃作家辭典》，以期為學者、讀者提供有用的參考資料。

此書以字、號、法號、道號為詞條單位，按越南文之字母順序排列。詞條又分主輔兩類。主詞條的內容包括：名、別名、字、號、出生日期、籍貫、生平事跡（若可考證）及其作品；此外如果有有關該作者的已經出版的文獻，我們也列入該詞條的參考書目。當一個人有多個字或號時，我們以最為熟悉的字或號作為主詞條，其餘的當作輔詞條。比如阮浹的字與號一共 12 個，我們選擇最熟悉的「羅山夫子」為主詞條，其他的字與號都是輔詞條，註明主詞條的序號。為了方便，我們多以號為主詞條。若資料裡的信息有出入，我們也加以註解。

作品編號根據陳義和 François Gros 主編的《越南漢喃遺產：書目提要》；碑銘拓本編號（N^o 開頭）按照《越南漢喃金石資料拓本目錄》。然而一些作品沒有編號，屬於以下幾種情況：一、作品由若干作者共同編寫（一些特殊情況除外）；二、不在漢喃研究院館藏書之內；三、來源未詳。

《越南漢喃作家辭典》至今在越南已 4 次再版：第一版（2002）收錄 703 位作者的 1,016 條字與號；第二版（2007）收錄 757 位作者的 1,098 條字與號；第三版（2012）收錄 788 位作者的 1,108 條字與號；第四版（2019）共收錄了 791 位作者的 1,137 條字與號。此書按照第四版進行翻譯。

本書的詞條收錄範圍以漢喃研究院所館藏書籍為主，其他來源的

資料較少，希望以後有機會可以繼續補充。編寫過程中，由於文獻的稀缺，以及漢喃文獻中，對同一對象之記載不同，資料內容有出入，因此不足之處在所難免，希望各位讀者批評指正。

編寫過程中，我們參考了前人的書籍（請看〈參考資料〉），同時也受到了各位學者的支持，陳黎創教授（已故）曾經參加過前期研究工作，潘文閣教授和阮文原教授細心審閱並為書稿提出寶貴意見，阮有未博士和阮德鑽碩士做了全書的校訂工作，謹申謝忱。我們也很榮幸受到了越南社會科學翰林院、法國遠東學院駐河內研究中心、臺灣華藝數位股份有限公司 等機構的支持和幫助，在此由衷感謝。

鄭克孟

A

1. **愛菊子（ÁI CÚC TỬ）**

   武文川（?–?），號愛菊子。籍貫與生平事跡未詳。

   作品：《盎莊詩稿》（VHv.1446）。

2. **愛蘭處士（ÁI LAN XỬ SĨ）**

   阮逸（?–?），字唐臣，號愛蘭處士。京北處超類縣資世社（今北寧省順成縣）人。

   作品：《阮唐臣傳家規範》（A.2236）。

3. **愛竹齋（ÁI TRÚC TRAI）**

   吳世璘（1726–?），字環璞，號愛竹齋。兆豐府廣田縣（今承天順化省廣田縣）人。黎朝末年隱士，生平事跡未詳。

   作品：有詩歌收錄在《皇朝寶牒》、《南河紀聞》、《南行記得集》等書中。

4. **黯章（ẢM CHƯƠNG）**

   見第947條「存庵」。

5. **安之（AN CHI）**

   見第673條「汭川」。

6. **安之（AN CHI）**

   見第464條「覽漢」。

7. **安江（AN GIANG）**

   黃道達（1846–?），號安江。河東省懷德府慈廉縣下安決社（今河內市）人。成泰六年（1894）甲午科舉人。

作品：《酬世詩集》（A.624）；另有詩歌收錄在《名家聯敘》中。

8. 安溪（AN KHÊ）

裴艷（1745–1817），號安溪。籍貫與生平事跡未詳。

作品：《盛世雄文集》（A.464）。

9. 安山（AN SƠN）

見第 123 條「菊香」。

10. 安山（AN SƠN）

見第 720 條「福直」。

11. 英川（ANH XUYÊN）

裴叔貞（1810–1890），又名裴忠，字一忠、英川。山南下鎮海厚縣海上社（今南定省海厚縣）人。吳世榮之學生，屢試不第，後潛心研究醫學。

作品：《衛生脈決》（VHv.2507）、《衛生要旨》（VHv.2571, VHb.242, VHb.243, VHb.244, VHb.245, VHb.246, VHb.247, VHb.248）。

12. 殷輅（ÂN LỘ）

見第 215 條「定齋」。

13. 殷年（ÂN NIÊN）

見第 954 條「遜庵」。

14. 幼專（ẤU CHUYÊN）

見第 580 條「耐庵」。

15. 幼敏（ẤU MẪN）

阮益遜（1458–?），號幼敏、脩善允、和談。丹鳳縣茂和社（今河內市懷德縣明開社茂和村）人。黎聖宗洪德十五年（1484）甲辰科同進士出身，官至禮部右侍郎、翰林院校討，也是騷壇會的一員。

作品:《總督大王神祠碑記》;另有《全越詩錄》(A.3200/1-4, A.1262, A.132/1-4, VHv.117/1-2, VHv.777/1-2, VHv.1450/1-2, VHv.116, A.1334, A.393, A.2743)收錄的6首漢文詩。

參考:裴文原(主編)(2000),《越南文學總集》第4冊,河內:社會科學出版社。

16. 幼通（ẤU THÔNG）

見第173條「養庵」。

B

17. 伯亨（BÁ HANH）

見第 1015 條「衷邁」。

18. 伯溫（BÁ ÔN）

阮棹（?–?），字伯溫。南定省膠水縣茶縷社人。阮景宗同慶元年（1886）丙戌科舉人。

作品：《南雅民志考》（A.3175）、《南雅民志考集》（VHv.2699）。

19. 伯适（BÁ QUÁT）

黎适（?–?），字伯适，號梅峰。清化府東山縣府裡鄉（今清化省境內）人。

20. 伯升（BÁ THĂNG）

見第 405 條「希遠」。

21. 伯貞（BÁ TRINH）

見第 178 條「養浩」。

22. 白庵（BẠCH AM）

武惟匡（1644–?），號白庵。海陽鎮唐安縣慕澤社（今海陽省平江縣新紅社）人。黎玄宗景治八年（1670）庚戌科第三甲同進士出身。曾任禮科都給事中一職，逝世後追封參政。

作品：有詩作收錄於《全越詩錄》（A.3200/1-4, A.1262, A.132/1-4, VHv.117/1-2, VHv.777/1-2, VHv.1450/1-2, VHv.116, A.1334, A.393, A.2743）。

參考：裴維新（主編）（2000），《越南文學總集》第 6 冊，河內：社會科學出版社。

23. 白毫子（BẠCH HÀO TỬ）

見第 898 條「倉山」。

24. 白茅庵（BẠCH MAO AM）

丁日慎（1815–1866），字子季，號白茅庵。英山府清漳縣吉岸總清遼社（今乂安省清漳縣）人。阮聖祖明命十九年（1838）戊戌科第三甲同進士出身，曾任英山知府。

作品：《白茅庵詩類》（VHb.217）、《秋夜旅懷吟》（AB.58）、《秋夜吟》（AB.396）；另有詩文收錄在《歌傳隨筆》、《歌詞雜錄》、《征婦吟》、《古今詩文歌曲雜編》、《賀進士帳文》、《日程東洋旅懷吟》、《文策》等書中。

參考：阮廣遵（主編）（2000），《越南文學總集》第 13 冊，河內：社會科學出版社。

25. 白山（BẠCH SƠN）

見第 962 條「宅卿」。

26. 白雲庵（BẠCH VÂN AM）

阮秉謙（1491–1585），字亨甫，號白雲庵、雪江夫子。海陽處永賴縣中庵村（今海防市永保縣理學社）人。莫太宗大正六年（1535）乙未科第一甲進士及第第一名，官至吏部左侍郎兼東閣大學士。辭官後，莫帝依然向他詢問國事，並加官吏部尚書，封程宣侯，後封程國公。

作品：《白雲先生詩集》（VHv.2615）、《白雲庵詩文集》（A.296/1-2）、《白雲庵程國公詩集》（A.2591, VHv.1453/1-2）、《白雲庵程國公錄記》（VNb.3, VHv.1453）、《識記秘傳》（VHv.2261）、《程國公白雲庵詩集》（AB.309, AB.157）、《程國公阮秉謙詩集》（AB.635）、《程國公識記》（AB.345）、《程先生國語》（AB.444）、《三教像銘碑》（N⁰4662）；另有詩

文收錄在《名詩合選》、《地學摘英》、《翰閣叢談》、《一蹟天文家傳》、《郭氏家藏》、《廣覽名言集錄》、《廣義省女學場》、《詩抄》、《詩文雜記內附漢字對聯祭文帳文》、《千家詩集》、《天南語錄外紀》、《先正格言》、《全越詩錄》（A.3200/1-4, A.1262, A.132/1-4, VHv.117/1-2, VHv.777/1-2, VHv.1450/1-2, VHv.116, A.1334, A.393, A.2743）、《陳王傳考》、《越南山河海峒賞詠》、《越詩續編》、《越粹參考》等書中。

參考：丁嘉慶（1983），《阮秉謙詩文》，河內：文學出版社；《程狀元阮秉謙》（1991），海防：文學院與海防歷史學協會；《阮秉謙在越南思想史上的貢獻》（1992），胡志明：胡志明市漢喃學中心；阮渠（主編）（2000），《越南文學總集》第5冊，河內：社會科學出版社；《阮秉謙及其著作》（2001），河內：教育出版社；《阮秉謙詩文總集》（2014），河內：文學出版社。

27. 邦直（BANG TRỰC）

見第269條「介軒」。

28. 龐靈（BÁNG LINH）

見第665條「珥南」。

29. 体仁（BẢN NHÂN）

見第248條「堂軒」。

30. 榜林（BẢNG LÂM）

梁瑽（?–?），字從善，號榜林。宣光州人。黎太宗紹平年間（1434–1439）歷任太監、禮部侍郎兼大樂書。

作品：有詩作收錄於《全越詩錄》（A.3200/1-4, A.1262, A.132/1-4, VHv.117/1-2, VHv.777/1-2, VHv.1450/1-2, VHv.116, A.1334, A.393, A.2743）。

31. 保根（BẢO CĂN）

尹芝（?–?），字保根。舒池縣外朗社（今太平省武舒縣）人。生平事跡未詳。

作品：《保根詩集》（VHv.232）。

32. 寶覺禪師（BẢO GIÁC THIỀN SƯ）

姓阮（?–1173），法號寶覺禪師，原名未詳。籍貫與生平事跡未詳。

作品：有偈一首，收錄在《禪苑集英》（VHv.1267, A.3144）中。

參考：《禪苑集英》（1990），河內：文學出版社；文新（主編）（2000），《越南文學總集》第1冊，河內：社會科學出版社。

33. 寶鑑禪師（BẢO GIÁM THIỀN SƯ）

喬浮（?–1173），法號寶鑑禪師。中瑞鄉（今河內市丹鳳縣）人。李英宗年間（1138–1175）任恭候舍人。30歲辭官在寶福寺（美凌郡多雲鄉，今之所在未詳）出家修行。

作品：〈感懷〉收錄在《全越詩錄》（A.3200/1-4, A.1262, A.393, A.132/1-4, VHv.117/1-2, VHv.777/1-2, VHv.1450/1-2, VHv.116, A.1334, A.2743）、《禪苑集英》（VHv.1267, A.3144）等書中。

參考：《禪苑集英》（1990），河內：文學出版社；文新（主編）（2000），《越南文學總集》第1冊，河內：社會科學出版社。

34. 保軒（BẢO HIÊN）

丁儒光（?–?），又名丁世顯，字保軒。河靜省香山縣安佋社人，生平事跡未詳。嗣德第八年乙卯科（1855）舉人。任河靜巡撫、刑部侍郎等職。

作品：《丁保軒詩集》（VHv.233）。

35. 寶原（BẢO NGUYÊN）

見第659條「認齋」。

36. 寶光（BẢO QUANG）

見第1037條「松軒」。

37. 拔卿（BẠT KHANH）

見第 300 條「豪川」。

38. 冰壺（BĂNG HỒ）

陳元旦（1325–1390），字冰壺。天長路即墨社（今南定省南定市）人，陳光啓的後代，阮廌的外公。陳藝宗年間（1370–1372）任司徒輔政。陳廢帝年間（1377–1388）休職，隱居於崑山（今海陽省至靈縣）。

作品：《冰壺玉壑集》（已失傳）；有詩作收錄於《全越詩錄》（A.3200/1-4, A.1262, A.132/1-4, VHv.117/1-2, VHv.777/1-2, VHv.1450/1-2, VHv.116, A.1334, A.393, A.2743）和《精選諸家詩集》等書中。

參考：陳黎創（主編）（2000），《越南文學總集》第 3 冊，河內：社會科學出版社。

39. 朋江（BẰNG GIANG）

見第 614 條「義園」。

40. 北溪（BẮC KHÊ）

范汝翼（?–?），字孟臣，號北溪，又號寶溪。多瀴社（今太平省瓊附縣）人，生平未詳。胡季犛年間（1400–1407）任新山縣教授。

作品：有詩作收錄於《全越詩錄》（A.3200/1-4, A.1262, A.132/1-4, VHv.117/1-2, VHv.777/1-2, VHv.1450/1-2, VHv.116, A.1334, A.393, A.2743）。

41. 碧峰（BÍCH PHONG）

黎貞（1850–1909），號碧峰。河靜省錦川縣美德村人，後生活在廣治省兆豐縣碧羅社。嗣德二十三年庚午科（1870）鄉試解元，嗣德二十八年乙亥科（1875）副榜。歷任翰林院檢討、戶部辦理、機密院參辨、刑部與兵部參知、安河（乂安與河靜）總督、榮祿大夫、協辦大學士。1882 年出使中國，逝世後追爵衛義子。

作品：《碧峰遺討》。

參考：黎貞（2006），《碧峰遺討》，順化：順化出版社。

42. 平如（BÌNH NHƯ）

見第 773 條「雙碧」。

43. 秉直（BỈNH TRỰC）

見第 225 條「東野樵」。

44. 柄池（BÍNH TRÌ）

鄧陳琨（?–?），號柄池。青池縣仁睦社（今河內市棟多郡）人。活動於 18 世紀間，文才出眾。歷任訓導、青威知縣、御史臺等職。

作品：《征婦吟》（VNv.288）；有詩作收錄於《古賦詩文集》、《名家國音》、《名言雜著》、《名賦合選》、《民間古調曲》、《陶娘歌籌唱類》、《黎朝賦選》、《參考博文》、《詩抄》、《竹堂述古詩集》、《張留侯賦》等書中。

參考：鄧陳琨（1942），《征婦吟》，柴棍：新越出版社；淳風（1971），《征婦吟講論》，柴棍：錦沙出版社；阮廣遵（主編）（2000），《越南文學總集》第 13 冊，河內：社會科學出版社；鄧陳琨（2007），《征婦吟》，河內：文化通訊出版社。

45. 蓬州（BỒNG CHÂU）

武惟清（1807–1859），字澂甫，號蓬州，又號雲蓬。清華外鎮安慶府金蓬社（今寧平省安慶縣慶海社）人。嗣德第四年（1851）辛亥科副榜，後來考取博學宏才，第一甲制科吉士及第，獲第二名。歷任翰林院侍讀、國子監司業、國子監祭酒等職。

作品：《蓬州詩文集》（A.1043）、《蓬州武先生試文》（VHv.422）、《制科榜眼武惟清集草》（A.2282）、《三字經撮要》（A.1044）、《恬江社武會碑記》（N⁰16934/16835）；有詩作收錄於《博學宏詞科文選》、《制科宏材文選》、《詔表體文雜錄》、《大南英雅前編》、《御製詩集》等書中。

參考：黎志遠（主編）（2000），《越南文學總集》第 15 冊，河內：社會科學出版社。

46. 裴溪居士（BÙI KHÊ CƯ SĨ）

見第 453 條「羅山夫子」。

47. 筆溪（BÚT KHÊ）

陳元藻（?–?），號筆溪。籍貫與生平事跡未詳。

作品：《筆溪詩草》（VHv.611）、《筆溪文集》（VHv.581）；有詩作收錄於《仙懷阮族譜》等。

48. 筆山（BÚT SƠN）

見第 108 條「拙齋」。

49. 郵文（BƯU VĂN）

潘繼柄（1875–1921），號郵文。環龍縣瑞圭鄉（今河內市）人。成泰十八年（1906）丙午科舉人。不做官，在家教書。後來參加維新會，與《東洋雜誌》、《六省新聞》、《中北新聞》等報社合作。

作品：喃譯《南海異人列傳演音》（AB.472）。

C

50. 格如（CÁCH NHƯ）

見第 490 條「蓮坡」。

51. 耕亭（CANH ĐÌNH）

見第 1084 條「約齋」。

52. 警糕（CẢNH CAO）

黎崱（?–?），字警糕。清化路東山縣人。

作品：《安南志略》（A.16, VHv.1334/1-2）。

參考：黎崱（2002），《安南志略》，順化：順化出版社。

53. 景誼（CẢNH NGHỊ）

見第 885 條「睡軒」。

54. 幹臣（CÁN THẦN）

見第 1010 條「竹雲」。

55. 杲川（CẢO XUYÊN）

阮倩（1495–1557），號杲川。原籍青威縣早陽社，後移居山南鎮青威縣耕劃社（今河內青威民和社）。大正三年（1532）壬辰科第一甲進士及第（狀元）。歷任禮部尚書、吏部尚書兼都御史、東閣大學士、入侍經筵等職，封舒郡公。

作品：有詩作收錄於《全越詩錄》（A.3200/1-4, A.1262, A.132/1-4, VHv.117/1-2, VHv.777/1-2, VHv.1450/1-2, VHv.116, A.1334, A.393, A.2743）。

56. 蛤川（CÁP XUYÊN）

見第 975 條「渥溪」。

57. 恰川（CÁP XUYÊN）

陳元熙（?–?），號恰川。海陽鎮南策縣（今海陽省）人，16 世紀間人。生平事跡未詳，曾任刑院大夫。

作品：有詩作收錄於《全越詩錄》（A.3200/1-4, A.1262, A.132/1-4, VHv.117/1-2, VHv.777/1-2, VHv.1450/1-2, VHv.116, A.1334, A.393, A.2743）。

58. 吉甫（CÁT PHỦ）

武征（?–?），號吉甫。籍貫與生平事跡未詳。

作品：《珧亭神筆》（VHv.274）。

59. 吉川（CÁT XUYÊN）

吳穎（?–?），籍貫與生平事跡未詳，曾任高平省按察使。

作品：《皇越律例撮要演歌》（AB.321）。

60. 吉川（CÁT XUYÊN）

陳進（1709–1770），字厚甫，號吉川、謙齋。海陽鎮至靈縣田池社（今海陽省南策縣國俊社）人。景興第九年（1748）戊辰科第三甲同進士出身。歷任謹事佐郎、副都御史、翰林院校討、翰林院侍講、承天府府尹、禮部尚書等職，爵索勳伯。

作品：《吉川捷筆》、《吉川詩集》、《登科錄搜講》（A.3188, A.224, VHv.2029, VHv.2230, VHv.1989）、《地方誌》、《年譜錄》、《後神碑記／後聖碑記》（N^{0}1083/1084）、《協保后神碑記／流傳奉祀券文／祭文／祭田》（N^{0}5863/5864/5865/5866）。

61. 錦亭（CẨM ĐÌNH）

潘叔直（1808–1852），字養浩，號錦亭。乂安鎮安城縣雲柱社（今乂安省慶城社）人，紹治七年（1847）丁未科第一甲進士及第，獲第三名。任翰林院著作、集賢院侍講、經筵起居注等職。逝世後追封侍講學士。

作品：《濱州東城縣通誌》（VHv.1719）、《錦亭詩選集》（VHv.357, VHv.684）、《錦亭詩文全集》（VHv.1426）、《錦亭文集》（VHv.683, VHv.262）、《國史遺編》（A.1045/1-2）、《陳黎外傳》（A.1069）；有詩作收錄於《錦回集》、《今朝詔旨》、《探花潘叔直錦回賀集》、《賀高副榜對聯帳文》等書中。

參考：潘叔直（2010），《國史遺編》，河內：社會科學出版社；潘叔直（2011），《錦亭詩選集》，河內：社會科學出版社；潘叔直（2012），《庭試探花潘叔直（1808–1852）——文化名人》，河內：社會科學出版社。

62. 錦堂逸士（CẨM ĐƯỜNG DẬT SĨ）

阮廷會（?–?），號錦堂逸士。原籍上福縣蕊溪社（今河內市），後移居清化省東山縣渠內社。生平事跡未詳。

作品：《阮廷族家譜世系集》（VHv.2428）。

63. 芹江（CẦN GIANG）

陶元溥（1861–1908），又名陶文邁，字橫海，號芹江，又號掃悲。太平省太寧府瓊瑰縣同直總上判社（今太平省瓊附縣瓊黃社）人。建福元年（1884）甲申科舉人，成泰十年（1898）戊戌科第二甲進士。歷任興化省三農縣訓導、北寧省武江縣知縣、翰林承旨等職，在《同文日報》擔任主筆（即現代所謂總編輯）。

作品：《越史續編》（A.6）中之《國史敘》、《越史新約全編》；有詩作收錄於《越綱集成》、《詩文對聯抄集》等書中。

參考：張通（主編）（2000），《越南文學總集》第19冊，河內：社會科學出版社；張通（2008），《庭元黃甲陶元溥》，河內：文學會。

64. 艮亭（CẤN ĐÌNH）

楊伯恭（1794–1868），號艮亭。上福縣蕊溪社（今河內市常信縣蕊溪社）人。明命第二年（1821）辛巳科舉人，任邊和省督學。

作品：《楊家世譜》（A.682）、《楊家杼軸》（A.3008/a, b, c）、《河內地輿》（A.1154, VHv.2659）、《重修徽文殿毓慶寺碑記》（N[0]449）、《重修文廟記》（N[0]2699/2700）；編輯《抑齋遺集》

（VHv.1772/2-3, VHv.1498/2, VHv.697/1, A.131, A.140, A.206, A.3198, VHv.1498/1-3, A.2232, A.1753, VNv.143）一書；有詩作收錄於《蕊溪楊家世譜》、《帳對及應制文》、《帳聯文集》等。

65. 艮齋 (CẤN TRAI)

鄭懷德（1765–1825），字止山，號艮齋。華裔，年幼在順化生活，後移居邊和嘉定（今胡志明市）。歷任戶部右參知、戶部尚書、禮部尚書、吏部尚書、兵部尚書等職。

作品：《艮齋詩集》（A.780, A.1392, A.3139）、《嘉定城通志》（VHv.1335/1-3, A.1561/1-2, A.708/1-2, A.94, A.1107, VHv.1490）；有詩作收錄於《大南英雅前編》、《孝經立本》、《朝堂文式》等書中。

參考：鄭懷德（1964），《嘉定城通志》，河內：科學社會出版社；鄭懷德（1998），《嘉定城通志》，河內：教育出版社；鄧德超（主編）（2000），《越南文學總集》第14冊，河內：社會科學出版社；鄭懷德（2004），《嘉定城通志》，同奈：同奈出版社。

66. 真空禪師 (CHÂN KHÔNG THIỀN SƯ)

王海蟾（1046–1100），法號真空禪師。僊遊縣扶董鄉（今河內市嘉林縣扶董社）人。自幼精通經史，後在慈山寺修行研究佛法。李仁宗皇帝年間（1072–1128）曾請入京講《法華經》。

作品：〈答弟子妙道之問〉和〈感懷〉收錄在《禪苑集英》（VHv.1267, A.3144）。

參考：《禪苑集英》（1990），河內：文學出版社；文新（主編）（2000），《越南文學總集》第1冊，河內：社會科學出版社。

67. 真原 (CHÂN NGUYÊN)

見第1133條「意齋」。

68. 真原 (CHÂN NGUYÊN)

阮嚴（1647–1726），字廷璘，法名真原、慧登。海陽處青河縣前

列村（今海陽省青河縣青海社）人。黎裕宗年間被封為僧統，賜號正覺和尚。

作品：《見性成佛》（A.2036, A.2570）、《禪宗本行》（AB.562）等。

參考：黎孟撻（1980），《真原禪師全集》第 1 冊，胡志明：萬幸修書；阮嚴（2009），《禪宗本行》，河內：文學出版社。

69. 真齋 (CHÂN TRAI)

覃文禮（1452–1505），字弘敬，號真齋，又號道齋。京北處桂陽縣覽山社（今北寧省桂武縣南山社）人。光順第十年（1469）己丑科第三甲同進士出身。歷任禮部尚書、長翰林院事、東閣大學士等職。曾出使中國。

作品：《大越藍山敬陵碑》（N⁰13482）；有詩作收錄於《全越詩錄》（A.3200/1-4, A.1262, A.132/1-4, VHv.117/1-2, VHv.777/1-2, VHv.1450/1-2, VHv.116, A.1334, A.393, A.2743）。

參考：裴文原（主編）（2000），《越南文學總集》第 4 冊，河內：社會科學出版社。

70. 振江 (CHẤN GIANG)

鄧文端（?–?），號振江。籍貫未詳，有的記載是北寧省僊遊縣扶董鄉（今河內市嘉林縣扶董社）人。生平事跡未詳。

作品：《仙扶鄧家醫治撮要》（A.2555）。

71. 質夫 (CHẤT PHU)

阮登道（1651–1719），字質夫。京北鎮僊遊縣懷抱社（今北寧省僊遊縣蓮抱社）人。正和第四年（1683）癸亥科第一甲進士及第一名。歷任都御史、入侍經筵、兵部尚書、參訟兼東閣大學士等職。曾出使中國。

作品：《後神碑記／上洪府／錦江縣／陽明社》（N⁰9646/9647/9648/9649）、《貴台公留福碑》（N⁰675/734/2222/2223）、《奉事范家碑記》（N⁰8802/8803/8804/8805）；有詩作收錄於《詩抄》、《仙懷阮族譜》等。

參考：裴維新（主編）（2000），《越南文學總集》第6冊，河內：社會科學出版社。

72. 質齋（CHẤT TRAI）

阮名譽（1656–1736），號質齋。丹鳳縣楊柳社（今河內市懷德縣楊柳社）人。正和第六年（1685）乙丑科第三甲同進士出身。歷任憲察使、陪訟、工部右侍郎、禮部左侍郎等職，伯爵。曾出使中國。

作品：《無題碑》（N⁰1265/1266）；有詩作收錄於《全越詩錄》（A.3200/1-4, A.1262, A.132/1-4, VHv.117/1-2, VHv.777/1-2, VHv.1450/1-2, VHv.116, A.1334, A.393, A.2743）。

參考：裴維新（主編）（2000），《越南文學總集》第6冊，河內：社會科學出版社。

73. 珠江（CHÂU GIANG）

見第954條「遜庵」。

74. 珠溪（CHÂU KHÊ）

阮保（1452–1503?），號珠溪，武儴縣方來社（今太平省武書縣）人。洪德第三年（1472）壬辰科第三甲同進士出身。在東閣任春坊左司講，給太子教書。黎憲宗年間（1479–1504）任禮部尚書兼翰林院侍讀。逝世後追封少伯。

作品：《珠溪詩集》（已失傳）、《顯瑞庵碑》（N⁰1223）、《坤元至德之碑》（N⁰1919）；有詩作收錄於《山勝跡雜記》、《天南形勝明良遺墨錄》、《全越詩錄》（A.3200/1-4, A.1262, A.132/1-4, VHv.117/1-2, VHv.777/1-2, VHv.1450/1-2, VHv.116, A.1334, A.393, A.2743）等書中。

75. 洲豐（CHÂU PHONG）

見第178條「養浩」。

76. 珠峰（CHÂU PHONG）

潘廷逢（1847–1895），號珠峰。河靜省羅山縣東泰社（今河靜省

德壽縣松影社）人。嗣德三十年（1877）丁丑科考中庭元，第三甲同進士出身。

作品：《越史地輿》（A.971）；有詩作收錄於《排外謬見列傳》、《錦語》、《名人詩集》、《大家寶文雜編》、《對聯詩文雜編》、《佳文集記》、《皇朝翰林院實錄》、《祭文對帳賀表書文雜錄》、《詩文對聯雜錄》等。

參考：阮文玄（主編）（2000），《越南文學總集》第 17 冊，河內：社會科學出版社；潘廷逢（2007），《越史地輿》，河內：東西文化語言中心；丁春林、張通（2007），《潘廷逢——生平及事業》，乂安：乂安出版社、河靜文化資訊處。

77. 珠峰（CHÂU PHONG）

見第 225 條「東野樵」。

78. 洲津居士（CHÂU TÂN CƯ SĨ）

見第 178 條「養浩」。

79. 珠樹子（CHÂU THỤ TỬ）

阮有貴（?–?），號珠樹子。壽昌縣東作坊（今河內市）人，生平事跡未詳，同慶第一年（1886）丙戌科舉人。

作品：《口史記》（AB.417）。

80. 珠川子（CHÂU XUYÊN TỬ）

裴子樂（?–?），號珠川子。河南省金榜縣人，生平事跡未詳，活動於 19 世紀末至 20 世紀初。

作品：《家訓雜志》（VHv.2018）、《珠川家訓》（VHv.2018）。

81. 之和（CHI HÒA）

見第 159 條「裕庵」。

82. 之福（CHI PHÚC）

見第 417 條「克齋居士」。

83. 止庵（CHỈ AM）

潘輝溫（1754–1786），字和甫，又字仲洋，號止庵，又號雅軒。乂安鎮天祿縣收穫社（今河靜省祿河縣石洲社）人，潘輝益之弟。景興四十年（1779）己亥科第三甲同進士出身。歷任山西及太原督同、翰林侍制、參同堤領、僉差知工番等職，爵美川伯；逝後追封翰林侍講，爵美川侯。

作品：編輯《科榜標奇》、《歷朝登科備考》、《天南歷朝列縣登科備考》、《乂靖雜記》、《山南歷朝登科備考》等書。

84. 止山（CHỈ SƠN）

見第 799 條「晉齋」。

85. 止山（CHỈ SƠN）

見第 65 條「艮齋」。

86. 止叔（CHỈ THÚC）

見第 572 條「夢梅」。

87. 止齋（CHỈ TRAI）

黎元忠（?–?），號止齋。乂安省清漳縣忠勤社人。嘉隆十二年（1813）癸酉科鄉貢，曾任總督。

作品：《止齋文詩集》收錄在《默翁止齋黎參詩文合編》（VHv.97）；有詩作收錄於《百官謝表》、《碑記表文雜錄》、《錦亭詩文全集》、《鼎鍥大越歷朝登科錄》、《傳家至寶》等書中。

88. 址齋（CHỈ TRAI）

范世歷（1791–1874），後改名為范世忠，號址齋。春長府膠水縣群朦社（今南定省春長縣春寧社）人。明命七年（1826）戊子科舉人，明命十年（1829）己丑科第三甲同進士出身。歷任行走、翰林院編修、知府司義（廣義省）、禮部員外郎、吏部郎中、平定布政使、廣南正使、刑部左侍郎、承天府尹、戶部右侍郎、北寧及太原總督等職。曾出使中國。

作品：《使華卷》（A.2938）、《使清文錄》（A.1757）；有詩作收錄於《裴家北使賀文詩集》、《大南碑記詩帳寶集》、《龍選試策》等書中。

89. 志庵（CHÍ AM）

見第 91 條「志軒」。

90. 志亭（CHÍ ĐÌNH）

見第 91 條「志軒」。

91. 志軒（CHÍ HIÊN）

阮文理（1795–1868），字志庵，又字循甫，號志軒，又號東溪、志亭。壽昌縣東作坊（今河內市棟多郡）人。明命四年（1823）乙酉科舉人，明命十三年（1832）壬辰科第三甲同進士出身。歷任翰林院編修、順安知府、吏部郎中、富安按察使、常信府教授、興安督學等職。

作品：《志庵東溪詩集》（A.391）、《志軒詩草》（A.390）、《東溪詩集》（A.1873, A.2439, VHv.2374）、《東溪文集》（VHv.2375）、《東作阮氏家訓》（A.673）、《壽昌東作阮氏世譜》（A.1331）、《壽昌先賢祠宇碑記／留奉祠宇田池碑記》（N°251/252/253/254）；編輯《北城地輿誌錄》；評論《朱謝軒先生原集》；參加《蔗園全集》、《升龍城懷古十四首》等書審查；有詩作收錄於《高平記略》、《名人詩集》、《遊五行山唱和集》、《大南碑記詩帳寶集》、《東作阮氏家譜》、《皇朝文選》、《玉軒蘆墓後集》、《鳳山詞誌略》、《帳文詩對聯集》、《春早尚書阮進士家譜》、《策學纂要》等書中。

參考：《志亭阮文理——詩作選集》（2011），河內：科學社會出版社；《志亭阮文理（1759–1868）——詩作總集》（2015），河內：科學社會出版社。

92. 昭陽（CHIÊU DƯƠNG）

高圭（?–?），字昭陽。籍貫與生平事跡未詳。

作品：編輯《虎帳樞機》（A.157, A.1783, A.3003, A.565），並為其寫序文。

93. 昭明 （CHIÊU MINH）

見第 455 條「樂道」。

94. 正拜 （CHÍNH BÁI）

黎嚴敬（?–?），號正拜。塸公省和樂總陽福社（今前江省）人，生平事跡未詳。

作品：《水厄火災記》（VHb.5）。

95. 正軒 （CHÍNH HIÊN）

丁鴻翻（?–?），字翔甫，號正軒。又安鎮驪州縣溪亭社人，生平事跡未詳。

作品：《正軒詩集》（VHv.2149）；有詩作收錄於《佛經摘字》（VHv.2459）等書中。

96. 正軒 （CHÍNH HIÊN）

阮榮整（?–?），號正軒。香溪縣慈江社（今河靜省）人，生平事跡未詳。

作品：《正軒文集》（VHv.1638）。

97. 周臣 （CHU THẦN）

見第 120 條「菊堂」。

98. 主婆金岡 （CHÚA BÀ KIM CƯƠNG）

見第 706 條「法性」。

99. 祝里子 （CHÚC LÝ TỬ）

程師孟（?–?），號祝里子。慈廉縣（今河內市）人，生平事跡未詳，僅知程師孟生活在 17 世紀階段，隱居，不當官。

作品：有詩作收錄於《全越詩錄》（A.3200/1-4, A.1262, A.132/1-4,

VHv.117/1-2、VHv.777/1-2、VHv.1450/1-2、VHv.116、A.1334、A.393、A.2743）。

100. 拙庵（CHUYẾT AM）

李子瑨（1378–1457），或云姓阮，字子瑨，號拙庵。上福縣朝烈社（今河內市常信縣新明社）人。胡季犛聖元元年（1400）庚辰科第二甲出身，不願出仕。至黎仁宗（1443–1459）時才出來當官，歷任通風大夫、北道行遣、翰林院承旨、翰林院學士等職。

作品：《拙庵詩集》（已失傳）；有詩作收錄於《清池光烈朱氏遺書》、《全越詩錄》（A.3200/1-4、A.1262、A.132/1-4、VHv.117/1-2、VHv.777/1-2、VHv.1450/1-2、VHv.116、A.1334、A.393、A.2743）、《皇越文選》等書中。

參考：裴文原（主編）（2000），《越南文學總集》第4冊，河內：社會科學出版社。

101. 拙夫（CHUYẾT PHU）

鄧瑞（1649–1735），字廷相，號竹翁、竹齋仙翁、拙夫。彰德縣良舍社（今河內市彰美縣良舍社）人。21歲時（1669）考取解元，景治八年（1670）考取第三甲同進士。歷任吏部左侍郎、少副、國老班太副、大司馬、長府事、大司徒、應郡公等職。曾出使中國。逝世後追封大司空、福神。

作品：《竹翁奉使集》（已失傳）、《術古規訓錄》（已失傳）、《零江營衛錄》（A.514）、《無題》（N⁰6390/6391/6392/6393、N⁰12727/12728/12729/12730）、《報恩碑記/信約文記/惠田逐分記/尊德姓字記》（N⁰1710/1711/1712/1713）、《正法殿石碑/戶兒姓名》（N⁰2605/2606）、《杜家碑/譜系記》（N⁰3195/3196）、《含龍寺碑記》（N⁰162/163）、《后神碑記》（N⁰3197/3198）、《留恩遺愛之碑》（N⁰5538/5539/5540/5541）、《奉事碑記》（N⁰3986/3987/3988/3989、N⁰7152/7153/7154）、《奉事後佛碑記》（N⁰15166）、《承祀碑》（N⁰5210/5211/5212/

5213）、《重興報恩寺碑記／本社姓名／檀那信供／供田三寶》（N⁰8134/8135/8136/8137）、《重修功德碑記》（N⁰1225/1226/1227/1228）、《永報碑》（N⁰6459/6460/6461/6462）、《永報碑記》（N⁰20033/20034/20035/20036）、《永福寺碑記／十方功德記／禮儀／供田》（N⁰6561/6586/6595/6596）。

參考：裴維新（主編）（2000），《越南文學總集》第6冊，河內：社會科學出版社。

102. 拙夫（CHUYẾT PHU）

黎璜（?–?），字拙夫，號和正子，或稱和正。金榜縣（今河南省金榜縣）人，生平事跡未詳。

作品：《和正地理》（A.2153）、《流舍和正秘傳地法》（A.1405）、《天南地理格言全集》（R.2221）。

103. 拙夫（CHUYẾT PHU）

阮碩德（1549–?），又名阮福德，號拙夫。京北府東岸縣寧江社（今河內市嘉林縣寧協社）人。興治二年（1589）己丑科第三甲同進士出身。歷任承正使、刑科都給事中等職。

作品：《顯靈祠石碑》（N⁰7120/7121）、《興功重修福娘寺碑》（N⁰2514/2515）。

104. 拙夫（CHUYẾT PHU）

見第125條「菊林」。

105. 拙山居士（CHUYẾT SƠN CƯ SĨ）

寧遜（1744–1795），字謙如，又字希志，號拙山居士、敏軒、拙庵、雙安居士。清華外鎮安謨縣瑰池社（今寧平省安謨縣安美社）人。景興三十九年（1762）戊戌科第三甲同進士出身。歷任東閣大學士、刑部左侍郎等職，爵長元伯。

作品：《拙山詩集大全》（A.1407, VHv.1997, A.1292）、《前黎進士寧遜詩集》（A.350）、《拙山詩序》（N⁰9533/9534/9535/

9536/9537/9538/9540）、《后神官碑記》（N⁰6500/6501）、《瑰池碑記》（N⁰9531/9532）；有詩作收錄於《名言雜著》、《道教源流》、《華程詩集》、《黎朝會試文集》、《黎朝會文選》、《理陰通錄》、《南行記得集》等。

參考：黃黎（1984），《寧遜詩作》，河內：社會科學出版社；阮祿（主編）（2000），《越南文學總集》第7冊，河內：社會科學出版社。

106. 拙齋（CHUYẾT TRAI）

裴慕（?–?），號拙齋。青威縣興教社（今河內市青威縣三興社）人。興隆十二年（1304）甲辰科太學生科考中榜眼。曾任內令書家。曾出使中國。

作品：有詩作收錄於《全越詩錄》（A.3200/1-4, A.1262, A.132/1-4, VHv.117/1-2, VHv.777/1-2, VHv.1450/1-2, VHv.116, A.1334, A.393, A.2743）。

107. 拙齋（CHUYẾT TRAI）

何宗穆（1653–1707），字厚如，號拙齋、敦甫、純如。天祿縣純石社（今河靜省干祿縣）人。正和九年（1688）戊辰科第三甲同進士出身。歷任京略使、承天府陪訟兼府尹、國史館編修、刑部左侍郎等職，受封南爵。曾出使中國，逝世後追封戶部尚書。

作品：《盛德宏功／福衍無疆》（N⁰13533/13534/13535/13536）。

108. 拙齋（CHUYẾT TRAI）

阮廷東（1734–1792），字忠良，號拙齋，又號筆山。弘化縣永治社（今清化省弘化縣紅光社）人。景興三十年（1769）己丑科第三甲同進士出身，官至尚書。

作品：《鑄銅馬碑／十方恭進／本村恭進各社恭進》（N⁰2776/2777/2778）；有詩作收錄於《翰閣叢談》、《清化省志》等。

109. 拙齋（CHUYẾT TRAI）

阮登盛（1694–1755），又名阮登香，號拙齋。順化鎮香茶縣安和社（今承天順化省）人。歷任香茶知縣、侍講、禮部官員等職。

作品：《效顰詩集》、《拙齋文集》、《拙齋詠史詩集》（均已失傳）。

110. 古溪（CỔ KHÊ）

吳慎（1822–1886），字力甫，號古溪。慈廉縣羅溪社（今河內市河東郡）人，生平事跡未詳，紹治六年（1846）丙午科秀才。

作品：《吳氏家譜》（A.774）。

111. 古林（CỔ LÂM）

黃文槐（1848–1885），字王植，號古林，又號鶴人。北寧省東岸縣芙流社（今北寧省慈山縣新紅社）人。嗣德第三十三年（1880）庚辰科第三甲同進士出身。歷任建昌知府、邦辦北寧庶務、經筵起居注、史館編修等職。

作品：《鶴人叢言》、《進士古林公詩文遺稿合集》（VHv.1439）。

參考：黎志遠（主編）（2000），《越南文學總集》第15冊，河內：社會科學出版社；黃文槐（2003），《黃文槐漢詩》，河內：東西文化語言中心。

112. 古愚（CỔ NGU）

見第277條「鶴路」。

113. 古源（CỔ NGUYÊN）

朱阮琳（1687–?），號古源。青威縣葛洞社（今河內市青威縣金安社）人。保泰五年（1724）甲辰科會元、第三甲同進士出身。曾任翰林院承旨、工部右侍郎等職。

作品：《朱古源先生詩集》（A.443）。

114. 古山（CỔ SƠN）

范仁卿（?–?），號古山。籍貫與生平事跡未詳。曾任檢修國史兼諒山路安撫使。曾出使中國。

作品：有詩作收錄於《全越詩錄》（A.3200/1-4, A.1262, A.132/1-4, VHv.117/1-2, VHv.777/1-2, VHv.1450/1-2, VHv.116, A.1334, A.393, A.2743）。

115. 公挺（CÔNG DĨNH）

見第 353 條「樗寮」。

116. 公銓（CÔNG THUYÊN）

見第 549 條「默齋」。

117. 基甫（CƠ PHỦ）

見第 692 條「溫如」。

118. 宮恕（CUNG THỨ）

見第 182 條「淡軒」。

119. 菊隱（CÚC ẨN）

杜克終（1247–1330），號菊隱。峽山（今海陽省荊門縣）人。曾任宰相，因抗元有功，被陳仁宗皇帝賜皇室陳姓，逝世後追封少師。

作品：有詩作收錄於《全越詩錄》（A.3200/1-4, A.1262, A.132/1-4, VHv.117/1-2, VHv.777/1-2, VHv.1450/1-2, VHv.116, A.1334, A.393, A.2743）、《上士語錄》等書中。

參考：陳黎創（主編）（2000），《越南文學總集》第 2 冊，河內：社會科學出版社。

120. 菊堂（CÚC ĐƯỜNG）

高伯适（1808–1855），字周臣，號菊堂，又號敏軒。京北鎮嘉林縣富市社（今河內市嘉林縣富市社）人。明命十二年（1831）辛卯科鄉試亞元。歷任禮部行走、國威府教授等職。嗣德七年（1854）起義反抗朝廷，戰死。

作品：《高伯适詩集》（A.210）、《高周臣遺稿》（VHv.1434/1-2）、《高周臣詩集／周臣詩集》（A.299）、《菊堂詩類》（VHv.1433, A.1985）、《菊堂詩草／敏軒高周臣詩目》（A.3012）、《敏軒詩文集》（A.409）、《敏軒詩集》（A.2313）、《敏軒詩類》

（A.1996）、《敏軒說類》（A.1072）、《增葺鄉學碑記》（N⁰14250/14251）、《酬恩碑記》（N⁰19107）。有詩作收錄於《北行雜錄》、《北國封啟》、《歌籌》、《歌籌體格》、《志軒詩草》、《周原雜詠草》、《諸家詩文選》、《古今詩文歌曲雜抄》、《菊堂詩類附策文》、《名人詩集》、《名人文集》、《遊五行山唱和集》、《對聯詩文雜誌》、《行吟歌詞詩奏》、《華容小路》、《經義文集》、《潘族公譜》、《國朝名人墨痕》、《雜文抄一集》、《詩詞歌對策文雜抄》、《詩文雜編》、《詩文集編》、《仙江三友志》、《中山賦草》、《場文》、《萬選新編》、《文選雜編詩啟》等書中。

參考：高伯适（1970），《高伯适詩作》，河內：文學出版社；高伯适（1984），《高伯适詩作》，河內：文學出版社；鄧德超（主編）（2000），《越南文學總集》第14冊，河內：社會科學出版社；高伯适（2004），《高伯适：敏軒說類》，河內：河內出版社；高伯适（2010），《高伯适詩作》，河內：河內出版社；阮明祥（2019），《高伯适：升龍名士》，河內：人民軍隊出版社。

121. 菊堂主人（CÚC ĐƯỜNG CHỦ NHÂN）

陳光朝（1287–1325），又名陳元濤，號菊堂主人，又號無山翁。天長路即墨鄉（今南定省南定市）人，陳國俊之孫，爵文惠王。

作品：有詩作收錄於《越音詩集》（A.1925, A.3038）、《全越詩錄》（A.3200/1-4, A.1262, A.132/1-4, VHv.117/1-2, VHv.777/1-2, VHv.1450/1-2, VHv.116, A.1334, A.393, A.2743）等書中。

參考：陳黎創（主編）（2000），《越南文學總集》第3冊，河內：社會科學出版社。

122. 菊軒（CÚC HIÊN）

黎廷延（1824–1833），號菊軒，又號菊靈。常信府青池縣姜亭總仁睦社下廷村（今河內市青春郡仁正坊）人。嗣德一年（1848）戊申科舉人，嗣德二年（1849）己酉科會元，第二甲進士出身。歷任翰林院編修、乂安督學、河內督學、國子監司業等職。

作品：《菊軒表選》（VHv.351）、《菊軒詔選》（VHv.342）、《菊軒論選》（VHv.356）、《菊軒先生詩文集》（A.1230）、《菊軒先生文類》（A.2005）、《歷朝史記文選》（A.121）、《貞石垂名》（N⁰177）、《寄忌碑記》（N⁰388）、《重修內亭碑記》（N⁰20779）、《張氏積善之碑》（N⁰18088）；有詩作收錄於《菊軒詩集》、《鼎鍥大越歷朝登科錄》、《河內城碑記》等書中。

123. 菊香（CÚC HƯƠNG）

黃叔會（1870–1938），字嘉甫，號安山、菊香。河東省懷德府慈廉縣上安決社（今河內市紙橋郡）人。成泰十八年（1906）丙午科舉人，不當官而在家教書。

作品：編輯《柴山詩錄》（A.3033, VHv.2358）、《柴山實錄》（A.3227, A.3227 BIS, A.3107）等書。

124. 菊溪（CÚC KHÊ）

張光禮（1833–1913），字子明，號菊溪，又號菊園。平山縣美溪社（今地屬廣義省）人。歷任諒江靖邊副使、北寧總督、太子少副、東閣大學士、史館總裁、經筵講官、管理國子監等職。

作品：《菊溪張相公守拙》（VHv.230）、《張菊溪守拙錄》（VHv.240, VHv.854）；參與編輯《大南正編列傳初集》、《大南國史館藏書目錄》等書；有詩作收錄於《蔗園全集》、《撫蠻雜錄》等書中。

125. 菊林（CÚC LÂM）

鄭穗（1701–?），號拙夫，又號菊林。永福縣山辯上鄉（今清化省永祿縣）人。永佑二年（1736）丙辰科第一甲及第一名（狀元）。歷任參訟、刑部尚書、刑部左侍郎等職。逝世後追封威右侍郎。

作品：《三教一原說》（A.1183）、《無題》碑（N⁰3050/3052）、《報國寺碑／新造前堂重修內寺碑／僧誌／銘曰》（N⁰8328/8329/8330/8331）、《嚴公碑記／奉祀例碑記》（N⁰7970/7971）；有詩作收錄於《本國記事》、《雙青賦選》等書中。

126. 菊靈（CÚC LINH）

見第 122 條「菊軒」。

127. 菊侶（CÚC LỮ）

黃道成（1830–1908），號菊侶。青池縣金縷社（今河內市黃梅郡大金坊）人。建福一年（1884）甲申科舉人。曾任國威、懷德、慈山等縣之教授、桂陽知縣、順成（北寧）同知府。

作品：《幼學越史四字》（VHv.31）、《大南行義列女傳》（A.2663）；編輯《越史新約全編》（VHv.132/1-2, VHv.998/1-2, VHv.999/1, A.1507, VHv.996/1-2, VHv.997/1-2, A.10, VHv.1986/1, VHv.2022/2, VHv.1943, VHv.2023/2, VHv.1987/2, VHv.1689/2, VHv.1582/2, VHv.993/2）一書；參與編輯《香山靈感觀音事跡》（AB.111）一書；有詩作收錄於《陽節演義》（AB.88, VHv.1259）。

128. 菊人（CÚC NHÂN）

徐淡（1862–1936），號菊人。河內省上福縣溪回社（今河內市常信縣下回社）人。成泰七年（1895）乙未科第三甲同進士出身。曾任多福（福安）知府、寧平省巡撫、協佐大學士等職。曾出使法國。

作品：《覽西紀略》（VHv.1784, A.272）；有詩作收錄於《格言雜錄》（A.244, VHb.223）。

129. 菊農（CÚC NÔNG）

張嘉模（1866–1929），號菊農，嘉定（今胡志明市）人。

作品：《菊農詩集》。

參考：張通（主編）（2000），《越南文學總集》第 19 冊，河內：社會科學出版社。

130. 菊坡（CÚC PHA）

阮夢筍（?–?），字文若，號菊坡。清化鎮東山縣雲溪村（今清化省東山縣東英社）人。胡朝時期，阮夢筍考取太學生，黎太宗年間

（1434–1442）任中書令、都尉等職。黎仁宗年間（1443–1453）任平章知縣、左納言、北道知軍民、上輕車都尉等職，受賜榮祿大夫。

作品：《菊坡詩集》收錄於《全越詩錄》（A.3200/1-4, A.1262, A.132/1-4, VHv.117/1-2, VHv.777/1-2, VHv.1450/1-2, VHv.116, A.1334, A.393, A.2743）；有詩作收錄於《群賢賦集》、《精選諸家詩集》、《翰閣叢談》、《皇越叢詠》、《清池光烈朱氏遺書》等書中。

參考：裴文原（主編）（2000），《越南文學總集》第 4 冊，河內：社會科學出版社。

131. 菊莊（CÚC TRANG）

阮旭（1379–1469），字龕賓，號菊莊。峽山縣碣山社（今海陽省荊門縣橫山社）人。參加黎太祖的抗明戰爭，建國後被賜予北寧知府一職。

作品：《鳩苔詩集》（A.2132）；有詩作收錄於《全越詩錄》（A.3200/1-4, A.1262, A.132/1-4, VHv.117/1-2, VHv.777/1-2, VHv.1450/1-2, VHv.116, A.1334, A.393, A.2743）。

參考：裴文原（主編）（2000），《越南文學總集》第 4 冊，河內：社會科學出版社。

132. 菊園（CÚC VIÊN）

見第 124 條「菊溪」。

133. 狂隱（CUỒNG ẨN）

見第 453 條「羅山夫子」。

134. 狂士（CUỒNG SĨ）

黎文敔（1860–1934），又名黎敔，字應和，號狂士，又號懶士。南定省膠水縣萬祿社人。

作品：《周易究原》（A.2592/1-2）、《大學晰義》（A.2594）、《禮經》（A.2606）、《論語節要》（A.2596/1-2）、《附楂小說》

（VHv.1881）、《中庸說約》（A.2959）、《醫學纂要》（A.2593）。

135. 居正氏（CƯ CHÍNH THỊ）

見第 450 條「奇峰」。

136. 居厚（CƯ HẬU）

見第 806 條「石庵」。

137. 彊甫（CƯƠNG PHỦ）

見第 822 條「青川」。

138. 彊柢（CƯƠNG ĐỂ）

阮洪愠（1883–1951），號彊柢。生平事跡未詳。

作品：有序文收錄在《越南義烈史》（A.3064, VHv.2371）中。

139. 九真靖山（CỬU CHÂN TĨNH SƠN）

見第 932 條「靖山先生」。

140. 玖照（CỬU CHIẾU）

見第 351 條「洪桂軒」。

D

141. 瑤亭（DAO ĐÌNH）

見第 1002 條「竹軒」。

142. 酉山（DẬU SƠN）

吳惟澂（1741–1800），號酉山。慈廉縣羅溪社（今河內市河東郡）人，景興三十六年（1775）乙未科第三甲同進士出身，曾任兵科督給事中、山南監察御史、翰林院侍制等職。

作品：《吳氏家譜》。

143. 頤卿（DI KNANH）

見第 604 條「毅齋」。

144. 遺軒（DI HIÊN）

吳惟垣（1744–1813），後改名為吳仲珪，字溫甫，號遺軒。慈廉縣羅溪社（今河內市河東郡）人。景興三十年（1769）己丑科第三甲同進士出身。歷任慈山訓導、監察御史、興化都督、入陪訟等職，爵鎬峰伯。

作品：《吳公訓子文》（A.2219）；編輯《陪頌公文集》（A.527）、《鎬峰公詩集》（A.516）等書；審閱《立齋范先生詩集》（A.400）一書；有詩作收錄於《對聯詩文集》、《梅峰遊西城野錄》、《吳氏家譜》、《吳族家譜記》等書中。

145. 頤軒（DI HIÊN）

武輝珽（1730–1789），又名仲恭、輝肅，字溫奇，號頤軒，諡號文忠。海陽鎮唐安縣慕澤社（今海陽省平江縣新紅社）人。景興

十五年（1754）甲戌科第三甲同進士出身。歷任承正使、禮部右侍郎、國子監祭酒等職，爵鴻澤伯。曾出使中國。

作品：《華程詩集》（A.446）。

146. 黈賓 （DI TÂN）

見第 131 條「菊莊」。

147. 彌甫 （DI PHỦ）

見第 368 條「雄齋」。

148. 怡齋 （DI TRAI）

阮茂盎（1668–?），原名阮茂盛，號怡齋。京北鎮嘉林縣金山社（今河內市嘉林縣）人。正和十二年（1691）辛未科第三甲同進士出身。歷任吏科給事中、戶部左侍郎、副都御史等職。曾出使中國。

作品：《後佛碑記》（N°2335/2336）；有詩作收錄於《全越詩錄》（A.3200/1-4, A.1262, A.132/1-4, VHv.117/1-2, VHv.777/1-2, VHv.1450/1-2, VHv.116, A.1334, A.393, A.2743）。

參考：裴維新（主編）（2000），《越南文學總集》第 6 冊，河內：社會科學出版社。

149. 頤齋 （DI TRAI）

武欽璘（1703–?），原名武欽慎，號迂叟、頤齋，四岐縣玉勒社（今海陽省四岐縣玉山社）人。保泰八年（1727）丁未科第三甲同進士出身。歷任吏部侍郎、參訟、陪訟都御史等職，爵溫廷侯、溫郡公。曾出使中國。逝世後追封尚書。

作品：有詩作收錄於《白雲庵程國公詩集》、《乾元御製詩集》、《周易國音歌》、《名臣名儒傳記》、《丹鄉券例》、《翰苑流芳》、《皇閣遺文》等書中。

150. 以行 （DĨ HÀNH）

見第 709 條「豐溪」。

151. 嶧山峒士（DỊCH SƠN ĐỘNG SĨ）

麻文高（?–?），號嶧山峒士。籍貫與生平事跡未詳。

作品：《嶺南逸史》（A.856/1-3）。

152. 延芳（DIÊN PHƯƠNG）

見第 216 條「端齋」。

153. 延嗣山人（DIÊN TỰ SƠ）

黃道德（?–?），號延嗣山人。籍貫與生平事跡未詳。

作品：《地理平陽精要》（A.1208）。

154. 妙蓮（DIỆU LIÊN）

見第 517 條「梅庵」。

155. 妙因（DIỆU NHÂN）

李玉嬌（1041–1113），法號妙因。僊遊縣扶董鄉（今河內市嘉林縣扶董社）人。

作品：有作品收錄在《禪苑集英》（VHv.1267, A.3144）中。

參考：《禪苑集英》（1990），河內：文學出版社；文新（主編）（2000），《越南文學總集》第 1 冊，河內：社會科學出版社。

156. 允厚（DOÃN HẬU）

見第 756 條「桂堂」。

157. 允齋（DOÃN TRAI）

阮文顯（1827–1865），號允齋，兆豐府海陵縣安詩總美正村（今廣治省海陵縣海正社）人。明命七年（1826）丙午科舉人，紹治七年（1847）丁未科會元，第二甲進士出身。歷任翰林院編修、翰林院侍讀、督學、翰林院侍講、廣義省按察使、富安宣撫使等職。

作品：《圖盤城記》（VHv.278）；有詩作收錄於《碑記雜編》、《詩文對聯抄集》等書中。

158. 輶軒（DU HIÊN）

見第954條「遜庵」。

159. 裕庵（DỤ AM）

潘輝益（1751–1822），原名為潘裔，後來改成潘公蕙，最後改名為潘輝益，字謙受甫，又字之和，號裕庵，又號德軒。乂安鎮天祿縣收獲社（今河靜省祿河縣石洲社）人。景興三十六年（1775）乙未科第三甲同進士出身。黎朝時，任翰林院承旨、山南參政使等職。後又在西山朝當官，任戶部左侍郎、侍中御史、禮部尚書等職，爵瑞顏侯。曾出使中國。

作品：《裕庵吟錄》（A.603, VHv.1467, VHv.2462）、《裕庵詩文集》（VHv.1525/1-6）、《裕庵文集》（A.604/1-3）、《五社村福神碑》（N⁰1247）、《福建會館興創錄》（N⁰13548）、《崇福寺鍾》（N⁰15575）、《重修碑記》（N⁰2686/2687）；有詩作收錄於《本國海程合採》、《菊堂百詠詩集》、《菊秋百詠集》、《海學名詩選》、《歷朝策略》、《詩賦雜錄》等書中。

參考：潘輝益（1978），《潘輝益詩作》，河內：社會科學出版社；阮祿（主編）（2000），《越南文學總集》第8冊，河內：社會科學出版社。

160. 浴沂（DỤC NGHI）

見第1084條「約齋」。

161. 浴曾（DỤC TĂNG）

見第1084條「約齋」。

162. 容溪（DUNG KHÊ）

黎蘇（?–?），字明復，號容溪。京北鎮文林縣樂道社（今興安省）人。生平事跡未詳，任翰林院檢討。

作品：有詩作收錄於《全越詩錄》（A.3200/1-4, A.1262, A.132/1-4, VHv.117/1-2, VHv.777/1-2, VHv.1450/1-2, VHv.116, A.1334, A.393, A.2743）。

參考：裴文原（主編）（2000），《越南文學總集》第4冊，河內：社會科學出版社。

163. 融齋（DUNG TRAI）

鄭春泳（1730–?），字濟川，號融齋。京北處東岸縣花林社（今河內市東英縣梅林社）人。景興十一年（1750）庚午科鄉試三場。任慈廉知縣，爵儒林南，後任文江知縣，爵貴廷南。

作品：《鄭家世譜》（A.808）。

參考：鄭春泳（2016），《鄭家世譜》，河內：河內國家大學出版社。

164. 融齋（DUNG TRAI）

陳輝璉（1735–?），號融齋。京北鎮嘉林縣富市社（今河內市嘉林縣富市社）人。景興四十年（1779）己亥科第三甲同進士出身。歷任參治承正使司海陽處、海陽參政使、東閣大學士、提刑監察御史等職。

作品：《普光寺／立碑記》（N°12858/12859/12860）。

165. 用之（DỤNG CHI）

見第281條「海杳」。

166. 用忠（DỤNG TRUNG）

申文權（?–?），字用忠。承天省豐田縣（今承天順化省）人。活動於19世紀間。歷任升華府教授、嘉定鄉試考場副主考、翰林院學士、定祥布政使等職。

作品：參加編輯《準定鄉會試法》、《上諭訓條》等書。

167. 維周（DUY CHU）

見第466條「蘭池漁者」。

168. 與道（DỮ ĐẠO）

見第478條「立齋」。

169. 陽亭（DƯƠNG ĐÌNH）

見第 1000 條「竹堂」。

170. 陽岳（DƯƠNG NHẠC）

見第 1037 條「松軒」。

171. 陽巖（DƯƠNG NHAM）

見第 313 條「峽石」。

172. 陽山（DƯƠNG SƠN）

阮仲迥（1524–1659），字陽山，又字道軒、擇善。京北處東岸縣同元社（今北寧省慈山縣同元社）人。永定元年（1547）丁未科第二甲進士出身，任尚書一職。曾出使中國。

作品：編輯《香墨社吳族家譜》（A.675）一書，並為其寫序言。

173. 養庵（DƯỠNG AM）

范會（1791–1854），字幼通，號養庵。原籍海陽鎮唐安縣華堂社（今海陽省平江縣叔抗社），後移居壽昌縣寺塔社（今河內市）。生平事跡未詳。嘉隆十八年（1819）己未科舉人，任教授一職。

作品：《養庵雜作》（A.1066）。

174. 養庵居士（DƯỠNG AM CƯ SĨ）

阮嘉瑤（1750–1829），又名阮佺，字世曆，號養庵居士，又號慈安老夫，諡忠懿。慈廉縣安壟社（今河內市懷德縣安慶社）人。景興三十六年（1775）乙未科第三甲同進士出身。黎朝時任王府僉差侍內書寫、翰林院校討、東閣校書、京北參政使、政事同參知等職。後又在西山朝當官，任侍中協辦學士、吏部尚書等職。

作品：《護兒方法總錄》（A.1989/1-2, VHv.1630）、《理陰通錄》（A.2853/1-2, A.2853）、《療疫方法全集》（A.1306, A.3203）、《小兒科》（A.1786）、《陳家響祀之碑》（N°2546）；有詩作收錄於《慈安阮族世譜》、《安朧參知阮相公年譜》等書中。

175. 養之 （DƯỠNG CHI）

見第 356 條「慧圃」。

176. 養皓 （DƯỠNG HẠO）

吳時智（1766–?），號養皓。山南鎮青威縣左青威社（今河內市青池縣左青威社）人。黎中興時代任史館修書，西山時代任戶部侍郎，阮朝時代隱居。

作品：有詩作收錄於《吳家文派》（ VHv.1743/1-36, VHv.1743/1-2, VHv.1743/3-5, VHv.1743/7, VHv.1743/8, VHv.1743/9-10, VHv.1743/12, VHv.1743/11, VHv.1743/13-19, VHv.1743/20-23, VHv.1743/3132, VHv.1743/33, VHv.1743/34-35, VHv.1743/36, A.117A/1-30, A.117A/1-6, A.117A/14, A.117A/15, A.117A/16-7）、《吳家文派選》等書中。

參考：阮祿（主編）（2000），《越南文學總集》第 8 冊，河內：社會科學出版社；吳氏（2010），《吳家文派》，河內：河內出版社。

177. 養浩 （DƯỠNG HẠO）

見第 61 條「錦亭」。

178. 養浩 （DƯỠNG HẠO）

杜春吉（?–?），字伯貞，號養浩、洲豐、洲津居士。清化省弘化縣義山社人。紹治元年（1841）辛丑科舉人，不出仕，留在家鄉教書。

作品：《河防說》、《河防五說》（A.618）、《阮氏族譜》（A.1594）。

179. 養軒 （DƯỠNG HIÊN）

見第 807 條「石峒」。

Đ

180. 淡庵（ĐẠM AM）

阮居貞（1716–1767），號淡庵。原是乂安鎮天祿（今河靜省干祿縣）人，後來搬到順化鎮香茶縣安和社（今承天順化省）。庚申科（1740）考中鄉貢。曾任兆豐知府、廣義巡撫等職，後在吏部供職，爵宜表侯。

作品：《仕娓書集》；有詩作收錄於《皇朝寶牒》、《皇越風雅統編》、《南河紀聞》、《國文叢記》等書中。

參考：裴維新（主編）（1995），《越南文學總集》第6冊，河內：社會科學出版社。

181. 琰軒（ĐẠM HIÊN）

阮忠懋（1785–1846），號琰軒，乂安鎮演州縣演名社（今乂安省演州縣）人。嘉隆第六年（1807）丁卯科考中鄉貢。歷任清化省弘化知縣、寧平省安謨知縣、平定省督學、戶部郎中、工部左侍郎、工部右參知、禮部尚書、協辦大學士等職。

作品：參加編輯《大南實錄前編》（VHv.1320/1-4, VHv.2614/1-3, VHv.1693/1-2, A.2714/1-2）；有詩作收錄於《名編雜錄》。

182. 淡軒（ĐẠM HIÊN）

鄭春澍（1704–1763），幼時名濚，字作霖，號淡軒，又號宮恕。京北處東岸縣花林社（今河內市東英縣梅林社）人。鄉試（1726）四場，會試（1727）三場，景興九年（1748）戊辰科第二甲進士出身。歷任謹侍郎、尚寶寺承、茂林佐郎、諒江知府、吏部詮考清吏司郎中、翰林院校理、翰林院侍制、清化參政使、東閣學士等職，封伯爵。曾出使中國。

作品：《使華學部詩集》（已失傳）。

183. 澹如（ĐẠM NHƯ）

阮文交（1811–1863），號澹如，又號橘林。乂安鎮英山府清漳縣南金總忠勤社（今乂安省南壇縣南中社）人。明命十五年（1834）舉人，可因違規而終身不得應試。嗣德五年（1852）被恩赦，考取舉人，後來嗣德六年（1853）癸丑科考取第一甲進士及第三名。歷任翰林院著作、翰林院侍講學士兼內閣行走、侍讀學士兼內閣參辦等職，逝世後追封光祿寺卿。

作品：《北史歷代文策》（VHb.53）、《澹如詩草》（VHv.266）、《阮探花淡如甫史論十三經集句》（VNv.1728）、《圍江效顰集》（VHv.216）中之〈駙馬賀從善公〉、《橘林詩草》（VHv.238/1-2, VHv.238/2, VHv.855, VHv.237）、《史林紀要》（A.2654）；參加編輯《欽定詠史賦》、《奉將武略隱逸神仙列女賞覽各冊撰成詩集》等書；有詩作收錄於《沔川詩集》、《三魁備錄》等書中。

184. 淡如（ĐẠM NHƯ）

見第 513 條「梁溪」。

185. 淡如（ĐẠM NHƯ）

陳仲宰（1730–1801），字淡如。清化鎮上福社（今清化省）人，生平事跡未詳，景興二十年（1759）己卯科考中鄉貢。

作品：《越輿紀勝》（A.769）。

186. 澹齋（ĐẠM TRAI）

汝伯仕（1788–1867），字元立，號澹齋。清化鎮彰山總吉川社（今清化省弘化縣黃吉社）人。明命二年（1821）辛巳科舉人。歷任知縣、安樂縣訓道、山西省督學、清化督學、刑部員外、翰林侍讀、翰林著作等職。

作品：《澹齋主人文集》（A.510）、《澹齋詩課》（A.2263, A.1248, VHv.2418, VHv.1795, VHb.12）、《澹齋壓線集》（VHv.1738/1-

5, A.2152/2）、《澹齋詩文集》（A.2329）、《姜公輔事狀考》（A.2912）、《沂庵初定學式》（VHv.2237, VHv.308）、《飛鳥元音》（VHv. 1773/1-3, VHv.83, A.2911）、《粵行雜草》（VHv.1797/1-2, A.2793）、《越史三百詠》（VHv.1774/1-2, VHv.1778, A.137）；校正《河防五說》（A.618）一書；有詩作收錄於《哀輓對聯集》、《乙未進士阮先生撰》、《碑記雜編》、《諸家文集》、《陽亭詩帳集》、《皇阮名家賀啟》、《汝元立粵行集草》、《汝澹齋先生場詩法》、《賦集》、《廣記集詩文錄》、《詩文雜集》、《書序摘錄》、《中外群英會錄》、《帳對雜錄》、《皇朝文集》、《罔珠亭題詠集》等書中。

187. 琰齋（ĐẠM TRAI）

范洪儀（?–?），又名范有儀，字仲羽，或云號仲羽，號琰齋。延福縣長江社（今廣南省奠磐縣）人。命明二年（1821）辛巳科舉人。歷任翰林典簿、翰林院編修、禮部參知等職。曾出使中國。

作品：《大南文苑統編》（VHv.205/1-22, VHv.981, A.1150, A.1519, A.2894/1-2）、《鄉試文式》（A.2473/1-2）、《大南列傳前編》（VHv.172）；有詩作收錄於《養齋集》、《孝經立本》、《孝經國音演歌》等。

188. 澹齋（ĐẠM TRAI）

見第 604 條「毅齋」。

189. 澹齋（ĐẠM TRAI）

陳輝樸（1754–1834），號澹齋。山南鎮上福縣平望社（今河內市常信縣）人。景興三十一年（1770）丁酉科考中鄉貢。阮朝時出仕，任海陽處助教、廣安處助教、清化督學等職，爵樸玉侯。

作品：《海陽風物志》（A.882, A.2878, A.88, VHv.168, VHv.1367）、《高平風土記》（A.89）；編輯《越史集要》（A.1030/1-12）一書；有詩作收錄於《安南雜誌》、《平望阮族丙派譜》、《詔表集》、《列省風物賦》等書中。

190. 澹齋（ĐẠM TRAI）

武輝瑨（1740–1800），號澹齋。海陽鎮唐安縣慕澤社（今海陽省平江縣新紅社）人。景興二十九年（1768）戊子科考中鄉貢，任侍內文職。後又在西山朝當官，任工部侍郎、伯爵，升工部尚書、侯爵，上柱國，兩次出使中國。

作品：《華原隨步集》（A.375）、《華程學步集》（A.374）；有文章收錄在《吳族追遠壇譜》（A.647）。

參考：阮祿（主編）（2000），《越南文學總集》第 8 冊，河內：社會科學出版社。

191. 澹齋（ĐẠM TRAI）

王維楨（?–?），字子幹，號澹齋，又號香池。慈廉縣富演社（今河內市）人。嗣德二十三年（1870）庚午科舉人。任布政使、清化總督等。

作品：《香池學草詩抄》（VHv.1394/1-2）、《香池學草文抄》（又名《香池文藻》）（VHv.1395/1-2, VHv.2274）、《清化紀勝》（VHv.1242, VHv.1372/a）、《清化觀風》（VHv.1370, AB.159）；有詩作收錄於《增廣明善國音真經》、《詩奏合編》、《詩文對聯抄集》、《岡珠亭題詠集》、《王族家譜》等書中。

192. 丹峰（ĐAN PHONG）

范廷煜（1850?–1905?），字夢捧，號丹峰，又號雲史氏、刷竹道人、華城道士。平江府唐安縣丹鷺社（今海陽省平江縣仁權社）人。嗣德二十九年（1876）丙子科秀才。任真定縣訓道、舒池縣訓道等職。

作品：《百戰妝臺》（A.1495）、《刷竹詩草》（VHv.234）、《妝臺百詠》（VHv.1441/1）、《雲囊小史》（A.872, A.1179）。

參考：阮文玄（主編）（2000），《越南文學總集》第 17 冊，河內：社會科學出版社。

193. 檀園（ĐÀN VIÊN）

見第 224 條「東白派」。

194. 亶齋（ĐẢN TRAI）

裴軸（1730–1815），又名裴廷軸，字熙碩，號亶齋。青池縣盛烈社（今河內市黃梅郡盛烈坊）人。景興八年（1747）己巳科考取鄉進，任知府一職。

作品：《裴亶齋摘對》（又名《裴亶齋摘錦》、《裴亶齋對聯集》）（Hv.348, VHv.859, VHv.860）、《亶齋公詩集》（A.291）。

195. 陶浪（ĐÀO LÃNG）

見第 896 條「識可」。

196. 道庵主人（ĐẠO AM CHỦ NHÂN）

見第 842 條「天南洞主」。

197. 道行禪師（ĐẠO HẠNH THIỀN SƯ）

徐路（?–1117），法號道行禪師。籍貫未詳，或云其為安浪鄉（今河內市）人。於國威州佛蹟山天福寺修行。

作品：有詩作收錄於《禪苑集英》（VHv.1267, A.3144）。

參考：《禪苑集英》（1990），河內：文學出版社；文新（主編）（2000），《越南文學總集》第 1 冊，河內：社會科學出版社。

198. 道軒（ĐẠO HIÊN）

見第 172 條「陽山」。

199. 道惠禪師（ĐẠO HUỆ THIỀN SƯ）

姓歐（?–1173），名字未詳，法號道惠禪師。真護鄉如月村（今之所在未詳）人。

作品：有詩文收錄於《禪苑集英》（VHv.1267, A.3144）。

參考：《禪苑集英》（1990），河內：文學出版社；文新（主編）（2000），《越南文學總集》第 1 冊，河內：社會科學出版社。

200. 道源（ĐẠO NGUYÊN）

阮寵（?–?），字道源。籍貫與生平事跡未詳，任檢察御史特進金子榮祿大夫。

作品：《新造節義神道碑記／大王上等神祠》（N⁰3124/3125）。

201. 道齋 (ĐẠO TRAI)

見第 69 條「真齋」。

202. 達軒 (ĐẠT HIÊN)

吳時任（1746–1803），字希尹，號達軒。山南鎮青威縣左青威社（今河內市青池縣左青威社）人。景興三十六年（1775）乙未科第三甲同進士出身，黎朝時任海陽副憲察使、山南處監察御史、京北太原督同、東閣校書、翰林院校討、工部右侍郎等職。後又在西山朝當官，任吏部左侍郎、兵部尚書等職，爵情派侯。

作品：《邦交好話》（VHv.1831）、《翰閣英華》（又名《吳家文派希允公集》）（A.2170）、《皇華圖譜》（A.2871）、《希尹公遺草》（VHv.1743/11, A.117A/21, A.117C/1-3）、《金馬行興》（藏於巴黎）、《竹林宗旨元聲》（A.460, A.2181）、《春秋管見》（VHv.806/1-4）、《燕臺秋詠》（A.1697）、《崇德祠世祀之碑》（N⁰1185/1186）、《三千字解音》（AB.19）、《吳世家觀德之碑／德林石與銳江水》（N⁰1193/1194）；有詩作收錄於《保齋詩集》、《諸題墨》、《故黎午峰墨痕》、《菊秋百詠集》、《菊堂百詠詩集》、《舊翰林段阮俊詩集》、《良舍鄧氏譜》、《南史私記》、《吳家文派》、《吳家文派選》、《廣記集詩文錄》、《詩賦雜錄》、《詩文雜錄》、《酬世名書》、《水雲閒詠詩集》等書中。

參考：黎仕勝、張通、玉璉（1974），《吳時任──人物及事業》，河西：河西文化通訊所；吳時任等（1978），《竹林宗旨元聲》，河內：社會科學出版社；吳時任（1978），《吳時任選集》（2冊），河內：社會科學出版社；阮祿（主編）（2000），《越南文學總集》第 7 冊，河內：社會科學出版社；吳時任（2001–2002），《吳時任──作品》（4冊），河內：文學出版社；吳時任（2003–2006），《吳時任全集》（5冊），河內：社會科學出版社；吳氏（2010），《吳家文派選集》，河內：河內出版社。

203. 登用（ĐĂNG DỤNG）

見第 973 條「致軒」。

204. 斗峰居士（ĐẨU PHONG CƯ SĨ）

黎允伸（1720–1773），號斗峰居士。京北處超類縣大卯社（今北寧省順成縣懷上社）人。景興九年（1748）戊辰科第三甲同進士出身，任承正使、諒山督鎮，爵秀川伯。

作品：《神碑記》（N⁰5995/5996）。

205. 敵軒（ĐỊCH HIÊN）

黎英俊（1671–1736），號敵軒。山西鎮先豐縣青梅社（今河內市巴位縣萬勝社）人。正和十五年（1694）甲戌科第三甲同進士出身。歷任戶部左侍郎、入侍經筵、刑部尚書、參訟兼戶部尚書、太子太保等職，爵電郡公。

作品：《興功碑／功德》（N⁰7140/7141）、《奉事／後佛／碑記》（N⁰5576/5577/5578/5579）、《奉事／生祠／供田／碑記》（N⁰6563/6585/6587/6588）；參加編輯《論辨贊頌歌箴文集》；有詩作收錄於《錦旋榮錄》、《全越詩錄》（A.3200/1-4, A.1262, A.132/1-4, VHv.117/1-2, VHv.777/1-2, VHv.1450/1-2, VHv.116, A.1334, A.393, A.2743）等書中。

參考：裴維新（主編）（2000），《越南文學總集》第 6 冊，河內：社會科學出版社。

206. 迪軒（DỊCH HIÊN）

見第 321 條「華江」。

207. 迪軒（DỊCH HIÊN）

阮嘉吉（1760–?），號迪軒。京北鎮文江縣華梀社（今興安省文江縣義柱社）人。昭統元年（1787）丁未科考中同制科出身。西山時代任北城督學一職，阮朝時代任禮部左參知，爵羿江侯。曾出使中國。

作品：《悲柔郡公芳績錄》（A.1778）、《華程詩集》（A.2530）；

有詩作收錄於《華梂社阮族家譜》、《皇越一統輿地志》、《一統輿地志》等書中。

208. 癲隱 (ĐIÊN ẨN)

見第 453 條「羅山夫子」。

209. 廷相 (ĐÌNH TƯỚNG)

見第 101 條「拙夫」。

210. 鼎南 (ĐỈNH NAM)

見第 533 條「梅山」。

211. 鼎臣 (ĐỈNH THẦN)

見第 533 條「梅山」。

212. 鼎齋 (ĐỈNH TRAI)

阮貴新（1814–1858），號鼎齋，又號散仙居士。海陽鎮嘉祿縣上谷社（今海陽省嘉祿縣嘉祿鎮）人。紹治二年（1842）壬寅科第三甲同進士出身。曾任知府、侍郎、嘉定充軍次、參知等職。

作品：《醉仙詩集》（已失傳）；有詩作收錄於《歌籌》、《歌籌體格》、《國朝會科進士試策》、《越甸歷代備考附雜說》等書中。

213. 定甫 (ĐỊNH PHỦ)

見第 932 條「靖山先生」。

214. 定齋 (ĐỊNH TRAI)

魏克誠（?–?），字穆如，號定齋。德壽府宜春縣春園社（今河靜省）人，生平事跡未詳。明命六年（1825）乙酉科舉人。

作品：《名家詩雜詠》（A.1104）中之《定齋詩集》。

215. 定齋 (ĐỊNH TRAI)

陳伯質（1831–?），字殷輅，號定齋，又號自新。河東省慈廉縣雲耕社（今河內市懷德縣春芳社）人。生平事跡未詳。

作品：《陳家世譜》（A.2046）、《陳家詩譜存遺稿》（A.520）。

216. 端齋（ĐOAN TRAI）

張登桂（1793–1865），字延芳，號端齋，又號廣溪叟。原籍乂安鎮石河社（今河靜省），後移居廣義省平山縣美溪社（今山靜縣靜溪社）。嘉隆十八年（1819）己卯科考取鄉進，任行走一職。明命時代任侍讀充贊善、尚寶少卿管理文書坊、工部侍郎、兵部尚書、機密院大臣。紹治時代任文明殿大學士、太保、管理兵部和機密院、國史館總裁。嗣德時代任勤政殿大學士，爵綏晟郡公。

作品：《日本見聞錄》（A.1164）、《廣溪文集》（A.3045）、《張廣溪詩文》（又名《張廣溪文集》）（VHv.1142）、《張廣溪先生集》（VHv.30, VHv.836, VHv.1141, A.777, A.2837）、《無題》（N⁰2584, N⁰5690）；編輯《大南列傳前編》、《大南實錄前編》、《大南會典撮要》、《欽定勦平兩圻逆匪方略正編》、《明命年間表文》、《南郊樂章》等書；參加《詔表論式》、《嗣德機餘自省詩集》等書的閱讀與訂正；有詩作收錄於《百官謝表》、《表奏集》、《諸臣謝表》、《兵制表疏》、《高周臣詩集》、《功臣錄附武舉規程》、《名臣章疏》、《大南英雅前編》、《欽定對策準繩》、《國朝名孝》、《國朝翰苑》、《詩奏合編》、《盛世佳文集》、《翠山詩集》、《詞苑春花》等書中。

參考：阮文澄等（2008），《張登桂——生平及事業》，河內：文學出版社；張登桂（2018），《張登桂詩作選集》，河內：河內師範大學出版社。

217. 篤齋（ĐỐC TRAI）

武瓊（1453–1516），字守璞，又字晏溫，號篤齋，又號澤塢。海陽鎮唐安縣慕澤社（今海陽省平江縣新紅社）人。洪德九年（1478）戊戌科第二甲同進士出身。歷任工部尚書、禮部尚書、兵部尚書、入侍經筵兼國子監司業、史館總裁等。

作品：受命編輯《大越通鑑通考》；參加編輯《大越史記全書》（A.3/1-4, A.2694/1-7, VHv.179/1-9, VHv.1499/1-9, VHv.2330-2336）、《嶺南摭怪》（A.1200, A.2107, A.2914, VHv.1473, A.33,

A.1300, A.1752, VHv.1266, A.1516）；有詩作收錄於《全越詩錄》（A.3200/1-4, A.1262, A.132/1-4, VHv.117/1-2, VHv.777/1-2, VHv.1450/1-2, VHv.116, A.1334, A.393, A.2743）。

218. 獨醒子（ĐỘC TỈNH TỬ）

見第 766 條「巢南」。

219. 敦政（ĐÔN CHÍNH）

見第 609 條「義山」。

220. 敦厚（ĐÔN HẬU）

李陳（?–?），字敦厚。籍貫與生平事跡未詳。歷任京北鎮助教、山南下督學等職。

作品：《越輿剩志全編》（A.864）；校正《周易解義演歌》一書。

221. 敦仁（ĐÔN NHÂN）

見第 607 條「義溪」。

222. 敦甫（ĐÔN PHỦ）

見第 107 條「拙齋」。

223. 鈍甫（ĐỘN PHỦ）

黃公志（1641–1719），號鈍甫，又號春軒。海陽鎮天施縣土黃社（今興安省恩施縣）人。景治八年（1670）庚戌科第三甲同進士出身。歷任工部尚書、入侍經筵等職，爵詩慶伯。曾出使中國。

作品：《后神碑記／祭文田記》（N⁰9932/9933）、《後神碑記／萬代留傳》（N⁰9797/9798, N⁰20711/20712/20713）、《五老碑記／祭文体式》（N⁰7024/7025）、《普光寺碑記》（N⁰7127/7128）、《重修顯光寺立後佛碑記／一興功德報碑記永垂》（N⁰2525/2526）；有詩作收錄於《全越詩錄》（A.3200/1-4, A.1262, A.132/1-4, VHv.117/1-2, VHv.777/1-2, VHv.1450/1-2, VHv.116, A.1334, A.393, A.2743）。

參考：裴維新（主編）（2000），《越南文學總集》第6冊，河內：社會科學出版社。

224. 東白派（ĐÔNG BẠCH PHÁI）

范文樹（1857–1930），字檀園，號東白派。興安省美豪縣白杉社人。成泰三年（1891）辛卯科舉人，成泰四年（1892）壬辰科副榜。歷任建昌知縣、太平按察使、北寧總督、南定總督、戶部尚書、兵部尚書、機密院大臣等職。

作品：《新年說》（VHv.2399）、《太平省通志》（A.82, A.1754）、《越史三字新約全編》（VHv.1697, VHv.1820, VHv.235）、《步羅寺后碑叢記》（N°20205）；有詩作收錄於《大越三字史附大越史記本紀》、《香山行程雜詠》、《女訓傳》、《中學越史撮要》等；校正《國朝律學揀要》（A.895, VHv.1948, VHv.1949, VHv.1493/1-2）；批《越史鏡》；參加翻譯《安南初學史略》。

225. 東野樵（ĐÔNG DÃ TIỀU）

范廷琥（1768–1832），字松年或喬年，又字秉直，號東野樵，又號丹山、珠峰，別名濟丹鷰。海陽鎮唐安縣丹鷰社（今海陽省平洋縣仁權社）人。歷任翰林院編修、翰林院承旨、國子監祭酒、侍講學士等職。

作品：《備考》（A.956/1-2）、《乾坤一覽》（A.414, VHv.1160, VHv.1360）、《珠峰雜草》（A.295, VHv.1873）、《珠峰詩集》（A.2126）、《東野學言聯集》（A.1448）、《東野學言集聯稿》（VHv.1874）、《東野樵詩集》（又名《東野學言詩集》）（A.1871, VHv.1158）、《行南面對記》（A.907, A.1313）、《日用常談》（AB.17, VNv.134, VNv.135, VNv.67, VNv.66, VNv.128, VNv.68, VNv.69, AB.511, A.3149）、《群書參考》（A.487）、《參考雜記》（A.939）、《松竹蓮梅四友》（A.2524）、《雨中隨筆》（A.1297, A.2312, VHv.1466/1-2）、《桑滄偶錄》（VHv.1798, VHv.1413）；參加編輯《唐安丹鷰范家世譜》；演義《曹大家女戒》；校正《易軌祕奧集》；

有詩作收錄於《般若心經註釋》、《詔表集》、《丹鸞券例》、《華程學步集》等書中。

參考：范廷琥（1972），《雨中隨筆》，河內：文學出版社；范廷琥（1989），《雨中隨筆》，胡志明：年輕出版社；范廷琥（1998），《范廷琥詩作選集》，河內：社會科學出版社；裴維新（主編）（2000），《越南文學總集》第 6 冊，河內：社會科學出版社；范廷琥（2003），《雨中隨筆》，河內：社會科學出版社；陳仲洋（2016），《范廷琥之漢越辭典《日用常談》的考究》，河內：文學出版社。

226. 東暘（ĐÔNG DƯƠNG）

見第 736 條「鳳池」。

227. 東軒（ĐÔNG HIÊN）

見第 525 條「梅花堂」。

228. 東曦（ĐÔNG HY）

見第 601 條「藝田」。

229. 東溪（ĐÔNG KHÊ）

見第 91 條「志軒」。

230. 東明（ĐÔNG MINH）

見第 815 條「泰川」。

231. 東汾（ĐÔNG PHẦN）

武汝（1840–1886），號東汾。海陽省平江府良玉社人，後搬到河內省壽昌縣今古坊（今河內市還劍郡）。嗣德十四年（1861）辛酉科舉人，嗣德二十一年（1868）戊辰科廷元第二甲進士出身。歷任慈山知府、河內督學、河內巡撫、翰林院值學士、史館纂修、禮部參知等職。

作品：《金古東汾遺集》（VHv.138）、《國史攬要》（藏於巴黎）、《方亭文類》、《方亭隨筆錄》、《新刊普濟良方》；有詩作

收錄於《大家寶文雜編》、《東陽文集》、《賀帳文集》、《今朝詔旨》、《月亭雜誌》、《詩賦雜抄》、《雜文》、《越史綱目節要》、《淹博科文集》等書中。

232. 東池（ĐÔNG TRÌ）

阮綿定（1808–1886），字明靜，號東池，阮聖祖的第 7 子。

作品：《明命宮詞》、《明崢哀方詩集》（均已失傳）。

233. 同江（ĐỒNG GIANG）

見第 575 條「夢石」。

234. 桐江（ĐỒNG GIANG）

潘文愛（1850–1898），又名潘文心，號桐江。興安省文江縣桐井社（今興安省文江縣義柱社）人。嗣德第二十一年（1868）丙子科舉人，嗣德三十三年（1880）庚辰科副榜。歷任廣田知縣、里仁知府、參辦衙經略、山西按察使等職。

作品：《桐江潘先生集》（A.826）、《鳳鳴全集》（AB.148）；有詩作收錄於《國朝名人墨痕》、《國朝名人詩採》、《國文叢記》。

235. 同園（ĐỒNG VIÊN）

阮友貴（?–?），號同園。生平及籍貫未詳。

作品：《菊堂詩草》（A.3012）。

236. 董夫（ĐỔNG PHU）

阮廷完（1661–?），號董夫。廣德縣湃恩社（今河內市紙橋郡義都坊）人，正和九年（1688）戊辰科第二甲進士出身。歷任戶科都給事中（正七品）、乂安督侍、大理寺卿（正五品）、兵部右侍郎、陪訟等職。逝世後追封兵部左侍郎。

作品：《先賢祠址碑》（N⁰11400/11401）；有詩作收錄於《百僚詩文集》、《錦旋榮錄》、《國音詩》、《全越詩錄》（A.3200/1-4, A.1262, A.132/1-4, VHv.117/1-2, VHv.777/1-2, VHv.1450/1-2, VHv.116, A.1334, A.393, A.2743）等。

參考：裴維新（主編）（1997），《越南文學總集》第 6 冊，河內：社會科學出版社。

237. 豚庵 （ĐỘN AM）

見第 451 條「淇川」。

238. 鈍夫 （ĐỘN PHU）

杜汪（1523–1600），號鈍夫。海陽處嘉福縣團林社（今海陽省青洐縣團松社）人。光寶二年（1556）丙辰科第一甲進士及第，榜眼。歷任兵部右侍郎、工部左侍郎、吏部尚書、東閣大學士等職等職，爵福郡公。

作品：《光明寺事跡》（A.1546）、《興福寺碑記／興福寺福田碑》（N⁰11381/11382）、《蘇郡公神道碑銘》（N⁰4339）、《修復每𤤰橋碑記》（N⁰10234）；有詩作收錄於《周原雜詠草》、《對聯詩文集》等書中。

239. 鈍夫 （ĐỘN PHU）

陳仲寮（1695–?），號鈍夫。山南處上福縣文甲社（今河內市常信縣文平社）人。隆德二年（1733）癸丑科第二甲進士出身。任東閣學士。

作品：《后神碑記／附後諸例額》（N⁰8204/8205）；有詩作收錄於《上福陳氏家譜》。

240. 遯夫 （ĐỘN PHU）

梁逢辰（1522–?），號遯夫。京北處善才縣良舍社（今北寧省良才縣富良社）人。景曆六年（1553）癸丑科第三甲同進士出身。歷任尚書、少保、爵良溪侯等職。曾出使中國。

作品：有詩作收錄於《全越詩錄》（A.3200/1-4, A.1262, A.132/1-4, VHv.117/1-2, VHv.777/1-2, VHv.1450/1-2, VHv.116, A.1334, A.393, A.2743）。

241. 遯叟 （ĐỘN TẨU）

張漢超（?–1354），字升甫，號遯叟。長安路安寧縣福庵社（今寧

平省寧平市福成坊）人。歷任翰林院學士、翰林學士、行遣、右司郎中、諒江左司郎中兼經略使、左諫議大夫，逝世後追封太保。

作品：《皇朝大典》、《刑書》（均已失傳）；有詩作收錄於《全越詩錄》（A.3200/1-4, A.1262, A.132/1-4, VHv.117/1-2, VHv.777/1-2, VHv.1450/1-2, VHv.116, A.1334, A.393, A.2743）、《摘艷詩集》、《皇越詩集》等書中。

參考：陳黎創（主編）（2000），《越南文學總集》第 2 冊，河內：社會科學出版社。

242. 洞庵（ĐỘNG AM）

見第 444 條「鏡臺」。

243. 戴生（ĐỚI SINH）

見第 565 條「茗園」。

244. 德江（ĐỨC GIANG）

阮天縱（?–?），字約甫，號德江。京北處東岸縣鐵應社（今河內市東英縣雲霞社）人。順天二年（1429）己酉科考取明經科，任國子監司業。

作品：有詩作收錄於《全越詩錄》（A.3200/1-4, A.1262, A.132/1-4, VHv.117/1-2, VHv.777/1-2, VHv.1450/1-2, VHv.116, A.1334, A.393, A.2743）、《群賢賦集》（A.575）等書中

參考：裴文原（主編）（2000），《越南文學總集》第 4 冊，河內：社會科學出版社。

245. 德軒（ĐỨC HIÊN）

見第 159 條「裕庵」。

246. 德明（ĐỨC MINH）

何維藩（?–?），字德明。清化省壽春縣渤上社人，嘉隆十八年（1819）己卯科舉人。歷任真祿知縣、都察院都御史、戶部尚書、協辦大學士、文明殿大學士等職。

作品：參加編輯《大南列傳前編》、《大南實錄前編》等書。

247. 德誠（ĐỨC THÀNH）

吳仁澈（1580–?），字梅軒，號德誠。京北處安豐縣望月社（今北寧省安豐縣三江社）人。吳海之孫，吳懲之子，吳仁俊之父。弘定八年（1607）丁未科第三甲同進士出身。歷任太常寺卿、特進金紫榮祿大夫等職，爵禮派子。曾出使中國。

作品：《重修大悲寺／功德碑記》（N⁰804/805）。

248. 堂軒（ĐƯỜNG HIÊN）

阮貴德（1648–1720），字体仁，號堂軒。慈廉縣天某社（今河內市南慈廉郡大謀坊）人。永治元年（1676）丙辰科第一甲進士及第。歷任翰林院待制、禮科給事中、禮部左侍郎，爵廉唐男，陪訟、都御史、兵部左侍郎、吏部左侍郎、兵部尚書、參訟、戶部尚書、少保，爵廉唐侯，兼東閣大學士，加封佐理功臣，少副，爵廉郡公。曾出使中國。

作品：《詩珠集》（已失傳）、《華程詩集》（已失傳）、《含龍寺碑記》（N⁰160）、《本村文約／天地長久／造立文碑／後神惠田》（N⁰5935/5936/5937/5938）；有詩作收錄於《全越詩錄》（A.3200/1-4, A.1262, A.132/1-4, VHv.117/1-2, VHv.777/1-2, VHv.1450/1-2, VHv.116, A.1334, A.393, A.2743）、《名賢登科致仕帳文》、《大越史記全書》、《河內城碑記》、《詩抄》、《越史通考》等；參加校正《大越史記全書》；潤色《正和進士題名碑記》。

參考：裴維新（主編）（2000），《越南文學總集》第 6 冊，河內：社會科學出版社。

249. 唐臣（ĐƯỜNG THẦN）

見第 2 條「愛蘭處士」。

250. 堂雲（ĐƯỜNG VÂN）

見第 594 條「泥江」。

251. 唐川（ĐƯỜNG XUYÊN）

見第 503 條「魯庵」。

252. 堂川（ĐƯỜNG XUYÊN）

阮知方（1800–1873），原名阮文章，字函貞，號堂川。順化豐田縣支隆社（今承天順化省）。明命年間（1820–1840）授侍講學士、鴻臚寺卿、內閣參知、廣南巡撫、廣義巡撫、升工部參知。紹治年間（1841–1847）授安江總督、河仙總督、授協辦大學士、正協辦大學士、領工部尚書充機密院大臣，封壯烈子。嗣德年間（1848–1883），封壯烈伯，任嘉定、邊和、河仙等省欽差總統軍務大臣，授東閣大學士、南圻經略使、欽命大臣。法軍攻陷河內城時殉職。

作品：有詩文收錄在《保根詩集》、《諸家文集》、《南郊樂章》、《國朝名表》等書中。

參考：《阮知方》（2001），河內：勞動出版社。

G

253. 嘉會（GIA HỘI）

見第 567 條「夢珠」。

254. 嘉樂（GIA LẠC）

見第 1030 條「肅齋」。

255. 嘉甫（GIA PHỦ）

見第 123 條「菊香」。

256. 家川（GIA XUYÊN）

杜文愛（1854–?），字家川。河內省上福縣大嘉社（今河內市常信縣）人。阮翼宗嗣德二十九年（1876）中丙子科舉人，嗣德三十三年（1880）中庚辰科第三甲同進士出身。任河南巡撫、布政使。

作品：校對《幼學漢字新書》（VHv.1485, VHv.1507, VHv.2394, VHv.345, VHv.346, VHv.469）、《小學國史略編》、《小學私塾節略》（A.2607）等書；檢閱《大南典例撮要新編》、《國朝律學揀要》、《中學五經撮要》、《越史新約全編》等書；另有詩文收錄在《賀高副榜對聯帳文》（A.1720）。

257. 蔗山（GIÁ SƠN）

喬瑩懋（1853–1912），原名喬翼，後因避嗣德廟號（翼宗）改為喬允恭，又改喬瑩懋，字子晏，號蔗山。山西省福壽縣東床社（今河內市山西市鎮唐林社）人。阮翼宗嗣德三十二年（1879）中己卯科舉人，三十三年（1880）中庚辰科副榜。曾任知府、知縣、《同文報》管事務管辦。

作品：《本朝叛逆列傳》（A.997, VHv.2664），《香山行程雜詠》收錄在《渭城佳句摺編》（AB.194）；喃譯《香山觀世音真經新譯》（AB.271）、《琵琶國音新傳》（AB.272）；檢閱《筆算指南》、《算法》；註釋《斷腸新聲》（AB.12）；編輯《仙譜譯錄》（AB.289）；另有詩文收錄在《桑滄偶錄》、《琵琶國音傳》等書中。

258. 蔗園（GIÁ VIÊN）

范富庶（1820–1880），字教之、叔明，號竹堂、竹隱、蔗園，延福縣東盤社（今廣南省奠磐縣）人。阮憲祖紹治二年（1842）中鄉試解元，三年（1843）中第三甲同進士出身。歷任翰林院編修、諒江知府、侍讀、集賢院起居注、思義知府、禮部員外郎、清化河靜按察使、吏部參知，升吏部侍郎、戶部尚書、海安總督、兵部參知等職。逝世後追封協辦大學士。曾任副使隨潘清簡出使法國。

作品：《蔗園別錄》（又名《西行日記》）（VHv.1170, VHv.286/1-2, VHv.2232）、《蔗園全集》（A.2692/1-4, VHv.8/1-8, VHv.74/1-8, VHv.1769/1-11, VHv.2233, VHv.2234, A.395/1-3）、《西浮詩草諸家詩錄》（A.2304）；編輯《博物新編》；另有詩文收錄在《諸名家詩》、《野史》、《名人詩集》、《郊祀樂章》、《南郊樂章》、《阮長祚條陳集》、《國朝名人詩採》、《國朝文選》、《集美詩文》、《西浮日記》、《詩草雜編》、《竹堂述古詩集》、《文集》、《萬國公法》等書中。

參考：黎志遠（主編）（2000），《越南文學總集》第15冊，河內：社會科學出版社；阮黃申（2011），《范富庶與蔗園全集》，河內：文學出版社。

259. 覺海（GIÁC HẢI）

阮國伊（1084–1158），又名阮圍伊，法號覺海。膠水縣海清社（今南定省）人。

作品：有詩文收錄在《禪苑集英》（VHv.1267, A.3144）、《詩賦文集》等書中。

260. 覺齋（GIÁC TRAI）

武輝梲（1730–?），號覺齋。山南鎮大安縣弄田社（今南定省義興縣義同社）人。黎顯宗景興三十三年（1772）中壬辰科第三甲同進士出身，授翰林院侍講，領禮部左侍郎兼國子監司業。

作品：有作品收錄在《黎朝賦選》（VHv.1856）。

261. 鑑湖（GIÁM HỒ）

杜俊大（?–?），號鑑湖。京北鎮文江縣溫舍社（今興安省文江縣）人。阮世祖嘉隆十二年（1813）中癸酉科鄉貢，官至侍郎。

作品：參加編寫《仙城侶話》（A.301）；有詩文收錄在《裴家北使賀文詩集》、《孝順約語》、《華程記詩畫集》、《皇華雜詠》、《掇拾雜記》等書中。

262. 江樵（GIANG TIỀU）

阮思恭（?–?），字君接，號江樵。慈廉縣東鄂社（今河內市北慈廉郡東鄂坊）人。生平事跡未詳，其作品創作時間約同慶年間（1886–1888）。

作品：《東鄂社土塢坊留照詞》（A.2008）、《阮氏世譜》（A.653）。

263. 簡齋（GIẢN TRAI）

阮冠儒（1638–1709），號簡齋，紹天府瑞源縣文河社（今清化省紹安暹紹興社）人。黎玄宗景治五年（1667）中丁未科第三甲同進士出身，任都御史、吏部左侍郎、兵部尚書、禮部尚書、中書監、宰相，封香江伯。曾出使中國。逝世後追封少保，追爵郡公。

作品：《疇恩碑記》、《本社銘約》、《儀節祭文》、《奉事祭文》（N⁰1437/1438/1439/1440）；為《大慶寺候佛碑》、《本社端言共記》（N⁰6184/6185）潤色；有詩作收錄於《全越詩錄》（A.3200/1-4, A.1262, A.132/1-4, VHv.117/1-2, VHv.777/1-2, VHv.1450/1-2, VHv.116, A.1334, A.393, A.2743）。

264. 簡齋（GIẢN TRAI）

見第 465 條「蘭齋」。

265. 柬仲（GIẢN TRỌNG）

見第 745 條「均亭」。

266. 蛟溪處士（GIAO KHÊ XỬ SĨ）

范鉀天（?–?），號蛟溪處士。籍貫與生平事跡未詳。

作品：有詩文收錄在《吳族追遠壇譜》（A.647）。

267. 教之（GIÁO CHI）

見第 258 條「蔗園」。

268. 介庵（GIỚI AM）

阮輝胤（1289–1370），京北處嘉林縣富市社（今河內市嘉林縣）人。黎顯宗景興九年（1748）中戊辰科第三甲同進士出身，官至寺卿，授東閣大學士，封伯爵。

作品：《有功村內碑記》、《永久不刊》（N⁰2765/2768）。

269. 介軒（GIỚI HIÊN）

阮忠彥（1289–1370），字邦直，號介軒。天施縣土黃社（今興安省恩施縣恩施市鎮）人。陳英宗興隆十二年（1304）中甲辰太學生科黃甲，任監官，授柱國大學士，封開縣伯、申國公。曾出使中國。

作品：《皇朝大典》、《刑書》（與張漢超共同編寫，已失傳）、《介軒詩稿》（A.601, VHv.1402）、《磨崖紀公文》（AC.83）、無題碑銘文（N⁰13494）；另外有詩作收錄於《摘艷詩集》、《全越詩錄》（A.3200/1-4, A.1262, A.132/1-4, VHv.117/1-2, VHv.777/1-2, VHv.1450/1-2, VHv.116, A.1334, A.393, A.2743）、《精選諸家詩集》等書中。

參考：陳黎創（主編）（2000），《越南文學總集》第 2 冊，河內：社會科學出版社。

270. 戒空（GIỚI KHÔNG）

阮珣（?–?），法號戒空。滿斗郡塔八鄉（今所在未詳）人。戒空迷於佛法，為真磨山元和寺主持方丈廣福禪師之徒。苦修後，住持聖主寺（今海陽省南策縣）。李仁宗慕名，請回升龍（今河內市）嘉林寺。戒空在嘉林寺圓寂。

作品：有詩作收錄於《禪苑集英》（VHv.1267, A.3144）。

參考：《禪苑集英》（1990），河內：文學出版社；文新（主編）（2000），《越南文學總集》第1冊，河內：社會科學出版社。

271. 戒濡（GIỚI NHU）

見第1104條「雲池」。

H

272. 荷亭（HÀ ĐÌNH）

阮述（1842–1911），字孝生，號荷亭。廣南省禮陽縣荷藍社（今廣南省升平縣荷藍社）人。阮翼宗嗣德二十年（1867）中丁卯科舉人，嗣德二十一年（1868）會試副榜。曾任翰林院內閣、禮部左侍郎、戶部尚書、吏部尚書、協辦大學士、太子少保、清化總督、兵部尚書充機密院大臣等職。曾以正使一職出使中國。

作品：《荷亭應制詩抄》（VHv.2238）、《荷亭文抄》（VHv.2359）、《荷亭文集》（VHv.267, VHv.853）、《每懷吟草》（VHv.267, VHv.852, VHv.851, VHv.253, A.554）、《清化總督荷亭阮述詩抄》（收錄在《國朝名人墨痕》[VHv.48] 中）、無題碑銘（N⁰15898）；參加編寫《大南疆界彙編》、《大南國史館藏書目》、《往使天津日記》等書；參加編輯《恭紀綸音》（A.417）、《嗣德御製文》；校對《大南國疆界彙編》；補註《御製越史總詠》；檢閱《嗣德御製詩》；有詩作收錄於《哀輓對聯集》、《諸題墨》、《野史》、《名公詩草》、《名山勝水詩》、《皇家錦說》、《西查詩草》、《詩草雜編》、《琵琶國音新傳》、《文集》、《越史總詠》等書中。

參考：阮述（2005），《荷亭阮述作品》，胡志明：綜合出版社。

273. 廈齋（HẠ TRAI）

李子構（?–?），號廈齋，洪州社（今海陽省平陽縣所轄）人。14世紀末15世紀初人，生平未詳。

作品：《廈齋詩集》（已失傳）；有詩作收錄於《全越詩錄》（A.3200/1-4, A.1262, A.132/1-4, VHv.117/1-2, VHv.777/1-2, VHv.116, A.1334, A.393, A.2743）。

274. 夏川（HẠ XUYÊN）

杜俊（?–?），字夏川。籍貫未詳。約 19 世紀人，曾考中秀才，生平事跡未詳。

作品：《楊山筆璞》（A.1158）、《學源摘對》（A.1159）；編輯《陳太師讚文》；校對《花箋潤正》；潤正《中軍對歌》。

275. 鶴亭（HẠC ĐÌNH）

黎成周（?–?），字鶴亭。河內省峨上（今河內市）人。阮景宗同慶三年（1888）中戊子科舉人。曾任興安省仙侶縣訓導一職。

作品：《杜安仁事狀並襄事對聯》（A.1865）、《鶴亭詩集》（A.1891）、《黎成周詩集》（A.2162）、《官僚封贈對聯》（A.1890）、《送貧案曲》（AB.413）；有詩作收錄於《省臣祝嘏歌文》。

276. 鶴客（HẠC KHÁCH）

見第 597 條「鄂池」。

277. 鶴路（HẠC LỘ）

黎直（1828–1918），字古愚，號鶴路。廣澤府順例總清水村（今廣平省宣化縣進化社）人。戊辰科（1858）武舉人，己巳科（1859）造士武進士，後歷任寧平率隊、順化清化正協管、河內副領兵、寧平清化諒山等省領兵，升河內提督。河內失守後，回順化服罪，革職回鄉。後參加勤王運動，運動結束後回鄉生活。

作品：《字學訓蒙》（A.1138）、《字學四言詩》（A.2495）；有詩作收錄於《乂安人物誌》（VHv.1369）。

278. 鶴人（HẠC NHÂN）

見第 111 條「古林」。

279. 鶴峰（HẠC PHONG）

見第 364 條「玄溪」。

280. 海珠子 (HẢI CHÂU TỬ)

阮文珊（?–?），字文山，號海珠子。興安省文江縣多牛社（今之所在未詳）人。阮朝人士，生平事跡未詳。

作品：《大南國語》、《讀書格言》、《官箴捷錄》、《國文叢記》、《世傳寶訓》；有作品收錄在《東洋文集》。

281. 海杏 (HẢI HẠNH)

黎克瑾（1833–1874），又名黎克誼，字用之，號海杏，又號勉齋。海陽省安老縣杏市社（今海防市安老縣安泰社）人。乙卯科（1855）南定場解元，阮翼宗嗣德十五年（1862）壬戌科會元、第二甲進士出身。及第後留在京城任職，後任南定按察使，升布政使。

作品：《海杏黎公文籍》（VHv.259, A.358）、《海杏詩集》（A.466）、《杏市雙元黎藩侯詩文》（A.2260）、《勉齋文籍》（VHv.261/1-3）、《神光寺恭紀》（N⁰13566）；此外有詩文收錄在《名人文集》、《吊文對帳文》、《河內城記》、《海雲庵詩集》、《歷科四六》、《國朝名表》、《越古文》等書中。

參考：黎志遠（主編）（2000），《越南文學總集》第 15 冊，河內：社會科學出版社。

282. 海量 (HẢI LƯỢNG)

楊廣函（1898–1946），字海量，興安省米所總富市社（今興安省文江縣米所社）人。阮宏宗啟定五年（1920）畢業於師範學院，柚市學校（今河內市巴亭郡朱文安中學校）教師。

作品：《北圻州郡更換分合賦》（VHb.283）中所收錄的〈太平風物賦〉。

283. 海南 (HẢI NAM)

段如圭（1883–1957），字海南，興安省仙侶縣國治社人。自小學漢文，屢試不第，後轉學現代國語字，生活於河內，做寫書、翻譯等工作。曾為《南風》、《東洋》等雜誌寫文章。1945 年參加第三聯區救國文化會。1954 年定居河內，從事翻譯。

作品：校對《詞翰舉要》（VHv.125, VHv.126）。

參考：黎思令、阮卓（主編）（2000），《越南文學總集》第 20 冊，河內：社會科學出版社。

284. 海農（HẢI NÔNG）

見第 954 條「遜庵」。

285. 海翁（HẢI ÔNG）

段阮俊（1750–?），號海翁。山南下鎮瓊瑰縣海安社（今太平省瓊附縣瓊原社）人。黎顯宗景興年間（1740–1786）中舉人。西山朝時曾擔任翰林院值學士、吏部左侍郎等職，爵海派侯。曾出使中國。

作品：《海翁詩集》（A.2603）；有詩文收錄在《舊翰林段阮俊詩集》、《河城詩抄》、《海派詩集》、《海派詩稿》、《海煙詩集》、《日南風雅統編》、《張夢梅詩集》等書中。

參考：段阮俊（1982），《段阮俊詩文》，河內：社會科學出版社；阮祿（主編）（2000），《越南文學總集》第 7 冊，河內：社會科學出版社。

286. 海翁（HẢI ÔNG）

見第 732 條「芳澤」。

287. 海派（HẢI PHÁI）

裴玉櫃（1796–1861），字友竹，號海派。山南鎮仙侶縣海善社（今興安省仙侶縣）人。阮聖祖明命九年（1828）中戊子科舉人，明命十年（1829）中己丑科第三甲同進士出身。歷任翰林院編修、紹豐知府、廣治省按察使、工部辦理、刑部參知；曾出使中國，回朝後充史館編修、翰林院值學士，後任宣光省按察使，又升平富總督（平定、富安二省）。

作品：《友竹先生詩集》（A.306）、《使程要話曲》（A.1312）、《燕臺嬰話》（VHv.2513, A.1918）、《燕行曲》（A.827）；此外有詩文收錄在《高平城陷事記》、《志軒詩草》、《詔表賦義舊文雜錄》、《大南碑記詩帳寶集》、《大南喜賀文集》、《皇朝文選》、《詩集》、《燕行總載》等書中。

288. 海秋（HẢI THU）

見第 766 條「巢南」。

289. 海上懶翁（HẢI THƯỢNG LÃN ÔNG）

黎有晫（1720–1791），號懶翁、海上懶翁。海陽鎮唐豪縣遼舍社（今興安省安美縣遼舍社）人。生於亂世，自小隨父親上京求學，後棄文從醫。

作品：《珠玉格言》（A.2536）、《道流餘韻卷》（A.3174）、《海上懶翁醫宗心領》（A.902/1-10, VHv.1802/1-24, VHv.1803/1-39, VHv.507/1-33, VHv.1116/1-24, VHv.1662/1-22, VHv.1119/1-7, VHb.200, VHb.201, VHv.1564, VHv.1928, VHv.2044, VHv.2111, VHv.2173, VHv.2286, VHv.1940, VHv.1979, VHv.2068, VHb.196, VHv.2133, VHv.2225, VHv.2321, VHv.1019/1-8, VHv.1663/1-10, VHv.528, VHv.1018, VHv.1123, VHv.1980, VHv.2013, A.2536, VHb.123, VHb.124b, VHb.195/1-2）、《懶翁藥方》（VHv.586）；另有詩文收錄在《效方雜病》、《撮要諸門》等書中。

參考：黎有晫（1970），《海上醫宗心領》，柴棍：開智出版社；黎有晫（1989），《上京記事》，河內：文化信息出版社；裴維新（主編）（2000），《越南文學總集》第 6 冊，河內：社會科學出版社；黎有晫（2008），《海上醫宗心領》，河內：醫學出版社。

290. 函輝（HÀM HUY）

見第 640 條「魚峰」。

291. 含甫（HÀM PHỦ）

見第 765 條「柴峰」。

292. 函貞（HÀM TRINH）

見第 252 條「堂川」。

293. 亨甫（HANH PHỦ）

見第 26 條「白雲庵」。

294. 翰軒（HÀN HIÊN）

宋儒（1638–?），號翰軒。清化處農貢縣先沐社（今之所在未詳）人。黎玄宗景治八年（1670）中庚戌科同進士出身，任參政一職。

作品：有詩作收錄於《全越詩錄》（A.3200/1-4, A.1262, A.132/1-4, VHv.117/1-2, VHv.777/1-2, VHv.1450/1-2, VHv.116, A.1334, A.393, A.2743）。

295. 行道（HÀNH ĐẠO）

見第 683 條「農河」。

296. 汗漫子（HÃN MẠN TỬ）

見第 766 條「巢南」。

297. 幸庵（HẠNH AM）

見第 453 條「羅山夫子」。

298. 杏莊居士（HẠNH TRANG CƯ SĨ）

黎仲諲（?–?），號杏莊居士。海陽鎮安老縣杏市社（今海防市安老縣）人。生平事跡未詳。

作品：《北圻地輿國音歌》（AB.566）。

299. 豪川（HÀO XUYÊN）

見第 414 條「慶響堂」。

300. 豪川（HÀO XUYÊN）

范廷糶（?–1833），字拔卿，號豪川。海陽鎮唐豪縣柳川社（今興安省美豪縣）人。明命二年（1821）中辛巳科舉人，任高平按察使。1833 年戰死。

作品：《南史演歌》（A.1363）；撰寫《學吟存草》（A.302）的書評。

301. 浩軒（HẠO HIÊN）

阮翹（1694–1752），號浩軒。慈廉縣富舍社（今河內慈廉縣福舍社）人。黎裕宗永盛十一年（1715）乙未科第三甲同進士出身，曾任都御史、兵部左侍郎、翰林校討，爵伯爵。又任正使與阮宗窐副使出使中國。為紅霞女士段氏點之夫。

作品：《使華叢詠》（A.1552, A.2993, A.211, A.2123, A.2001, A.551, VHv.1896, VHv.1404/1, VHv.1404/2, VHv.1998, VHv.2481, VHv.2076, VHv.2350, VHv.2476, VHv.1613, VHv.2251）、《景治五年丁未科進士題名記》（N⁰1337）、《正和四年癸亥科進士題名記》（N⁰1326）、《正和十八年丁丑科進士題名記》（N⁰1336）、《奉事後佛／碑記》（N⁰7480/7481/7482/7483）、《張惠顯德之碑》（N⁰5542/5543/5544/5545）、《永盛八年壬辰科進士題名記》（N⁰1317）；另有詩作收錄於《周易國音歌》、《史文摘錦》、《華程偶筆錄》、《壬戌課使程詩集》等書中。

參考：裴維新（主編）（1997），《越南文學總集》第 6 冊，河內：社會科學出版社。

302. 浩夫（HẠO PHU）

見第 1037 條「松軒」。

303. 侯六年（HẦU LỤC NIÊN）

見第 453 條「羅山夫子」。

304. 厚如（HẬU NHƯ）

見第 107 條「拙齋」。

305. 厚甫（HẬU PHỦ）

申仁忠（1418–1499），字厚甫。京北鎮安勇縣安寧社（今北江省越安縣黃寧社）人。黎聖宗光順十年（1469）第三甲同進士出身，曾任吏部尚書、掌翰林院事兼東閣大學士、入內輔政、國子監祭酒，黎聖宗冊封其為騷壇會副元帥。

作品：《大寶三年壬戌科進士題名記》（N⁰1358）、《大越藍山昭陵碑》（N⁰13473/13475/13476）、《洪德十八年丁未科進士題名記》（N⁰1361）；另有詩作收錄於《安南地志》、《乾坤一覽》、《征占日程》、《黎聖宗純皇帝近體詩》、《明良錦繡》、《詩抄》、《坐花摘艷上集》、《全越詩錄》（A.3200/1-4, A.1262, A.132/1-4, VHv.117/1-2, VHv.777/1-2, VHv.1450/1-2, VHv.116, A.1334, A.393, A.2743）等書中。

參考：裴文原（主編）（2000），《越南文學總集》第4冊，河內：社會科學出版社。

306. 厚甫 (HẬU PHỦ)

見第60條「吉川」。

307. 熙仁 (HI NHÂN)

見第889條「舒齋」。

308. 禧悰 (HI TÔN)

阮嘉韶（1741–1798），字如意禪，號禧悰。京北處超類縣柳岸社（今北寧省順成縣五泰社）人。阮嘉韶為達武侯阮嘉琚的長子，其母鄭氏玉枸為鄭剛之女，被封為瓊蓮郡主。自幼便入鄭主府學習，但不走科舉之路。曾任校尉管軍中馬左隊、指揮僉事、鎮守興化都指揮使。後辭職回自家於西湖（河內）的官邸吟詩作文。西山北進時，其人逃離遠方，回升龍後被朝廷政權逮捕，但不願仕於西山政權而日日借酒裝傻。

作品：《宮怨吟曲》（AB.392）、《西湖詩集》（藏版未詳）；另有詩作收錄於《名家國音》（AB.26）。

參考：阮廣遵（主編）（2000），《越南文學總集》第13冊，河內：社會科學出版社；阮維合（2003），《阮嘉韶名人》，河內：文化訊息出版社。

309. 禧文 (HI VĂN)

黎景綽（?–?），號禧文。清化處東山縣（今清化省）人。其生平

及事業未詳，只知出生於 15 世紀，曾擔任黎太宗（1434–1442）的內密院、翰林院承旨學士。

作品：詩作收錄於《全越詩錄》（A.3200/1-4, A.1262, A.132/1-4, VHv.117/1-2, VHv.777/1-2, VHv.1450/1-2, VHv.116, A.1334, A.393, A.2743）。

310. 顯名（HIỂN DANH）

阮有孚（1413–?），其號顯名。山南鎮丹鳳縣山桐社（今河內市懷德縣山桐社）人。黎太宗大寶三年（1442）第二甲進士出身。任太原及快路安撫使。曾出使中國。

作品：詩作收錄於《全越詩錄》（A.3200/1-4, A.1262, A.132/1-4, VHv.117/1-2, VHv.777/1-2, VHv.1450/1-2, VHv.116, A.1334, A.393, A.2743）。

311. 獻亭（HIẾN ĐÌNH）

見第 621 條「玉堂」。

312. 現光（HIỆN QUANG）

黎純（?–1221），法號現光，升龍城（今河內市）人。黎純出家於東潮州安子山（今廣寧省東潮縣）。其原為常照禪師之徒，又隨從智通禪師與法戒禪師學道。學識淵博，李惠宗多請入仕，但都被拒絕。

作品：詩作收錄於《禪苑集英》（VHv.1267, A.3144）等書。

參考：《禪苑集英》（1990），河內：文學出版社；文新（主編）（2000），《越南文學總集》第 1 冊，河內：社會科學出版社。

313. 峽石（HIỆP THẠCH）

范師孟（?–?），字義夫，號畏齋，又號峽石、陽巖。海陽路荊門府峽山縣陽岩社（今海陽省荊門縣范命社）人。陳明宗大慶十年（1323）癸亥科太學生，曾任掌簿書兼樞密參政、行遣左司郎中、知樞密院事，後升入內納言等職。陳裕宗期間，奉命與元朝使臣爭辯銅柱一事。

作品：《峽石集》（藏版未詳）、《陽巖》（N⁰12010）、《崇嚴寺雲磊山大碑岩》（N⁰20965）；有詩作收錄於《全越詩錄》（A.3200/1-4, A.1262, A.132/1-4, VHv.117/1-2, VHv.777/1-2, VHv.1450/1-2, VHv.116, A.1334, A.393, A.2743）、《精選諸家詩集》、《海陽地輿》等書中。

參考：陳黎創（2000），《越南文學總集》第3冊，河內：社會科學出版社；阮青松（2018），《范師孟——平生與詩文》，河內：河內師範大學。

314. 好德 （HIẾU ĐỨC）

見第 807 條「石峒」。

315. 好禮 （HIẾU LỄ）

見第 680 條「寧山」。

316. 孝廉 （HIẾU LIÊM）

見第 777 條「山老」。

317. 孝廉 （HIẾU LIÊM）

見第 789 條「三青」。

318. 孝生 （HIẾU SINH）

見第 272 條「荷亭」。

319. 較甫 （HIỆU PHỦ）

見第 634 條「月江」。

320. 華堂 （HOA ĐƯỜNG）

見第 478 條「立齋」。

321. 華江 （HOA GIANG）

阮吉（?-?），號迪軒，又號華江。青池縣黃梅村（今河內市黃梅郡）人。阮翼宗嗣德二十三年（1870）己卯科舉人，官至禮部尚書。

作品：詩作收錄於《菊堂百詠詩集》、《菊秋百詠集》等書。

322. 華城道士（HOA THÀNH ĐẠO SĨ）

見第 192 條「丹峰」。

323. 和正子（HÒA CHÍNH TỬ）

見第 102 條「拙夫」。

324. 和談（HÒA ĐÀM）

見第 15 條「幼敏」。

325. 和甫（HOÀ PHỦ）

見第 83 條「止庵」。

326. 懷東（HOÀI ĐÔNG）

陳文為（?–?），字誠思，號懷東。壽昌縣東閣坊（今河內市）人。阮聖祖明命六年（1825）乙酉科舉人，曾任知縣、太僕寺卿。

作品：《黎史篡要》（A.1452/1-3, VHv.1312/1-2, VHv.1291）。

作品：詩作收錄於《大南文集》、《帳聯文集》等書。

327. 懷德甫（HOÀI ĐỨC PHỦ）

潘黎藩（1735–1809），後改名為潘仲藩，號懷德甫。慈廉縣東鄂社（今河內慈廉縣東鄂社）人。黎顯宗景興十八年（1757）丁丑科第三甲同進士出身。曾任高平督鎮、順廣府道協鎮、戶部左侍郎、參訟、平章事、戶部右侍郎、吏部署右侍郎兼知國子監司業、兵部尚書、入侍經筵、特進金紫榮祿大夫，爵泗川候。

作品：《高平實錄》（A.1129）、《亭門事例／石碑鐫造》（N⁰1634/1635）、《東鄂社儷福碑》（N⁰1054/1055）、《坤貞府碑》（N⁰1000/1001/1002/1003）、《己亥盛科進士題名碑記》（N⁰1312）、《壬辰科進士題名碑記》（N⁰1376）、《法雨寺聲》（N⁰20932/20933）、《重修神祠碑／恭獻看作誌》（N⁰1049/1050）；參與編撰《大越歷朝登科錄》（VHv.650/1-2, VHv.651/1-2, VHv.2140/1-3, A.2752/1-2, A.1387, VHv.293, VHv.1651, A.379）。

328. 鸛山居士（HOAN SƠN CƯ SĨ）

見第 806 條「石庵」。

329. 環璞（HOÀN PHÁC）

見第 3 條「愛竹齋」。

330. 黃中（HOÀNG TRUNG）

見第 933 條「靜齋」。

331. 橫海（HOÀNH HẢI）

見第 63 條「芹江」。

332. 橫山（HOÀNH SƠN）

黎廣志（1451–1533），號橫山。乂安處奇華縣神投社（今河靜省奇英縣奇芳社）人。黎聖宗洪德九年（1478）第一甲進士及第第二名（榜眼），一說狀元。曾任東閣大學士、禮部左侍郎，升尚書。

作品：詩作收錄於《全越詩錄》（A.3200/1-4, A.1262, A.132/1-4, VHv.117/1-2, VHv.777/1-2, VHv.1450/1-2, VHv.116, A.1334, A.393, A.2743）、《文明古吹》等書中。

333. 奐甫（HOÁN PHỦ）

見第 503 條「魯庵」。

334. 弘敬（HOẰNG KÍNH）

見第 69 條「真齋」。

335. 弘夫（HOẰNG PHU）

見第 605 條「毅齋」。

336. 弘甫（HOẰNG PHỦ）

何任大（1526–?），字弘甫，立石縣平山社（今永福省立石縣文館社）人。莫茂洽崇康九年（1574）第三甲同進士出身，曾任禮部尚書。

作品：《黎朝嘯詠詩集》（A.315, VHv.1457）。

參考：阮渠（主編）（1995），《越南文學總集》第 5 冊，河內：社會科學出版社。

337. 宏甫（HOẰNG PHỦ）

見第 719 條「福齋」。

338. 學遜（HỌC TỐN）

見第 1075 條「淵密」。

339. 學齋（HỌC TRAI）

陳明甫（?–?），號學齋、椰墅老友。原籍及生平事跡未詳。

作品：校對《北圻地輿國音歌》（AB.566）。

340. 槐軒（HOÈ HIÊN）

吳忱（?–?），字槐軒。京北處東岸縣三山社（今北寧慈山縣三山社）人。黎聖宗洪德二十一年（1493）癸丑科第一甲進士及第第二名。曾任翰林院侍書與騷壇會成員之一。逝世後追封太保。

作品：詩作收錄於《全越詩錄》（A.3200/1-4, A.1262, A.132/1-4, VHv.117/1-2, VHv.777/1-2, VHv.1450/1-2, VHv.116, A.1334, A.393, A.2743）。

參考：裴文原（主編）（2000），《越南文學總集》第 4 冊，河內：社會科學出版社。

341. 槐軒（HOÈ HIÊN）

陳賢（1684–1742），字廉平，號槐軒。慈廉縣雲耕社（今河內市懷德縣春芳社）人。黎裕宗永盛四年（1708）戊子科鄉貢，黎純宗龍德二年（1733）第三甲同進士出身。逝世後追封翰林院侍講。

作品：《陶匠敬事碑記／奉事記》（N⁰3529/3530/3531/3532）、《後神碑記》（N⁰1552/1553/1554/1555）、《興聖寺重修鴻鐘功德易市碑記》（N⁰18524/18525/18526/18527）、《後佛大悲寺／田井立碑記》（N⁰1649/1650/1651/1652）、《奉事碑記》

（N⁰3535/3536）；有詩作收錄於《進士陳氏講履歷》、《山西誌》等書中。

342. 虎紋 (HỔ VĂN)

見第 635 條「月舫」。

343. 悔卿 (HỐI KHANH)

見第 1042 條「松坡」。

344. 晦叔 (HỐI THÚC)

見第 638 條「魚堂」。

345. 晦齋 (HỐI TRAI)

黎光賁（1506–?），或云姓范，字純夫，號晦齋。海陽省唐安縣慕澤村（今海陽省平江縣新紅社）人。黎恭皇統元五年（1526）丙戌科第二甲進士出身。曾任吏部尚書，封蘇川侯。出使中國，被拘留18年。世人將其喻為漢朝蘇武。逝世後追爵蘇郡公。

作品：《思鄉韻錄》（A.699）。

參考：阮渠（主編）（2000），《越南文學總集》第5冊，河內：社會科學出版社。

346. 晦齋 (HỐI TRAI)

見第 988 條「仲夫」。

347. 紅霞女士 (HỒNG HÀ NỮ SĨ)

段氏點（1705–1748），號紅霞女士。京北處文江縣楷范社（今興安省安美縣）人。段尹儀之女，尚書黎英俊義女。其父去世後，與母親及兄長移居唐豪縣（今興安省美豪縣玉林社無礙村）。兄長去世後，段氏點懸壺濟世，又開私塾，學徒甚多，其中有進士陶維允等有名人士。37歲時，嫁給鰥夫阮翹。

作品：《傳奇新譜》（VHv.2959, VHv.1487）、《征婦吟》（喃字譯版）（VHb.31, A.3158, AB.361）；有詩作收錄於《保漢珠聯》、《名家國音》、《南天歷代私略史》、《國文叢記》、《詩文雜編》、《詩詞歌對策文雜抄》等書。

參考：裴維新（主編）（2000），《越南文學總集》第 6 冊，河內：社會科學出版社。

348. 鴻山獵戶（HỒNG SƠN LIỆP HỘ）

見第 817 條「青軒」。

349. 洪義（HỒNG NGHĨA）

見第 1033 條「慧靜」。

350. 鴻魚居士（HỒNG NGƯ CƯ SĨ）

見第 603 條「宜軒」。

351. 洪桂軒（HỒNG QUẾ HIÊN）

高輝耀（?–?），字玖照，號無雙，又號洪桂軒。京北鎮嘉林縣富市社（今河內市嘉林縣富市社）人。阮世祖嘉隆六年（1807）丁卯科鄉試解元，曾任國威知府、吏部侍郎、河仙督學等職，後升任尚書。

作品：《方庵阮先生傳》（A.3141, A.2966）、《後神祠宇碑記》（N^{0}1662/1663）；參加編寫《論辯贊頌歌箴文集》（A.1264）；有詩作收錄於《表文集》、《艮齋詩集》、《貽澤堂譜記》、《大南英雅前編》、《對聯詩文集》等書中。

參考：阮祿（主編）（2000），《越南文學總集》第 8 冊，河內：社會科學出版社。

352. 洪錫（HỒNG TÍCH）

見第 875 條「順軒」。

353. 樗寮（HU LIÊU）

阮直（1417–1474），字公挺，號樗寮。山南鎮青威縣貝溪社（今河內市青威縣三興社）人。黎太宗大保三年（1442）壬戌科第一甲進士及第第一名，曾任翰林院侍學士、署中書令、知三館事、特授翰林院承旨兼國子監祭酒等職。曾出使中國。

作品：《保英良方》（A.1462）、《貝溪狀元挺對策文》（A.1225）、

《貝溪詩集》（已失傳）、《郡上主黎氏墓誌》（N⁰11302/11303）；與杜潤同編由黎聖宗主編的《天南餘暇集》（A.334/1-10, VHv.1313/a-b）；有詩作收錄於《全越詩錄》（A.3320/1-4, A.1262, A.132/1-4, VHv.117/1-2, VHv.777/1-2, VHv.1450/1-2, VHv.116, A.1334, A.393, A.2743）。

參考：裴文原（主編）（1995），《越南文學總集》第4冊，河內：社會科學出版社；阮渠（主編）（1995），《越南文學總集》第5冊，河內：社會科學出版社。

354. 朽圃 (HỦ PHỐ)

陳廷琛（?–?），號朽圃，或云樓圃。海陽處東潮縣福多社（今廣寧省東潮縣）人。陳睿宗隆慶二年（1374）甲寅科探花，曾任御史中贊、監修國史。陳睿宗時（1373–1377），曾出使中國。胡季犛篡位時，裝耳聾不合作，被貶職。

作品：〈題秋江送別圖〉、〈挽王少保汝舟〉收錄於《全越詩錄》（A.3320/1-4, A.1262, A.132/1-4, VHv.117/1-2, VHv.777/1-2, VHv.1450/1-2, VHv.116, A.1334, A.393, A.2743）。

參考：陳黎創（主編）（2000），《越南文學總集》第3冊，河內：社會科學出版社。

355. 勖齋 (HÚC TRAI)

阮登揚（?–?），號勖齋，又號鳳林。籍貫與生平事跡未詳。

作品：《長美社碑記／士會全碑記》（N⁰2671/2672）。

356. 慧圃 (HUỆ PHỐ)

靜和公主（1829–1882），即阮靜和，字季卿、養之，號慧圃。阮聖祖（1820–1840）之女。

作品：《慧圃詩集》。

參考：黎志遠（主編）（2000），《越南文學總集》第15冊，河內：社會科學出版社；《梅庵與慧圃之詩》（2004），順化：順化出版社。

357. 惠甫（HUỆ PHỦ）

見第 1100 條「雲亭」。

358. 惠生（HUỆ SINH）

林樞（?–1063），一說林樞武，法號惠生。東扶烈村龍（青）潭縣（今河內青池縣）人。法通的弟子，後住持茶山菩提寺（今之所在未詳）。李太宗（1028–1054）請入朝問佛，授都僧錄。李聖宗（1054–1072）時授左街都統。天竺、天聖、開國、妙嚴與報德等寺有碑文（報德寺碑文已失傳）。

作品：《法事齋儀》、《諸道場慶贊文》（均已失傳）；有詩作收錄於《禪苑集英》（VHv.1267, A.3144）。

參考：《禪苑集英》（1990），河內：文學出版社；文新（主編）（2000），《越南文學總集》第 1 冊，河內：社會科學出版社。

359. 蕙靜（HUỆ TĨNH）

見第 1033 條「慧靜」。

360. 輝吉（HUY CÁT）

杜宗光（1840–1863），一說杜光，號輝吉。寧江府嘉祿縣會川總方店社（今海陽省嘉祿縣）人。阮聖祖明命九年（1828）戊子科舉人，十三年（1832）壬辰科第三甲同進士出身，曾任演州知府、翰林院值學士、廣治按察使、史館纂修、定祥巡撫、乂安按察使、南定布政使、寧太護督。逝世後追封尚書。

作品：《萬古開群蒙雜集》（VHb.22）、《梁山縣碑記》（N°2659/2660）；共同編撰《大南實錄前編》（VHv.1320/1-4, VHv.2614/1-3, VHv.1693/1-2, A.2714/1-2）；有詩作收錄於《養齋集》、《杜族家譜》等書中。

參考：黎志遠（主編）（2000），《越南文學總集》第 15 冊，河內：社會科學出版社。

361. 玄章（HUYỀN CHƯƠNG）

見第 832 條「慎齋」。

362. 玄童（HUYỀN ĐỒNG）

見第 1115 條「望橋居士」。

363. 玄同子（HUYỀN ĐỒNG TỬ）

見第 580 條「耐庵」。

364. 玄溪（HUYỀN KHÊ）

阮汪（?–?），字鶴峰，號玄溪。青威縣玄溪社（今河內市）人。生平事跡未詳。官至南定省督學。

作品：《鶴峰全集》（A.2246）。

365. 玄圭（HUYỀN KHUÊ）

見第 905 條「仙山」。

366. 玄光尊者（HUYỀN QUANG TÔN GIẢ）

李道載（1254–1334），法號玄光尊者。諒江路南策州嘉定縣萬載社（今北寧省嘉平縣）人。陳聖宗寶符二年（1274）及第，進內翰院從業，迎接元使，後一心向佛，陳仁宗交與法螺收為弟子。後成為竹林安子禪宗第三祖，亦是陳朝著名詩人之一。

作品：《公文集》（已失傳）、《玉鞭集》（已失傳）、《寶鼎行持／寶鼎行持祕旨全章》（VHv.1096, VHv.1097, A.2838, A.2760）、《諸品經》、《釋氏寶鼎行持祕旨全章》；有詩作收錄於《皇越叢詠》（A.349）。

參考：陳黎創（主編）（1997），《越南文學總集》第 2 冊，河內：社會科學出版社；釋清決、鄭克孟（2018），《竹林安子佛教叢書》，河內：社會科學出版社。

367. 玄齋（HUYỀN TRAI）

吳時黃（1768–1814），號玄齋，又號石塢。山南鎮青威縣左青威社（今河內青池縣左青威社）人。據《吳家世譜》記載，吳時黃為阮世祖嘉隆六年（1807）丁卯科秀才。

作品：《石塢遺草》收錄於《吳家世譜》（藏於巴黎）。

參考：阮祿（主編）（2000），《越南文學總集》第 8 冊，河內：社會科學出版社；《吳家世譜》（2010），河內：河內出版社。

368. 雄齋 （HÙNG TRAI）

陳伯堅（1777–1829），字彌甫，號雄齋，慈廉縣雲耕社（今河內市懷德縣春芳社）人。阮世祖嘉隆六年（1807）丁卯科鄉試解元，曾任南真知縣，後升荊門知府、刑部僉事等職。曾出使中國。

作品：詩作收錄於《陳家詩譜存遺稿》、《歷科四六》、《歷科鄉試文選》。

369. 香亭 （HƯƠNG ĐÌNH）

阮循甫（?–?），號香亭。清化省農貢縣蘭溪人。曾任南定省務本縣知縣，生平事跡未詳。

作品：《香亭詩文集》（VHv.1789, VHv.1786）；曾評《國風詩演歌》、《國風詩雜誌》、《國風詩集合採》。

370. 香海禪師 （HƯƠNG HẢI THIỀN SƯ）

姓名未詳，俗稱祖球（1628–1715），法號香海禪師，原籍真福縣盎渡社（今乂安宜祿縣），後移居到廣南處升華府平安社（今廣南省）。其玄祖隨阮潢南下，封中祿侯。香海禪師曾鄉試及第，任紹豐知府，後潛心修佛。

作品：《順廣二處山水路程版圖》（已失傳）；註《金剛經解理目／金剛經國音》（AB.528, AB.367, VHv.133）等；有詩作收錄於《香海禪師錄》。

參考：裴維新（主編）（1997），《越南文學總集》第 6 冊，河內：社會科學出版社；香海禪師（2000），《香海明珠全集》，胡志明：胡志明市出版社。

371. 香畦 （HƯƠNG HUỀ）

阮謹（?–?），號香畦，一說香溪。北寧省東岸縣榆林社（今河內市東英縣梅林社）人。阮翼宗嗣德三十二年（1879）己卯科舉人。曾任廣安巡撫、陸南布政使。

作品：《筆算指南》（A.1031, VHv.282）、《香畦詩集／籌邊餘墨集二》（VHv.46）、《香畦詩文集》（A.1578）、《香畦憶草》（A.1718）、《算法》（VHv.495）；有詩作收錄於《舜汭詩文集》。

372. 香派（HƯƠNG PHÁI）

阮潘堂（?–?），號香派。慈廉縣雲耕社（今河內市懷德縣春芳社）人。阮聖祖明命九年（1828）戊子科舉人，曾任知縣。

作品：《香派先生集》（A.525, VHv.1635）。

373. 香山（HƯƠNG SƠN）

阮有祿（?–?），號香山。原籍與生平事跡未詳。

作品：《史略總論》（VHb.39）。

374. 香齋（HƯƠNG TRAI）

見第 519 條「梅亭」。

375. 香池（HƯƠNG TRÌ）

見第 191 條「澹齋」。

376. 香園（HƯƠNG VIÊN）

貞核（?–?），字梅元，號香園。原籍與生平事跡未詳。

作品：《那麓神考小錄》（VHv.1788, VHv.1757）。

377. 向光（HƯỚNG QUANG）

嚴原朗（?–?），字向光，安豐縣（今北寧省）人。16 世紀教授，生平事跡未詳。

作品：詩作收錄於《全越詩錄》（A.3200/1-4, A.1262, A.132/1-4, VHv.117/1-2, VHv.777/1-2, VHv.1450/1-2, VHv.116, A.1334, A.393, A.2743）。

378. 有恪（HỮU KHÁC）

見第 711 條「普山」。

379. 有懇（HỮU KHẨN）

阮登眖（?–?），字有懇。北寧省儻遊縣懷抱社人。生平事跡未詳。

作品：《仙懷阮族家譜》（VHv.1752）。

380. 友善（HỮU THIỆN）

阮勸（1848–1904），字子勉，號友善。常信縣平望社（今河內市）人。

作品：《平望阮族丁派譜》（A.1003）。

381. 友竹（HỮU TRÚC）

見第 287 條「海派」。

382. 祐之（HỰU CHI）

武永禎（?–?），字祐之。天本縣安渠社（今南定省務本縣）人。黎太祖順天二年（1429）己酉明經科及第，曾任翰林院大學士、權右侍郎、參知兼秘書監、知經筵事。

作品：有詩作收錄於《名山勝水詩》、《詩抄》、《全越詩錄》（A.3200/1-4, A.1262, A.132/1-4, VHv.117/1-2, VHv.777/1-2, VHv.1450/1-2, VHv.116, A.1334, A.393, A.2743）等書中。

參考：裴文原（主編）（1995），《越南文學總集》第 4 冊，河內：社會科學出版社。

383. 希庵（HY AM）

見第 1045 條「叢雲」。

384. 希裴（HY BÙI）

見第 959 條「宋溪」。

385. 禧之（HY CHI）

蔣承禧（?–?），字禧之，洪州府多錦社（今海陽省平江縣）人。16世紀西邑轉運使，生平事跡未詳。

作品：詩作收錄於《全越詩錄》（A.3200/1-4, A.1262, A.132/1-4, VHv.117/1-2, VHv.777/1-2, VHv.1450/1-2, VHv.116, A.1334, A.393, A.2743）。

386. 希志（HY CHÍ）

見第105條「拙山居士」。

387. 希章（HY CHƯƠNG）

見第947條「存庵」。

388. 希尹（HY DOÃN）

見第202條「達軒」。

389. 希道（HY ĐẠO）

陳公意（1796–1862），字希道，上福縣平望社（今河內市常信縣）人。阮聖祖明命九年（1828）戊子科鄉試秀才，在家裡開私塾。

作品：《平望陳氏家譜》（A.979）。

390. 希覺（HY GIÁC）

阮伊（?–?），字希覺，原籍未詳。其生平及事業未詳，僅得知鄉試考中秀才。

作品：《驪州宜仙阮家世譜》（VHv.1852）。

391. 希龍（HY LONG）

見第845條「善亭」。

392. 希魯（HY LỖ）

陳廷肅（1818–1899），字仲恭，號希魯、靜齋、仙山主人。順化

鎮地靈縣河中社（今廣治省由靈縣）人。阮憲祖紹治二年（1842）壬寅科舉人，曾任知縣、河內總督、協辦大學士。

作品：《仙山詩集》（VHv.1425）；編輯《淵鑑類函略編》（VHv.2648/1-4, AC.216/1-2）；有詩作收錄於《博物新編》、《諸名家詩》、《遊香跡山前集》、《大南喜賀文集》、《竹堂賦選》等書中。

393. 希馬 （HY MÃ）

見第 801 條「西湖」。

394. 希孟 （HY MẠNH）

見第 721 條「復庵」。

395. 希明 （HY MINH）

裴謙（?–?），字希明。山南鎮仙侶縣海燕社（今興安省仙侶縣）人。裴櫃（1796–1861）之子。生活於 19 世紀末 20 世紀初，曾任知府。

作品：《希明詩集》（VHv.1393, VHv.1393）。

396. 希汾 （HY PHẦN）

見第 451 條「淇川」。

397. 希僧 （HY TĂNG）

潘日省（1816–?），一說名潘三省，號希僧。河靜省羅山縣安同社（今河靜省德壽縣松影社）人。阮憲祖紹治元年（1841）辛丑科舉人，紹治二年（1842）壬寅科第三甲同進士出身，曾任翰林院編修、靜嘉知府、監察御史、集賢院侍講學士、平富（平定與富安的簡稱）、平順按察使、國子監祭酒、海陽布政使、戶部左侍郎。後回鄉病逝。

作品：《海陽地輿》（A.568）；有詩作收錄於《明鏡軒文抄》、《御製詩集》、《詩銘對帳抄集》等書中。

398. 熙碩 （HY THẠC）

見第 194 條「亶齋」。

399. 希誠齋 (HY THÀNH TRAI)

姓張（?–?），常稱張老夫，號希誠齋。快州縣三東社（今興安省快州縣）人。生平事跡未詳。

作品：《龍吟詩集》（A.1736）、《國音文策》（AB.389）、《新撰三字經童集策文》（A.1863）。

400. 希常 (HY TRƯỜNG)

黎德敏（?–?），字希常。河靜省石河縣魏陽縣人。生活於19世紀，生平事跡未詳。

作品：《希常先生世紀／魏陽詩草》（VHv.1148）、《歸田詩集》（A.2988）。

401. 熙塵 (HY TRẦN)

見第847條「善齋」。

402. 希張 (HY TRƯỜNG)

鄧文堪（?–?），號希張。京北鎮文江縣弄亭社（今興安省文江縣）人。阮聖祖明命十二年（1831）辛卯科舉人，曾任廣南省按察使。

作品：《希張文集》（A.1276）。

403. 希思 (HY TƯ)

見第603條「宜軒」。

404. 熙文 (HY VĂN)

見第627條「悟齋」。

405. 希遠 (HY VIỄN)

王有平（?–?），字伯升，號希遠。籍貫與生平事跡未詳。曾任太平巡撫。

作品：《章山詩集》（A.1464）。

K

406. 稽岩（KÊ NHAM）

黎叔獲（?–?），字雙亭，號稽岩。青池縣仁睦社（今河內市還劍郡）人。活動於 19 世紀末 20 世紀初，生平事跡未詳。

作品：《詩經識名圖說》（A.850）。

407. 繼之（KẾ CHI）

見第 1008 條「竹村」。

408. 可庵主人（KHẢ AM CHỦ NHÂN）

見第 588 條「南山養叟」。

409. 可齋（KHẢ TRAI）

劉啶（1746–?），青池縣月盎社（今河內青池縣大盎社）人。黎顯宗景興三十六年（1775）乙未科第三甲同進士出身。

作品：《月盎劉氏家譜》（A.811）；有詩作收錄於《劉氏譜記》、《青月劉先生場習文》等書中。

410. 可致（KHẢ TRÍ）

胡士揚（1622–1682），本名玉，字可致，1651 年改名為士揚。乂安處瓊瑠縣完厚社（今乂安省瓊瑠縣瓊堆社）人。據《胡家合譜》，出使中國時，清帝授其為兩國宰相，封寶佛侯。1645 年乙酉科鄉試解元。1648 年服喪不參加科考，去往清華（今清化）開私塾。為陳度代考，事情告發後，削其官銜，發配充軍。慶德三年（1651），改名「士揚」，應試辛卯科，中解元，考官慮其行狀，便排第二名。1652 年壬辰科中同進士出身。永壽二年（1659）冬十月，開東閣科，考中東閣第二名，賜錦衣榮歸，令三總出迎，又

賜三間之宅。曾任吏科都給事中，封潤睿男；中匡、河中、宣光督侍、兵部右侍郎、陪訟、吏部右侍郎，封侯爵；工部尚書，封睿郡公。逝世後追封少保、戶部尚書，賜諡穎達。

作品：《胡尚書家禮》（AB.592）、《南交殿碑記》（N⁰161）、《大丞相事業碑》（N⁰27522/27523/27524/27525）、《昭儀祀事碑記／永治卷文／祭田逐分處所／祭物儀節例》（N⁰13079/13080/13081/13082）、《大越黎朝帝王中興功業實錄序》（VHv.1478）；有詩作收錄於《全越詩錄》（A.3200/1-4, A.1262, A.132/1-4, VHv.117/1-2, VHv.777/1-2, VHv.1450/1-2, VHv.116, A.1334, A.393, A.2743）、《北使詩集》（VHv.2166）等書中；參加編纂《大越世紀續編》（A.1189/1-3, A.4/1-4, A.1415, A.4, A.2089）；重刊《藍山實錄》（A.26, A.2369, A.2795, VHv.1471, VHv.1695）。

411. 啟頴 (KHẢI CHUYÊN)

見第453條「羅山夫子」。

412. 啟雲 (KHẢI VÂN)

黎文仍（1865–1916），號啟雲。南定省膠水縣茶縷社（今之所在未詳）人。生平事跡未詳。

作品：《茶縷社志》（VHv.2454）。

413. 康節先生 (KHANG TIẾT TIÊN SINH)

見第913條「樵隱」。

414. 慶譽堂 (KHÁNH DỰ ĐƯỜNG)

裴植（?-?），字豪川，號慶譽堂。興安省快州縣連溪社人。嗣德年間國子監生，生平事跡未詳。

作品：《豪川詩集／豪川侯詩集》（A.2504, VHv.2165）。

415. 慶喜 (KHÁNH HỶ)

姓阮（1067–1142），名字未詳，法號慶喜，龍編郡古交村（今河

內市）人。祝聖寺本寂禪師之高徒。李神宗（1128–1138）知其名而請入朝問道，封為僧錄，後升僧統。

作品：《悟道歌詩集》（已失傳）；〈答法融色空凡聖之問〉收錄於《禪苑集英》（VHv.1267, A.3144）。

參考：《禪苑集英》（1990），河內：文學出版社；文新（主編）（2000），《越南文學總集》第1冊，河內：社會科學出版社。

416. 慶馬（KHÁNH MÃ）

見第997條「竹亭」。

417. 克齋居士（KHẮC TRAI CƯ SĨ）

裴汝錫（?–?），字之福，號克齋居士。青池縣盛烈社（今河內市黃梅郡盛烈坊）人，裴彥基之父親。嘉隆年間任知縣，生平事跡未詳。

作品：校對《明都詩》、《明都詩選》、《明都詩彙》等書。

418. 克齋（KHẮC TRAI）

李文馥（1785–1849），字鄰芝，號克齋，又號蘇川。永順縣湖口社（今河內巴亭郡）人。阮世祖嘉隆十八年（1819）己卯科舉人，曾任翰林院編修、禮部主事、史館編修、郎中、禮部僉事、禮部右參知、廣義鎮務協理、廣南鎮務參協、戶部右侍郎、禮部署右參知，後升戶部署左參知。1841年，任正使出使中國。

作品：《周原雜詠草》（A.303, A.1188, A.2497, A.2805, VHv.110, VHv.111, VHv.1146）、《東行詩說》（VHv.184）、《皇華雜詠》（A.1308）、《學吟存草》（A.302, A.2047, A.2740, A.2047）、《回京日記》（VHv.216, VHv.217, A.271）、《鏡海續吟》（A.303）、《李氏家譜》（A.1075）、《閩行詩集／閩行雜咏／閩行詩話集／閩行詩話》（A.1250, A.1291, A.2953, A.1990, VHv.2258）、《玉嬌梨新傳》（VHb.76）、《陽節演義》（VHv.1259）中收錄的〈二十四孝演歌〉、《使程誌略草》（A.2150）、《使程括要編》（VHv.1732）、《使程便覽曲／如燕使程便覽曲》（VHv.200, AB.400, AB.149, AB.131, AB.571, AB.274）、《三之粵雜草／克齋三之粵詩／克齋粵行詩》（VHv.2246,

VHv.1145, A.1286）、《西行見聞紀略》（HV.505）（藏版存於史學院）、《西行詩記／西行詩記》（A.2550, A.2741, A.2685/1, VHv.184, A.2150）、《粵行吟草／粵行吟／粵行詩話／粵行續吟／粵行吟草略抄》（VHv.184, A.300, A.2685/2, A.2194, A.1674, A.1573）；參加編纂《勸孝歌》、《仙城侶話》；有詩作收錄於《百官謝表》、《兵制表疏》、《屏書遺寶》、《葛洞何進士詩集》、《名編輯錄》、《名臣奏冊》、《陽岳松軒吳子文集》、《驩州風土話》、《賦則新選》、《使清文錄》、《在京留草》、《臣民表錄附裴家北使賀文詩集》、《詩文雜抄》、《詩文雜集》、《書序摘錄》、《中外群英會錄》、《群英會詩》等書。

參考：《玉嬌梨》（1971），河內：社會科學出版社；黎志遠（主編）（2000），《越南文學總集》第15冊，河內：社會科學出版社。

419. 欽文（KHÂM VĂN）

姜公輔（?–?），字欽文，或云字德文。九真郡安定縣古險社（今清化省）人。祖籍中國，祖父移居越南。唐德宗時（779–805）登進士第，後官至宰相，又被貶為泉州別駕。唐順宗時（805年2月28日–8月31日）為吉州刺史，未及赴任，病逝於泉州。

作品：〈白雲照春海賦〉抄自《強興文戰》（VHv.2439/1-13）。

420. 溪齋（KHÊ TRAI）

阮經濟（1588–?），號溪齋，阮經學之兄。海陽處唐豪縣安楷社（今興安省美豪縣）人。黎敬宗弘定十四年（1613）己丑科第三甲同進士出身，曾任兵部右侍郎，封侯爵，出使中國。

作品：《重修集福寺碑》（N°2176）。

421. 契甫（KHẾ PHỦ）

范謙益（1679–1741），號敬齋，又號契甫。京北鎮嘉定縣寶篆社（今北寧省嘉平縣仁勝社）人，後移居嘉林縣金山社（今河內市嘉林縣金山社）。黎裕宗永盛六年（1710）庚辰科第一甲進士及第第三名（探花），曾任刑部左侍郎、戶部左侍郎、吏部右侍郎，封述方侯；

禮部尚書兼東閣大學士、兵部尚書、參訟、吏部尚書、清化督府，後升太宰。1726年任正使出使中國。

作品：《德馨山仰祠碑記》（N⁰7042/7043/7044）、《後神碑記》（N⁰4241/4242）、《顯靈祠後神碑記／壹社村佛事例》（N⁰1452/1453/1454/1455）、《奉事後神碑記》（N⁰2470/2484）、《辛亥科進士題名記》（N⁰1307）、《石橋碑記／功德碑記》（N⁰3409/3410）、《重修波羅寺大功德碑》（N⁰5548/5549）、《重修法雲寺碑記》（N⁰2340/2341/2342）；有詩作收錄於《翰閣叢談》、《翰閣文體程式》、《詩抄》等書中。

422. 器甫（KHÍ PHỦ）

朱車（?-?），字器甫。安富縣（今北寧省安豐縣）人。黎太祖順天六年（1433）癸丑科及第，曾任侍御史，又出使中國。

作品：編輯及刻印《越音詩集》（A.1925, A.3038）；有詩作收錄於《全越詩錄》（A.3200/1-4, A.1262, A.132/1-4, VHv.117/1-2, VHv.777/1-2, VHv.1450/1-2, VHv.116, A.1334, A.393, A.2743）、《詩抄》等書。

參考：裴文原（主編）（1995），《越南文學總集》第4冊，河內：社會科學出版社。

423. 謙如（KHIÊM NHƯ）

見第105條「拙山居士」。

424. 謙甫（KHIÊM PHỦ）

裴仕暹（1690–1733），山南鎮東關縣涇縷社（今太平省東興縣）人。黎裕宗永盛十一年（1715）乙未科第二甲進士出身，曾任翰林院校理、山西巡撫、東閣校書、太常寺卿。永慶三年（1731）因直言進諫而被罷官回鄉。至景興期間（1740–1786），鄭楹恢復其名節，追封參政大學士，封忠節侯。

作品：《正和貳十一年庚辰科進士題名記》（N⁰1320）、《政和六年乙丑科進士題名記》（N⁰1347）、《后神碑記》（N⁰4278/4279/4280）、《永盛十一年乙未科進士題名記》（N⁰1341）、

《盛德四年丙申科進士題名記》（N⁰1342）、《景治八年庚戌科進士題名記》（N⁰1346）。

425. 謙受甫（KHIÊM THỤ PHỦ）

見第159條「裕庵」。

426. 謙齋（KHIÊM TRAI）

阮如堵（1424–1526），字孟安，號謙齋。青潭縣大蘭社（今河內青池縣沿河社）人，後移居上福縣紫陽村（今河內市常信縣蘇校社）。黎太宗大寶三年（1422）壬戌科會元，第一甲進士及第第二名，曾任職學士、吏部尚書、禮部尚書、大學士、少保兼國子監祭酒，三次出使中國（1443、1450、1459）。

作品：詩作收錄於《全越詩錄》（A.3200/1-4, A.1262, A.132/1-4, VHv.117/1-2, VHv.777/1-2, VHv.1450/1-2, VHv.116, A.1334, A.393, A.2743）。

參考：裴文原（主編）（2000），《越南文學總集》第4冊，河內：社會科學出版社。

427. 謙齋（KHIÊM TRAI）

陳名琳（1705–1777），號謙齋，諡忠良。北寧鎮嘉定縣寶篆社（今北寧省嘉平縣仁勝社）人。陳名案之父。黎維祊永慶三年（1731）辛亥科第三甲同進士出身，曾任高平督同、刑部侍郎、翰林院校理、工部右侍郎、乂安督侍，之後又召回京師，升陪訟副都御史、工部與戶部左侍郎、刑部尚書、工部尚書，封攸領侯，逝世後追封太保。

作品：《驩州風土話》（VHv.1718, VHv.1376, A.592, A.2288）、碑文《無題》（N⁰2772）、《少保相公祠堂碑記》（N⁰4214/4215/4216/4217）、《祠址碑記》（N⁰4377/4378）；共同編撰《驩州風土記》（VHv.1719, VHv.1458）。

428. 謙齋（KHIÊM TRAI）

見第60條「吉川」。

429. 豁如（KHOÁT NHƯ）

見第 588 條「南山養叟」。

430. 坤章（KHÔN CHƯƠNG）

見第 931 條「靜圃」。

431. 空路禪師（KHÔNG LỘ THIỀN SƯ）

姓楊（1016–1094），名字未詳，一說楊明嚴，法號空路禪師。海清鄉（今南定省）人。住持嚴光、祝聖、夏澤等寺。

作品：詩作收錄於《禪苑集英》（VHv.1267, A.3144）。

參考：《禪苑集英》（1990），河內：文學出版社；文新（主編）（2000），《越南文學總集》第 1 冊，河內：社會科學出版社。

432. 孔漫（KHỔNG MẠN）

黎文碩（?–?），號孔漫，水源縣豐盛社（很有可能今屬海防市）。南定督學，生平事跡未詳。

作品：《蔡渚興圓寺碑記》（N°2543）。

433. 曲江（KHÚC GIANG）

見第 1000 條「竹堂」。

434. 圭岳（KHUÊ NHẠC）

見第 1129 條「春卿」。

435. 匡越大師（KHUÔNG VIỆT ĐẠI SƯ）

吳真流（933–1011），法號匡越大師，常樂縣吉利村（今清化省靜嘉縣）人。先學儒，後修佛，住持開國寺。丁先皇（970–979）封為僧統，賜法號匡越大師。黎大行（980–1005）期間繼續任原職，參與朝政。986 年，黎大行令其出迎宋使李覺，填送別詞〈阮郎歸〉一首。

作品：〈阮郎歸·祥光風好錦帆張〉、〈始終〉、〈元火〉收錄於《禪苑集英》（VHv.1267, A.3144）、《大越史記全書》等書中。

參考：《禪苑集英》（1990），河內：文學出版社；文新（主編）（1997），《越南文學總集》第1冊，河內：社會科學出版社。

436. 件齋 (KIỆN TRAI)

黃迥（?–?），香茶（今承天順化省）人。翰林院編修，升吏部左侍郎。與劉文蘭、李文馥等立「群英會」。

作品：詩作收錄於《諸題墨》、《名臣奏集》、《御製勦平北圻逆匪詩集》、《御製勦平南北賊寇詩集》、《御製勦平南圻逆匪詩集》、《中外群英會集》、《群英會詩》、《中外群英會錄集》等書中。

437. 喬年 (KIỀU NIÊN)

見第 225 條「東野樵」。

438. 金亭居士 (KIM ĐÌNH CƯ SĨ)

見第 441 條「金星」。

439. 金江 (KIM GIANG)

阮仲合（1834–1902），又名阮文瑄、阮瑄，字桂玶子，號金江。青池縣金縷社（今河內市黃梅郡大金坊）人。阮翼宗嗣德十一年（1858）戊午科舉人，嗣德十八年（1865）乙丑科第三甲同進士出身。曾任春長知府、承天府尹、定安（南定、太平、興安）總督、河內總督、山興宣總督、北圻欽差權經略使、吏部尚書、兵部尚書、協辦大學士充機密院大臣、國史館總裁兼管欽天監事務等職，爵榮忠子。曾任正使出使法國。

作品：《金江遺草》（A.1719）、《金江阮相公日歷》（A.862）、《金江詩集》（A.1075）、《金江文集》（A.1042/1-3）、《西查詩草》（VHv.1411）、碑文《無題》（N°5669）；參加編纂《排奏術役給皰朱社平海里》（喃文）、《大南正編列傳初集》；有詩作收錄於《諸題墨》、《名臣筆錄》、《譯之為貴集》、《遊香跡峒記》、《大家寶文雜編》、《大越地輿全編》、《條陳堤政事宜集》、《詩恩寶詔》、《詩文對聯抄集》、《舜汭詩文集》、《文集》等書中。

參考：《阮仲合——其人其事》（1996），河內：史學會。

440. 金江（KIM GIANG）

范望（?–?），字復齋，號金江。北寧省武江縣金堆社（今北寧省桂武縣）人。阮憲祖紹治元年（1841）辛丑科舉人，生平事跡未詳。

作品：《啟童說約》（VHn.1488, A.889, VHn.1257, VHn.132, VHn.964/1-2, VHn.489, VHn.1238, VHn.255, VHb.79, AB.11）；有詩作收錄於《乂安人物志》、《萬選新編》、《三字經》、《三字經解音演歌》等書中。

441. 金星（KIM TINH）

阮公寶（?–?），號金亭居士，又號金星。原籍未詳。19世紀間人，生平事跡未詳。

作品：《本草食物》（A.2014）、《蘇江志水》（A.966）。

442. 敬庵（KÍNH AM）

阮必直（?–?），號敬庵，興安省文江縣華棣社（今興安省文江縣義柱社）人。秀才及第，生平事跡未詳。

作品：《華棣社阮族家譜》（A.667）。

443. 敬之（KÍNH CHI）

見第975條「㵎溪」。

444. 鏡臺（KÍNH ĐÀI）

阮茂見（1818–1879），號鏡臺，又號洞庵。山南下鎮真定縣（今太平省建昌縣武中社）人。曾任諒平道幫辦軍次、廣安與諒山按察使。曾參加反法活動。

作品：《鏡臺集詠》（已失傳）、《占天參考》（已失傳）、《易理新編》（已失傳）、《明史論斷考辨》、《周易折中》（藏於巴黎）、《讀書樂趣》（VHn.947/1-2）。

445. 鏡溪（KÍNH KHÊ）

范邁（?–?），或名范宗邁，號鏡溪。范遇之兄，峽山縣敬主社（今

海陽省荊門縣）人。本名祝固,陳仁宗賜姓范,因與其師阮士固重名而改為邁。曾任侍內學生、御史中贊,後升門下省同知,與阮忠彥一同出使中國。

作品:詩作收錄於《全越詩錄》（A.3200/1-4, A.1262, A.132/1-4, VHv.117/1-2, VHv.777/1-2, VHv.1450/1-2, VHv.116, A.1334, A.393, A.2743）、《群賢賦集》（A.575）等書中。

參考:陳黎創（主編）（1997）,《越南文學總集》第 2 冊,河內:社會科學出版社。

446. 敬甫 （KÍNH PHỦ）

見第 936 條「靖齋」。

447. 敬甫 （KÍNH PHỦ）

阮案（1770–1815）,字青玉,號敬甫,又號愚胡。京北鎮東岸縣榆林社（今河內市東英縣梅林社）人。阮世祖嘉隆六年（1807）舉人,曾任興安省芙蓉（今芙藻縣）知縣、先明（今海防市先朗縣）知縣。

作品:《風林鳴賴詩集》（A.1201）、《桑滄偶錄》（與范廷琥同作）（VHv.1798, VHv.1413）;有詩作收錄於《東野樵詩集》、《東野學言詩集》、《華程學步集》等書中。

參考:鄧德超（主編）（2000）,《越南文學總集》第 14 冊,河內:社會科學出版社。

448. 敬齋 （KÍNH TRAI）

見第 421 條「契甫」。

449. 畸庵 （KỲ AM）

阮露澤（1853–1895）,字撙修,號畸庵。生於廣治省甘露縣,原籍承天省豐田縣繼門社（今承天順化省）。輔政大臣陳羑誠之婿。

作品:《葵憂錄》（A.3187）、〈天下大勢論〉收錄於《中國各報章摘錄》（VHt.18）。

參考:阮文玄（主編）（2000）,《越南文學總集》第 17 冊,河內:社會科學出版社。

450. 奇峰（KỲ PHONG）

黎大剛（1771–1847），字通禪，號奇峰，又號居正氏。平定省安仁府（今平定省綏福縣福協社）人。嘉隆期間（1802–1820）曾任綏遠知縣，調往北城升兵部僉事。明命期間（1820–1840）任山西協鎮、廣南該簿與西南、永清該簿、刑部侍郎、刑部參知、北城總鎮、署兵部尚書、督察院右都御史、兵部員外郎兼副領兵，又任安江按察使、布政使兼領兵與署理巡撫、安江河仙關防總督。紹治期間（1841–1847）升河內布政使。

作品：詩作收錄於《平定省雜編》（A.3125）。

451. 淇川（KỲ XUYÊN）

阮通（1827–1884），原名阮時通，字希汾，號淇川、豚庵。新安府新盛縣平盛村（今隆安省州成縣富義治社）人。阮翼宗嗣德二年（1849）己酉科舉人，曾任富豐縣訓導、翰林院修撰、掌衛、副提督、慶和與廣義按察使、廣義布政使、刑部辨理、國子監司業、典農副使兼平順省督學，後升鴻臚寺卿。與陳貴平立「同舟社」品論詩文。

作品：《淇川公牘文抄》（VHv.2073）、《越史綱鑑考略》（A.998, VHv.1319/1-2），參加編纂《營田表文》，參加編輯《嗣德御製文》，參加檢閱《欽定越史通鑑綱目》；有詩作收錄於《錦語》、《對聯詩文雜編》、《蔗園全集》等書。

參考：黎志遠（主編）（2000），《越南文學總集》第15冊，河內：社會科學出版社；杜德曉（編）（2004），《文學詞典（新版）》，河內：世界出版社；保定江、哥文請（2005），《阮通，人與作品》，胡志明：年輕出版社。

L

452. 羅江夫子（LA GIANG PHU TỬ）

見第 453 條「羅山夫子」。

453. 羅山夫子（LA SƠN PHU TỬ）

阮浹（1723–1804），字啟顒，又字光浹，號羅山夫子、幸庵、笠峰居士、裴溪居士、癲隱、狂隱、羅江夫子、藍紅異人、侯六年、六年夫子等。乂安鎮羅山縣月泑社（今屬河靜省干祿縣金祿社）人。黎中興朝期間（1533–1789）考取鄉貢，曾任青漳知縣，後退隱於野。西山當國，光中帝邀請出山，多辭之。後感其知遇之恩，方許之。開崇正書院，譯漢文書籍。光中崩，又回鄉。

作品：《幸庵遺文》（VHv.212）、《笠峰文稿》（A.3148）；有詩作收錄於《國朝詩文雜記》、《越興紀勝》等書中。

參考：黃春瀚（1945），《羅山夫子》，巴黎：明新出版社；黃春瀚（1950），《羅山夫子》，巴黎：明新出版社；阮祿（主編）（2000），《越南文學總集》第 7 冊，河內：社會科學出版社。

454. 呂塘（LÃ ĐƯỜNG）

見第 507 條「翏溪」。

455. 樂道（LẠC ĐẠO）

陳光啓（1241–1294），字昭明，號樂道，爵昭明王。天長路即墨村（今南定省南定市）人。陳太宗（1225–1258）第 3 子，陳聖宗（1258–1278）時授相國太尉、封大王，陳仁宗（1279–1293）時又授太師，成為朝廷重臣之一。元軍入侵時，率軍拒之，參加咸子關、章陽渡等重要戰役。

作品：《樂道集》（已失傳）；有詩作收錄於《全越詩錄》（A.3200/1-4, A.1262, A.132/1-4, VHv.117/1-2, VHv.777/1-2, VHv.1450/1-2, VHv.116, A.1334, A.393, A.2743）、《阮飛卿詩集》、《詩賦對聯古文雜錄》等書中。

參考：陳黎創（主編）（2000），《越南文學總集》第2冊，河內：社會科學出版社。

456. 樂亭 (LẠC ĐÌNH)

鄭輝柬（?–?），號樂亭。原籍未詳。環龍訓導，生平事跡未詳。

作品：《女訓傳》（AB.423）。

457. 樂山 (LẠC SƠN)

閉祐仁（?–?），字樂山。石林州北溪（今高平省和安縣）人。西山軍北伐時，閉祐仁一家隨從黎昭統帝避難於中國。流亡期間作《樂山詩集》。阮氏建朝後回國。

作品：《樂山詩集》（已失傳）。

458. 樂山 (LẠC SƠN)

阮敦仁（?–?），號樂山。原籍未詳。生平事跡未詳。

作品：《道南齋初稿》（A.1810）。

459. 樂天 (LẠC THIÊN)

阮輝理（1758–?），號樂天，又號梧山居士。海陽鎮四岐縣某團社（今海陽省四岐縣岐山社）人。黎愍帝昭統元年（1787）丁未科第三甲同進士出身，曾任吏部左侍郎、京北鎮督學。嘉隆期間（1802–1820）任北寧督學、翰林學士，封侯爵。

作品：《醫會碑記／醫會詞記／供田／祀田》（N^{0}4137/4138/4139/4140）。

460. 樂善 (LẠC THIỆN)

見第718條「福齋」。

461. 萊山（LAI SƠN）

見第 466 條「蘭池漁者」。

462. 藍紅異人（LAM HỒNG DỊ NHÂN）

見第 453 條「羅山夫子」。

463. 藍山洞主（LAM SƠN ĐỘNG CHỦ）

黎利（1385–1433），號藍山洞主。清化鎮清化鎮瑞原縣藍山社（今清化省壽春縣）人。1406 年，明軍入侵。1418 年自封平定王，揭竿起義。十年浴血奮戰之後，將明軍逐出國門，創立後黎朝，國號為大越。崩後廟號太祖。順天四年（1431）有一首詩刻在圮淘（今高平省石安縣明開社）邊一小山之崖。1432 年亦有一首詩刻在萊州省辛湖縣黎利社裡一山崖上。

作品：詩作收錄於《藍山事跡歷代帝王所記》、《皇越詩集》、《詩抄》、《全越詩錄》（A.3200/1-4, A.1262, A.132/1-4, VHv.117/1-2, VHv.777/1-2, VHv.1450/1-2, VHv.116, A.1334, A.393, A.2743）、《越詩串珠》等書中。

464. 覽漢（LÃM HÁN）

范輝濟（?–?），字安之，號覽漢。清化省廣昌縣黃清社（今之所在未詳）人。阮翼宗嗣德十七年（1864）甲子科舉人，曾任訓導之職。

作品：《圍江效顰集》（VHv.216）。

465. 蘭齋（LAN TRAI）

阮億（?–?），號蘭齋，或云簡齋。籍貫未詳。其生平及事業不明，僅知陳明宗期間曾工作於翰林院。是陳光朝之友。

作品：有詩作收錄於《全越詩錄》（A.3200/1-4, A.1262, A.132/1-4, VHv.117/1-2, VHv.777/1-2, VHv.1450/1-2, VHv.116, A.1334, A.393, A.2743）。

參考：陳黎創（主編）（2000），《越南文學總集》第 3 冊，河內：社會科學出版社。

466. 蘭池漁者（LAN TRÌ NGƯ GIẢ）

武禎（1759–1828），字維周，號萊山，又號蘭池漁者。京北鎮良才縣春蘭社（今北寧省良才縣臨洮社）人。黎朝鄉試解元，曾任國威知府，後升參知政事（副宰相），兼吏部右侍郎，兼刑部右侍郎。西山期間其退隱，阮朝出任侍中學士、刑部右參知，又任正使出使中國。

作品：《蘭池見聞錄》（VHv.1401）、《見聞錄》（VHv.1155, A.1562, A.31）、《黎朝遺臣忠憨公之墓》（N⁰4218/4219）；參加編纂《皇朝律例》；有詩作收錄於《吳族追遠壇譜》等書中。

467. 琅環（LANG HOÀN）

阮若氏碧（1830–1909），字琅環。寧順道安福縣東江社（今寧順省潘郎）人，一說原籍為承天順化省廣田縣福安村。阮若山之女，進宮當宮女，後升才人、美人、貴人與六階婕妤。

作品：《行蜀歌》（AB.193, VHv.57）。

參考：阮若氏碧（1950），《行蜀歌》，柴棍：新越出版社。

468. 榔墅老友（LANG THỰ LÃO HỮU）

見第 339 條「學齋」。

469. 懶翁（LÃN ÔNG）

見第 289 條「海上懶翁」。

470. 懶夫（LÃN PHU）

姓陳（?–?），名字未詳，號懶夫。春派社（今之所在未詳）人。生平事跡未詳。

作品：詩作收錄於《讀史癡想》、《乂安黃甲范石峒詠史集》等書中。

471. 懶士（LÃN SĨ）

見第 134 條「狂士」。

472. 懶樵（LÃN TIỀU）

陳茂騰（?–?），字仲升，號懶樵。壽昌縣勇壽社（今河內市）人。生平事跡未詳。

作品：《懶樵詩草》（VHv.2077）；有詩作收錄於《前後北行詩草》（VHv.263）。

473. 懶齋（LÃN TRAI）

黃仕愷（?–?），號懶齋。京北處良才縣賴舍社（今北寧省良才縣富梁社）人。武林軍出身，後於莫憲宗廣和四年（1544）甲辰科中第三甲同進士出身。曾任戶部尚書，後升少保，封詠喬侯，出使中國。

作品：《使程曲》（已失傳）、《使北國語詩集》（已失傳）、《小讀樂賦》（已失傳）、《四時曲》（AB.522）。

參考：阮渠（主編）（1995），《越南文學總集》第5冊，河內：社會科學出版社。

474. 爛柯（LẠN KHA）

武夢元（1380–?），號爛柯，又號微溪。京北處僊遊縣東山社（今北寧省僊遊縣越團社）人。胡季犛聖元元年（1400）太學生科第二甲及第，曾任上輕車尉、左納言、中書令、國子監司業，賜太中大夫、祭酒等職。

作品：《微溪詩集》（已失傳）；有詩作收錄於《皇越叢詠》、《全越詩錄》（A.3200/1-4, A.1262, A.132/1-4, VHv.117/1-2, VHv.777/1-2, VHv.1450/1-2, VHv.116, A.1334, A.393, A.2743）、《皇越詩選》等書。

參考：裴文原（主編）（1995），《越南文學總集》第4冊，河內：社會科學出版社。

475. 笠峰居士（LẠP PHONG CƯ SĨ）

見第453條「羅山夫子」。

476. 霖卿（LÂM KHANH）

見第 531 條「梅峰」。

477. 鄰芝（LÂN CHI）

見第 418 條「克齋」。

478. 立齋（LẬP TRAI）

范貴適（1760–1825），字與道，號華堂、立齋、草堂。海陽鎮上洪府唐安縣華堂社（今海陽省平江縣叔抗社）人。黎顯宗景興四十年（1779）己亥科第三甲同進士出身，黎朝時曾任翰林院校討、京北道監察御史、僉差知工番等職。西山朝期間隱居不仕。阮朝初，召授侍中學士，封適安侯，辭之，願留在北城任督學之職。後因病辭官，在家鄉開私塾。

作品：《周易問解撮要》（A.2044）、《名筆叢書》（A.1325）、《易經大全節要演義》（VNv.108/1-4, VNv.110/1-3, VNv.11/1-3）、《華堂立齋范公詩》（A.2154）、《華堂南行詩集》（A.3146）、《華堂文策》（VHv.460）、《回京日程詩》（A.308）、《立齋詩集》（VHv.146, VHv.971, A.1455）、《立齋范先生遺詩續集》（A.400）、《立齋詩選》（A.2038）、《立齋先生遺詩續集》（A.2140）、《立齋先生遺文正筆集》（A.200, VHv.1463）、《立齋先生行狀》（A.775）、《立齋文集》（A.2038）、《南行集》（A.2803）、《范立齋聯文》（VHv.155）、《范立齋先生詩集》（VHv.2346）、《新傳奇錄》（A.2190, A.2315）、《草堂詩原集》（A.298, VHv.152, VHv.145/3-4, VHv.145/2, VHv.1465, VHv.1637）、《越史捷徑》（A.1493/1-3）、《後佛碑記》（N⁰684/685/686/687）、《後神碑記／流傳永遠》（N⁰7455/7456）、《再造鎮北寺碑／集福本坊十方功德》（N⁰243/244）、《重建白馬廟碑》（N⁰190）；編輯《天南龍首錄》；評點《南真十六詠》；潤正《旅中吟》；有詩作收錄於《白馬祠三甲鄉例》、《北圻地輿國音歌》、《八韻賦》、《八韻賦合選》、《碑記祭文集》、《志軒詩草》、《詔表敕諭雜錄》、

《周易國音歌》、《諸興雜編》、《諸題墨》、《公臣阮案撫使傳》、《菊軒詩集》、《名言詩草》、《名賦合選》、《名賦抄集》、《名賦集》、《名山勝水詩》、《黎朝八韻賦》、《大南名山勝水詩題集》、《大南英雅前編》、《大越解元》、《亶齋公詩集》、《道南齋初稿》、《對聯詩文集》、《東軒詩集》、《海學名詩選》、《咸安場策文》、《會題翹詩》、《啟序帳祭文抄集》、《黎朝會文選》、《雜文》、《詩集選》、《詩文類》、《盛世佳文集》、《酬世名書》、《舜汭詩文集》、《先正格言》等書中。

參考：鄧德超（主編）（2000），《越南文學總集》第14冊，河內：社會科學出版社；王氏紅（2017），《立齋范貴適——生平及其漢文詩》，河內：青年出版社。

479. 樓圃（LÂU PHỐ）

見第354條「朽圃」。

480. 禮軒（LỄ HIÊN）

梁宜（1614–?），字禮軒。玉山縣藻山社（今清化省靜嘉縣青山社）人。黎真宗福泰元年（1643）癸未科第三甲同進士出身，曾任東閣校書，封義山子。

作品：《黃龍殿碑記》（N⁰13498/13499/134500/13451）、《重修林陽觀佛象碑》（N⁰1886/1887）。

481. 禮岩正（LỄ NHAM CHÍNH）

阮仲就（?–?），號禮岩正，原籍未詳。舉人，曾任斯文會會長。

作品：《純忠總文址》（N⁰2353/2654）。

482. 禮齋（LỄ TRAI）

潘輝湀（1764–1811），號禮齋，又號清甫。乂安鎮天祿縣收穫社（今河靜省祿河縣石洲社）人。潘輝溫之弟，生平事跡未詳。

作品：校訂《歷朝登科備考》、《乂靜雜記》、《山南歷朝登科考》、《山西登科考》、《天南歷朝列縣登科備考》。

483. 禮齋（LỄ TRAI）

陳春榮（1826–?），又名陳敦復，號禮齋。南定省美祿縣即墨村（今南定省南定市）人。阮翼宗嗣德八年（1855）乙卯科舉人，曾任高平布政使。

作品：《禮齋文集》（VHv.315/1-4, VHv.632/1-2, VHv.1244/1-2, A.1020, VHv.2265）；參與考校《即墨場文策》（A.1800, VHv.414/1-2, VHv.415）；有詩作收錄於《策文抄集》等書。

484. 令甫（LỆNH PHỦ）

見第 1110 條「圓齋」。

485. 廉平（LIÊM BÌNH）

見第 341 條「槐軒」。

486. 蓮花洞主人（LIÊN HOA ĐỘNG CHỦ NHÂN）

見第 612 條「義齋」。

487. 蓮溪（LIÊN KHÊ）

裴基肅（?–?），號蓮溪。原籍未詳。活動於 19 世紀末，生平事跡未詳。

作品：《龍編百二詠》（A.1310）。

488. 蓮溪（LIÊN KHÊ）

武綁衡（?–?），號蓮溪，又號翏溪。海陽處平江府長新社（今海陽省平江縣）人。生平事跡未詳。16 世紀任同監修國史兼太子詰書等職。

作品：詩作收錄於《全越詩錄》（A.3200/1-4, A.1262, A.132/1-4, VHv.117/1-2, VHv.777/1-2, VHv.1450/1-2, VHv.116, A.1334, A.393, A.2743）。

489. 蓮溪居士（LIÊN KHÊ CƯ SĨ）

見第 692 條「溫如」。

490. 蓮坡（LIÊN PHA）

阮輝虎（1783–1841），又名阮輝任，字格如，號蓮坡。乂安鎮德光府羅山縣來石社長瑠村（今河靜省干祿縣長祿社）人。阮輝似之子。阮聖祖明命帝賞識其才華，任御醫，兼欽天監靈臺郎。

作品：《梅亭夢記》。

參考：阮廣遵（主編）（2000），《越南文學總集》第13冊，河內：社會科學出版社。

491. 連峰（LIÊN PHONG）

黃平政（1736–1785），又名黃仲政，字春如，號連峰。天施縣土黃社（今興安省恩施縣恩施市鎮）人。黎顯宗景興三十六年（1775）乙未科第三甲同進士出身，曾任翰林院校理。曾出使中國。逝世後追封翰林院侍講，追爵金川伯。

作品：《興化風土志》（A.90a, A.90b, A.974）。

492. 寮溪（LIÊU KHÊ）

范遇（?–?），又稱范宗遇，號寮溪。海陽鎮峽山縣敬主社（今海陽省荊門縣）人。范邁之弟，本名祝堅，陳仁宗賜姓范。曾任侍內學生、知審刑院事，後升左司郎中、知政事同知尚書左司事。

作品：詩作收錄於《全越詩錄》（A.3200/1-4, A.1262, A.132/1-4, VHv.117/1-2, VHv.777/1-2, VHv.1450/1-2, VHv.116, A.1334, A.393, A.2743）。

參考：陳黎創（主編）（2000），《越南文學總集》第2冊，河內：社會科學出版社。

493. 遼水（LIÊU THUỶ）

朱唐英（?–?），又名朱唐常，號遼水。原籍未詳。陳末時期任轉運使，生平事跡未詳。

作品：〈題唐明皇浴馬圖〉、〈題群魚朝鯉圖〉收錄於《全越詩錄》（A.3200/1-4, A.1262, A.132/1-4, VHv.117/1-2, VHv.777/1-2, VHv.1450/1-2, VHv.116, A.1334, A.393, A.2743）。

參考：陳黎創（主編）（2000），《越南文學總集》第 3 冊，河內：社會科學出版社。

494. 柳庵（LIỄU AM）

陳名案（1754–1794），號柳庵，又號散翁，諡忠敏。京北鎮嘉定縣寶篆社（今北寧省嘉平縣仁勝社）人。黎愍帝昭統元年（1787）丁未科第二甲進士出身，曾任員外郎。西山北伐，黎昭統流亡清朝（中國）時，逃回家鄉。後與陳光洲、楊廷俊起兵反西山朝。

作品：《寶齋詩集／寶篆陳黃甲詩文集》（A.1376）、《寶篆黃甲陳公詩集》（VHv.1468）、《寶篆陳進士詩草／故黎朝進士寶篆陳名案詩草》（A.207）、《寶篆陳先生詩集》（A.1935）、《歷代政要論》（A.2955）、《柳庵散翁遺稿》（A.1797）、《柳庵遺稿》（A.448）、《柳庵散翁詩集》（A.1604, A.1649）、《柳庵詩集》（A.1296）、《柳齋庵詩集》（VHv.5）、《芳渡列操州詠》（A.2368）、《散翁遺稿附雜錄》（A.2157）、《陳名案詩文集》（A.2774）、《后神碑記》（N[o]4251/4252/4253）；演喃《南風女諺詩》；參與編輯《南風解嘲》（AB.348, AB.232）；有詩作收錄於《北行叢記》、《名詩抄集》、《逸夫詩集》、《大南文集》、《孝順約語》、《黎侯北行集陳柳庵詩集》、《吳族追遠壇譜》、《汭川詩集》、《國朝名人詩採》、《國朝詩文雜記》、《使程雜詠》、《祭文對聯詩歌雜抄》、《石峒文抄》、《詩對文雜錄》、《詩賦雜錄》、《詩集合選》、《詩草雜編》、《盛世佳文集》、《酬世名書》、《崧島詩集》等書中。

參考：阮祿（主編）（2000），《越南文學總集》第 8 冊，河內：社會科學出版社。

495. 柳堂（LIỄU ĐƯỜNG）

見第 732 條「芳澤」。

496. 靈徹（LINH TRIỆT）

見第 913 條「樵隱」。

497. 類庵（LOẠI AM）

阮儔（1668–1738），字忠亮，號類庵，又號類甫。壽昌縣東作坊（今河內市）人。黎熙宗正和十八年（1697）丁丑科第二甲進士出身，曾任刑部右侍郎。逝世後追封工部左侍郎，追爵昌派候。

作品：《群賢賦集序》（A.575）；負責刻印《群賢賦集》、《傳奇錄》。

498. 類甫（LOẠI PHỦ）

見第497條「類庵」。

499. 刷竹道人（LOÁT TRÚC ĐẠO NHÂN）

見第192條「丹峰」。

500. 龍崗（LONG CƯƠNG）

高春育（1843–1923），字子發，號龍崗。演州府東城縣盛美社（今乂安省演州縣）人。阮嗣德二十九年（1876）丙子科舉人。歷任刑部、河內按察使、河內布政使、興安巡撫、山西、興化、宣光總督、定寧總督、國史館總裁、東閣大學士、學部尚書、機密院大臣、太子少保等職，封安春子。熱愛書籍，在史館任職期間，蒐集眾多圖書，又令人抄寫副本以防散失，因此許多漢喃書籍得以流傳至今。

作品：《安春男高春育履歷》（VHv.1575）、《大南地輿約編》（A.74/1-2, VHv.1714, VHv.1714）、《休亭集》（VHv.398）、《欽定人事金鑑》（VHv.419/1-13）、《龍崗八十壽言編集錄》（VHv.647）、《龍崗北鎮行餘詩集》（VHv.665）、《龍崗詩草》（VHv.665）、《龍崗行餘聯集》（VHv.1574/1-4, VHv.1574/2, VHv.1574/3）、《龍崗聯集》（VHv.672）、《龍崗留草》（VHv.678）、《龍崗休亭效顰集》（VHv.680/3, VHv.681/3, VHv.682/3）、《龍崗京邸行餘文集》（VHv.1573A/1-8, VHv.1573B/1-7, VHv.1573C/1-4, VHv.1573D/1-6, VHv.1573E/1-3）、《龍崗京邸詩集》（VHv.671）、《龍崗來賀集》（VHv.679）、《龍崗戊戌京邸集》（VHv.1573I）、《龍崗明良啟告錄》（VHv.1573K）、《龍崗增廣行文寶笈》（VHv.1573M/1-4）、《龍崗草集》（VHv.670）、《龍崗文集》

（VHv.1573G）、《人世須知》（VHv.352/1-6, VHv.916/1-6, VHv.918/1-8, A.158/1-2, VHv.917/1-5, VHv.919/1-2）、《日程演歌》（VNv.81）、《國朝鄉科錄》（VHv.635/1-4, VHv.636/1-4, VHv.637/1-7, VHv.638/1-4, VHv.639, VHv.827/1-4, VHv.1264/1-2, VHv.1652/1-3, A.36/103, VHb.140/1,2,4, VHv.2700）、《新江詞集》（VHv.273）、《炎郊徵古記》（藏於巴黎）、《安樂縣文廟石碑》（N[o]14896）等；參與編撰《大南正編列傳二集》、《大南一統志》、《大南國史館藏書目錄》、《大南實錄正編》、《國朝律例撮要》、《國朝史撮要》等；另有詩文收錄於《諸題墨》、《菊溪張相公守拙》、《名人文集》、《台峰鄧氏家譜》、《大家寶文雜編》、《甲辰會科詩文對聯賀集》、《賀言登錄》、《慶賀集》、《覽西紀略》、《論體新選》、《撫蠻雜錄》、《官僚封贈對聯》、《國朝鄉科錄》、《國朝科榜錄》、《先嚴會庭試文》、《節玉對聯》、《酬奉駢體》、《中庸演歌》、《中學越史撮要》、《張菊溪守拙錄》、《越甸歷代備考附雜說》、《越史三百詠》等書中。

參考：高春育（1962），《國朝鄉科錄》，西貢：國家教育部；高春育（1993），《國朝鄉科錄》，胡志明：胡志明市出版社。

501. 隆甫（LONG PHỦ）

見第 1002 條「竹軒」。

502. 隆才（LONG TÀI）

徐演同（1866–1922），號隆才，上福縣溪回社（今河內市常信縣）人。曾於 1906 年丙午科秀才及第，並以教書為業。工於詩文，喃文尤佳。

作品：《巖渃》、《河內》、《洛塘》、《勸青年》、《升龍懷古》等喃文詩作。

503. 魯庵（LỖ AM）

武宗璠（1800–1851），或云武璠，字奐甫，號魯庵、唐川。海陽鎮唐安縣華堂社（今海陽省平江縣叔抗社）人，後遷至壽昌縣報天

坊寺塔村（今河內市）。阮明命六年（1825）乙酉科舉人，明命七年（1826）丙戌科第三甲同進士出身。歷任平和（慶和）知府、兵部郎中、宣光及太原鎮參協、順安府教授、北寧省督學等職。後告病回鄉開私塾。

作品：《升龍城懷古十四首》（A.1666）、《蘇溪隨筆集》（A.1968）等；編輯《古文合選》（VHv.935/1-7, AC.289/1-4, AC.214/1-3, VHv.1913-199, VHv.936/1-6, VHv.837/1-5, VHv.938/1-3, VHv.939/1-2, VHv.301/1-4）、《玉山帝君祠記／合貲姓氏碑記》（N⁰61/62）；另有詩文收錄於《白馬祠三甲鄉例》、《大南文集》、《江亭十二詠》、《河城詩抄》、《華程記詩畫集》、《外傳奇錄》等書中。

參考：武世魁（1995），《武宗瑠生平與著作》，河內：文學出版社；武世魁（2001），《武宗瑠與升龍河內文化》，河內：東西語言文化中心；武宗瑠（2001），《武宗瑠詩文選集》，河內：東西語言文化中心。

504. 魯寶 (LỖ BẢO)

潘惋（?–?），號魯寶，又號方庭主人。慈廉縣東鄂社（今河內市北慈廉郡東鄂坊）人。生平事跡未詳。

作品：《野老好談》（A.1559/1-2）、《野老學言拙草》（A.2195）等。

505. 魯溪 (LỖ KHÊ)

鄧惠蓮（?–?），字全枝，號魯溪。籍貫未詳。黎順天二年（1431）辛亥宏詞科及第。任轉運使。曾出使中國。

作品：有詩作收錄於《全越詩錄》（A.3200/1-4, A.1262, A.132/1-4, VHv.117/1-2, VHv.777/1-2, VHv.1450/1-2, VHv.116, A.1334, A.393, A.2743）。

506. 陸卿 (LỤC KHANH)

洪瞉（?–?），號陸卿。籍貫未詳。生平事跡未詳。

作品：《連業軒集》（VHv.549）。

507. 翏溪（LỤC KHÊ）

蔡順（1441–?），字義和，號翏溪，又號呂塘。京北處超類縣柳林社（今北寧省順成縣雙柳社）人。本為馴象人，黎聖宗洪德六年（1475）乙未科登第三甲同進士出身，任翰林院校理、海陽參政、騷壇會副元帥。

作品：《呂塘遺稿集》（VHv.1459/A、VHv.1459/B、A.2437、VHv.1597、A.297、A.2184、A.3199、A.2116、VHb.14）；有詩作收錄於《全越詩錄》（A.3200/1-4、A.1262、A.132/1-4、VHv.117/1-2、VHv.777/1-2、VHv.1450/1-2、VHv.116、A.1334、A.393、A.2743）。

參考：裴文原（主編）（2000），《越南文學總集》第 4 冊，河內：社會科學出版社。

508. 翏溪（LỤC KHÊ）

見第 488 條「蓮溪」。

509. 六年夫子（LỤC NIÊN PHU TỬ）

見第 453 條「羅山夫子」。

510. 力甫（LỰC PHỦ）

見第 110 條「古溪」。

511. 良江（LƯƠNG GIANG）

見第 621 條「玉堂」。

512. 良軒（LƯƠNG HIÊN）

鄧佐（?–?），又名鄧文佐，號良軒，又號清江。承天府豐田縣博望社（今承天順化省）人。阮紹治元年（1841）辛丑科舉人，曾任布政使一職，後被革職。

作品：《遊香跡峒詩集》收錄於《遊香跡峒記》（A.2814）中、《月貧菊諸詩／詠月詩貧女嘆詠菊集》（AB.373）；另有詩文收錄於《香跡峒記》、《香跡峒詩記附雜記》等書中。

513. 梁溪 (LƯƠNG KHÊ)

潘清簡（1796–1867），字靖伯、淡如，號梅川，又號梁溪、約夫。明鄉人，多次遷居，後於永盛鎮永平縣安和社（今檳椥省巴知縣寶晟社）定居。阮明命六年（1825）乙酉科舉人，明命七年（1826）丙戌科第三甲同進士出身。歷任翰林院編修、刑部郎中、廣平參協、廣南協鎮、乂安權攝參協、禮部左侍郎參與內閣、翰林院檢討充內閣行走、戶部員外郎、大理寺卿充機密院大臣、西鎮（安江、永隆、河仙）經略使、廣南巡撫、戶部侍郎、吏部尚書充機密院大臣等職。曾任副使出使中國、任正使出使法國。法軍攻永隆時，棄城後自殺。朝廷論罪，在順化文廟進士碑上鑿掉名字。

作品：《梁溪詩草》（VHv.151, A.2125, A.255）、《梁溪文草》（A.2125, VHv.856, VHv.857, VHv.91, A.292）、《使程詩集》（A.1123）、《約夫先生詩集》（A.468）、《天依廟碑》（N⁰20940）、《太保勤政殿大學士德國公范忠雅公墓碑銘》（N⁰5679/5680）等；主編《欽定越史通鑑綱目》（A.1/1-9, VHv.2632/1-2, A.2674/1-7-9, A.2700/1-6, VHt.38/1-3-9, VHt.35, VHt.15, VHt.14, VHt.13, VHv.961, VHv.136/1-3, VHv.180/1-15, VHv.959/1-2, VHv.960, VHv.1580, VHb.143）；編輯《皇越風雅統編》（A.1798/1-2）；參與編輯《欽定越史》；參閱檢閱《欽定詠史賦》、《御製越史總詠》等；另有詩文收錄於《沛陽書集》、《碑記雜編》、《裴家北使賀文詩集》、《詔表集》、《名編輯錄》、《名家聯敘》、《洋夢集》、《大南碑記詩帳寶集》、《蔗園全集》、《華程記詩畫集》、《欽定對策準繩》、《南行集》、《國朝翰苑》、《國朝文選》、《西浮日記》、《西浮詩草附諸家詩錄》、《詩奏合編》、《松竹蓮梅四友》、《萬選新編》、《文集》等書中。

參考：范富次（1999），《如西日記：潘清簡往法國、西班牙使團之日記（1863–1864）》，峴港：峴港出版社；潘清簡（2005），《潘清簡詩文集》，河內：文學家出版社。

514. 良夫（LƯƠNG PHU）

梅英俊（1815–1855），號良夫。河中府峨山縣石簡總石簡社（今清化省峨山縣）人。阮憲祖紹治三年（1843）癸卯科第一甲進士及第第三名（探花）。曾任翰林院著作、行走、侍讀學士、諒山按察使等職。逝世後追封翰林院值學士。

作品：《知止村學田碑／歲次辛亥年造》（N⁰15025/15026）。

515. 亮齋（LƯỢNG TRAI）

張好合（?–?），字炯川，號亮齋，或云號夢梅。嘉定府新隆縣新慶社（今胡志明市）人。阮嘉隆十八年（1819）己卯科舉人，曾任諒平巡撫一職。曾出使中國和南洋。

作品：《夢梅亭詩草》（A.1529）。

M

516. 馬峰子（MÃ PHONG TỬ）

鄧文瑞（1858–1936），號馬峰子。乂安省演州縣演壽社儒林村人。阮嗣德三十五年（1882）壬午科舉人，成泰十六年（1904）甲辰科黃甲廷元。曾任農貢縣訓導、演州府教授、國子監司業充司書、國子監祭酒等。

作品：《論語菁華幼學序》（A.906, VHv.501, VHv.775, VHv.776）。

517. 梅庵（MAI AM）

阮貞慎（1826–1904），字叔卿、女之，號梅庵、妙蓮。阮聖祖之第24女。

作品：《妙蓮集／賴德公主妙蓮集》（VHv.685, VHv.686, VHv.687, VHv.688, VHv.1897, VHv.689, VHv.1398, A.313）。

參考：黎志遠（主編）（2000），《越南文學總集》第15冊，河內：社會科學出版社；《梅庵和蕙圃之詩》（2004），順化：順化出版社。

518. 梅庵（MAI AM）

張明記（1855–1900），又名張明言，字世載，號梅庵。嘉定省平陽縣亨通社（今胡志明市）人。長於漢文、法文，通言學校老師。著作頗多，特別是漢喃翻譯作品，以下僅列出其漢喃作品作為參考。

作品：《如西日程》、《富貧傳演歌》等（均藏於巴黎）。

519. 梅亭（MAI ĐÌNH）

阮和香（?–?），號梅亭，又號香齋。籍貫未詳，活動於19世紀間。

作品：《筆香齋閨訓歌》（VNv.295）、《南昌烈女傳》（AB.125）等。

520. 梅峒臥者（MAI ĐỘNG NGOẠ GIẢ）

阮有剛（1855–1912），字子昇，號梅峒臥者，又號梅湖。太平省建昌縣峒中村（今武中社）人。18 歲與父親和弟弟募兵抗法。1883 年率軍投奔提督黎文店，共守南定，南定失守後退軍太平建昌。後觀見咸宜帝，參加勤王運動。運動失敗告終，又參加東遊、東京義塾等其他運動。1908 年底被逮捕並流放到勤書。1912 年 6 月 26 日卒，享年 58 歲。

作品：《梅湖詩艸》。

參考：阮文玄（主編）（2000），《越南文學總集》第 17 冊，河內：社會科學出版社；張通（主編）（2000），《越南文學總集》第 18 冊，河內：社會科學出版社；阮有剛（2002），《梅湖詩艸》，河內：教育出版社、越南聯合國教科文組織文化歷史資料中心。

521. 梅軒（MAI HIÊN）

周鏣（?–?），號梅軒。籍貫未詳。

作品：詩作收錄於《全越詩錄》（A.3200/1-4, A.1262, A.132/1-4, VHv.117/1-2, VHv.777/1-2, VHv.1450/1-2, VHv.116, A.1334, A.393, A.2743）。

522. 梅軒（MAI HIÊN）

杜發（1813–1893），字射夫，號梅軒，又號子駿。南定省真寧縣群英社（今南定省海厚縣群英社）人。阮明命二十一年（1840）庚子科舉人，紹治三年（1843）癸卯科第三甲同進士出身。曾任翰林院編修、應和知府、乂安督學、國史館編修、南定商辨省務兼營田副使和營田使。

作品：《孝順約語》（A.433）；有詩收錄在《陽亭賦略》（VHv.430）中。

523. 梅軒（MAI HIÊN）

黎廉（?–?），籍貫未詳，陳朝末年人。

作品：《武林洞》收錄於《全越詩錄》（A.3200/1-4, A.1262, A.132/1-4, VHv.117/1-2, VHv.777/1-2, VHv.1450/1-2, VHv.116, A.1334, A.393, A.2743）。

參考：陳黎創（主編）（2000），《越南文學總集》第 3 冊，河內：社會科學出版社。

524. 梅軒（MAI HIÊN）

見第 247 條「德誠」。

525. 梅花堂（MAI HOA ĐƯỜNG）

阮能靜（1795–1876），字方亭，號梅花堂，又號東軒。真祿縣盛長社（今乂安省宜祿縣）人。阮世祖嘉隆十八年（1819）己卯科鄉貢，曾任訓導、教授等職，後升御史等職。

作品：《東軒詩集》（A.2422）。

526. 梅湖（MAI HỒ）

見第 520 條「梅峒臥者」。

527. 梅理（MAI LÝ）

阮彭（?–?），字壽卿，號梅理。海陽處唐安縣（海陽省平江縣）人。活動於 16 世紀間，曾任教授一職。

作品：詩作收錄於《全越詩錄》（A.3200/1-4, A.1262, A.132/1-4, VHv.117/1-2, VHv.777/1-2, VHv.1450/1-2, VHv.116, A.1334, A.393, A.2743）、《詩抄》等書中。

參考：裴文原（主編）（2000），《越南文學總集》第 4 冊，河內：社會科學出版社。

528. 梅元（MAI NGUYÊN）

見第 376 條「香園」。

529. 梅岩（MAI NHAM）

陳碧珊（1840–1878），又名陳希曾，字望儀，號梅岩。南定省美祿縣渭川社（今南定省南定市）人。生於書香之家，生性聰明。阮

嗣德十七年（1864）甲子科舉人，嗣德十八年（1865）乙丑科第二甲進士出身。歷任翰林院編修、升平知府、治平巡撫、平定按察使、戶部辦理、河內巡撫、禮部參知等職。被任命為如法正使，然成行前去世。

作品：《梅岩陳先生詩草》（VHv.1813），參與編撰《清心才人詩集》（AB.412）；另有詩文收錄於《表詔賦合選》、《登龍策選》、《歷科四六》、《新刊鄉會文選》、《越古文》等。

參考：黎志遠（主編）（2000），《越南文學總集》第15冊，河內：社會科學出版社。

530. 梅夆（MAI PHONG）

黎適（?–?），字伯適，號梅夆，或云伯達。清化處東山縣府理鄉（今清化省）人。師從朱文安。陳裕宗年間（1341–1369），任左司朗兼翰林院奉旨，後升右僕射。約大治九年（1366），受命清查清化省財政，並升為尚書右弼入內行遣。工於詩文，與范師孟等人主張斥佛尊儒。

作品：詩文收錄於《全越詩錄》（A.3200/1-4, A.1262, A.132/1-4, VHv.117/1-2, VHv.777/1-2, VHv.1450/1-2, VHv.116, A.1334, A.393, A.2743）、《精選諸家律詩》、《舊翰林段阮俊詩集》、《大越史記全書》等書中。

531. 梅峰（MAI PHONG）

潘輝注（1782–1840），原名潘輝浩，字霖卿，號梅峰。原籍乂安鎮天祿縣收穫社（今河靜省祿河縣石洲社），後移居山西省國威府安山縣瑞圭社（今河內市國威縣柴山社）。潘輝益之子。兩次考秀才。阮明命年間（1820–1840），朝廷請出任國子監編修、承天府府承，升廣南協鎮，後降為翰林侍讀。曾兩次出使中國。晚年辭官回鄉教書。

作品：《華軺吟錄》（A.2041）、《華程續吟》（A.2042）、《歷朝憲章類志》（A.1551/1-8, A.50/1-4, A.1358/1-10, VHV.1502/1-16, A.2124/1-8, A.2061/1-3, VHv.181/1-12, VHv.1262/1-9,

VHv.1541/1-3、VHv.982/1-4、VHv.983、A.1883、A.2445、VHv.2666-2671、VHv.2666-2667、VHv.1668-1671）、《梅峰遊西城野錄》（A.1136）等；另有詩文收錄於《本國海程合採》、《洋夢集》、《學吟存草》、《歷代典要通論》、《仁愛神祠錄》等。

參考：《潘輝注——故鄉的名人》（1974），河西：河西通訊與文化所；《潘輝注和潘輝文學派》（1983），河山平：河山平文化所；潘輝注（1991），《歷朝憲章類志》，河內：社會科學出版社；鄧德超（主編）（2000），《越南文學總集》第14冊，河內：社會科學出版社。

532. 梅圃（MAI PHỐ）

裴輝玿（?–?），號梅圃，又號玉軒。升龍弗祿坊（今河內市）人。活動於19世紀間。

作品：《玉軒廬墓後集》（A.859, A.354）。

533. 梅山（MAI SƠN）

阮尚賢（1868–1925），字鼎臣、鼎南，號梅山。河東省應和府山朗縣蛇球總連拔社稠村（今河內市應和縣連拔社）人。阮簡宗建福元年（1884）甲申科舉人，成泰四年（1892）壬辰科第二甲進士。曾任國史館纂修、寧平與南定督學等職。後辭官去中國、日本，又回到中國，支持國內愛國運動，在越南光復會裡頗有威望。在中國廣州去世。

作品：《鶴墅吟編》（VHv.1520）、《喝東書異》（VHv.2382/a, VHv.2382/b）、《梅山合纂詩集》（收錄於《善亭謙齋文集》[VHv.1600]）、《梅山吟草》（VHv.1522）、《南枝集》（A.2710）；有詩文收錄於《碑記雜編》、《朱文安行狀》、《諸題墨》、《野史》、《名家聯敘》、《名家詩選》、《遊香跡峒記》、《大家寶文雜編》、《丁酉歸田集》、《對聯詩文雜誌》、《對帳雜抄》、《河東名家對聯詩文集》、《合群營生》、《鄉會試文》、《籟鳴詩草》、《龍崗行餘聯集》、《阮愛國寄書

諸縣親愛諸父老》、《鳳山詞誌略》、《國文叢記》、《三光范大人家訓詩》、《詩奏合編》、《詩文對聯抄集》、《翠山詩集》、《萃芳賦集》、《越南義烈史》、《罔珠亭題詠集》、《春香詩抄附雜抄》等書中。

參考：張通（主編）（2000），《越南文學總集》第18冊，河內：社會科學出版社；阮尚賢（2004），《阮尚賢詩文選集》，河內：勞動出版社。

534. 梅齋（MAI TRAI）

杜義達（?–?），號梅齋。籍貫未詳。

作品：《洪桂軒詩集序》（A.2836）。

535. 梅園（MAI VIÊN）

段展（1854–1919），號梅園。青威縣友聲社（今河內市）人。同慶元年（1886）丙戌科舉人。歷任寧平巡撫、南定總督、協辦大學士等職。

作品：《安南風俗冊》（VHv.2665, A.153）、《段巡撫公牘》（A.502）、《梅園詩集》（已失傳）、《小學本國風策》（藏於巴黎）、《小學四書節略》（A.2607）等；參與檢閱《越史新約全編》一書；參與編輯《幼學漢字新書》、《南國地輿幼學教科書》、《諸輿雜編》、《諸題墨》等書；另有詩文收錄於《官僚封贈對聯》、《翠山詩集》、《中學越史撮要》、《文選對聯》等書中；編抄《應溪文集》、《應溪文選》等書。

參考：段展（2008），《安南風俗冊》，河內：河內出版社。

536. 梅川（MAI XUYÊN）

見第566條「墓韓」。

537. 梅川（MAI XUYÊN）

見第513條「梁溪」。

538. 滿覺大師（MÃN GIÁC ĐẠI SƯ）

李長（1052–1096），法號滿覺大師。安格鄉壟漵村（今之所在未詳）。李懷素中書外郎之子。精通儒、釋之道。李仁宗帝（1072–1128）愛其才，賜名懷信。後出家，周遊各地，弟子眾多。李仁宗帝在宮側建寺一所讓他住持，常與之問佛法和論國事。後封為入內道場。

作品：《告疾示眾》，收錄於《禪苑集英》（VHv.1267, A.3144）。

參考：《禪苑集英》（1990），河內：文學出版社；文新（主編）（2000），《越南文學總集》第 1 冊，河內：社會科學出版社。

539. 謾諉（MẠN VIÊN）

阮綿𠎝（1829–?），字和甫，號謾諉。明命帝之第 48 子。

作品：《謾諉詩集》（已失傳）。

540. 孟安（MẠNH AN）

見第 426 條「謙齋」。

541. 孟后（MẠNH HẬU）

吳敦（?–?），字孟后。北寧省東岸縣三山社（今北寧省慈山縣三山社）人。嗣德十四年（1861）辛酉科舉人，曾任海陽省按察使。

作品：《覬進詩編》（A.1226）、《翠山行雜抄》（A.1992）等；另有詩文收錄於《諸題墨》、《對聯詩文雜誌》等。

542. 孟明（MẠNH MINH）

鷹馨（?–?），號孟明。阮福洪之子。

作品：《循垓別墅詩合集》（A.2985/1-4, A.377）。

543. 孟源（MẠNH NGUYÊN）

見第 585 條「南翁」。

544. 孟臣（MẠNH THẦN）

見第 40 條「北溪」。

545. 孟擇（MẠNH TRẠCH）

見第 988 條「仲夫」。

546. 卯軒（MÃO HIÊN）

裴溥（1776–1836），原名裴杼，字文機，號卯軒。青池縣盛烈社（今河內市黃梅郡盛烈坊）人。曾任知縣、戶部僉事、刑部尚書等職。

作品：《裴氏家譜》（A.1002）、《卯軒行狀》（A.912）、《卯軒拙筆》（A.913）、《卯軒文集》（A.835）等；另有詩作收錄於《亶齋公詩集》、《巽甫詩集》。

547. 墨軒（MẶC HIÊN）

潘孚先（1370–1462），字信臣，號墨軒。慈廉縣東鄂社（今河內市北慈廉郡東鄂坊）人。胡聖元元年（1400）太學生及第，後於黎太祖順天二年（1429）己酉明經科及第。曾任國子監博士、知史院等職，繼黎文休《大越史記》之後編撰《大越史記全書》的作者之一，也是李陳兩代詩文搜集的開山之人。

作品：參與編撰《大越史記全書》（A.3/1-4, A.2694/1-7, VHv.179/1-9, VHv.1499/1-9, VHv.2330-2336）；編輯《越音詩集》（A.1925, A.3038）；另有詩作收錄於《全越詩錄》（A.3200/1-4, A.1262, A.132/1-4, VHv.117/1-2, VHv.777/1-2, VHv.1450/1-2, VHv.116, A.1334, A.393, A.2743）。

參考：裴文原（主編）（2000），《越南文學總集》第 4 冊，河內：社會科學出版社。

548. 默翁（MẶC ÔNG）

丁儒完（1671–1716），號默翁。乂安處香山縣安邑社（今河靜省香山縣山盛社）人。黎熙宗政和二十一年（1700）庚辰科第二甲進士出身，曾任高平督鎮、工部右侍郎等職。任如清副使，途中病逝。逝世後追封吏部左侍郎。

作品：《默翁使集》（VHv.1443, A.1409, A.2823）；另有詩文收錄於《默翁止齋黎參詩文合編》（VHv.97）。

549. 默齋 (MẶC TRAI)

尹衡（?–?），字公銓，號默齋。上福縣（今河內市常信縣）人，活動於 16 世紀，曾任國子監學士。

作品：詩作收錄於《全越詩錄》（A.3200/1-4, A.1262, A.132/1-4, VHv.117/1-2, VHv.777/1-2, VHv.1450/1-2, VHv.116, A.1334, A.393, A.2743）。

參考：裴文原（主編）（2000），《越南文學總集》第 4 冊，河內：社會科學出版社。

550. 默齋 (MẶC TRAI)

譚慎徽（1463–1526），號默齋。京北處東岸縣翁默社（今北寧省慈山縣香默社）人。黎聖宗洪德二十一年（1490）庚戌科第三甲同進士出身。曾任刑部尚書兼翰林院侍讀、掌翰林院事、吏部尚書兼管招文館、修林局、禮部尚書、知招文館、少保、入侍經筵等職，封林川伯。曾出使中國。

作品：詩作收錄於《全越詩錄》（A.3200/1-4, A.1262, A.132/1-4, VHv.117/1-2, VHv.777/1-2, VHv.1450/1-2, VHv.116, A.1334, A.393, A.2743）、《詩抄》等。

551. 敏軒 (MẪN HIÊN)

見第 120 條「菊堂」。

552. 敏軒 (MẪN HIÊN)

見第 105 條「拙山居士」。

553. 密寮 (MẬT LIÊU)

陳舜俞（1402–1481），後因避諱而改姓程，號密寮。山南處維先縣新對社（今河南省維先縣隊山社）人。黎太祖順天二年（1429）己酉明經科及第，曾任宣力大夫入內行遣、翰林院承旨、知三軍事兼樞密事、入侍經筵等職。於 1433 年被任命為赴明正使。

作品：詩作收錄於《全越詩錄》（A.3200/1-4, A.1262, A.132/1-4, VHv.117/1-2, VHv.777/1-2, VHv.1450/1-2, VHv.116, A.1334, A.393, A.2743）。

參考：裴文原（主編）（2000），《越南文學總集》第 4 冊，河內：社會科學出版社。

554. 懋軒（MẬU HIÊN）

潘填（?–?），號懋軒。籍貫未詳。

作品：《潘懋軒先生國史捷錄》（A.1909）。

555. 勉軒（MIỄN HIÊN）

阮敏（?–?），號勉軒。籍貫未詳。

作品：《天南四字經註解》（A.29, VHv.2474）。

556. 勉兒（MIỄN NHI）

丁時中（1757–1776），後因避諱改寫為丁辰中，號勉兒。清化省藍山縣玉杯社（今之所在未詳）人。黎憲宗景興三十六年（1776）會試中與黎貴惇之子黎貴傑交換答卷，被告發後流放到安廣，途中身亡。

作品：詩文收錄於《諭祭勳臣》、《獨樂書》、《佳文集記》、《幸庵遺文》、《諒程記實》、《歷代群英詩文集》、《韻對屑玉附雜文對聯》等書中。

557. 勉齋（MIỄN TRAI）

見第 281 條「海杏」。

558. 沔海（MIỆN HẢI）

見第 635 條「月舫」。

559. 明睿（MINH DUỆ）

阮廷潘（?–?），號明睿。河內省復古坊（今河內市）人。活動於 19 世紀末 20 世紀初。

作品：《阮族家譜》（A.1049）。

560. 明謙（MINH KHIÊM）

阮登進（?–?），又名敏，號明謙。順化鎮香茶縣安和社（今承天順化省）人。

作品：《明謙詩集》（已失傳）。

561. 明空（MINH KHÔNG）

阮志誠（1066–1141），號明空。長安府嘉遠縣潭舍社（今寧平省）人。於膠水縣國清寺出家，與慈道幸為知交。當時李陽煥太子（即後李神宗）身長虎毛，李帝請阮志誠醫治，病癒後封其為國師。

作品：詩作收錄於《全越詩錄》（A.3200/1-4, A.1262, A.132/1-4, VHv.117/1-2, VHv.777/1-2, VHv.1450/1-2, VHv.116, A.1334, A.393, A.2743）。

562. 明復（MINH PHỤC）

見第162條「容溪」。

563. 明靜（MINH TĨNH）

見第232條「東池」。

564. 明智（MINH TRÍ）

姓蘇（?–1196），名字未詳，法號明智，又號禪智。扶琴村（今北寧省安豐縣）人。住持福聖寺，初法號禪智，師從道惠禪師。後因才智過人，道惠禪師便將其號改為明智。

作品：詩作收錄於《禪苑集英》（VHv.1267, A.3144）。

參考：《禪苑集英》（1990），河內：文學出版社；文新（主編）（2000），《越南文學總集》第1冊，河內：社會科學出版社。

565. 茗園（MINH VIÊN）

黃叔抗（1876–1947），字戴生，號茗園、史平子。廣南省三圻府先江上總晟平社（今廣南省仙福縣仙景社）人。阮成泰十二年（1900）庚子科舉人，成泰十六年（1904）甲辰科第三甲同進士出身，不入仕，留在家鄉研讀書籍，與當時愛國志士結交。黃叔抗極力支持國語字學習，呼籲維新。1908年被捕並判死刑，後減刑，流放崑島。1921年獲釋，繼續參加愛國運動。1926年當選中圻民表院院長。1946年，受胡志明邀請，任越南民主共和國聯合政府

內務部部長一職。胡志明赴法談判時，暫時代替胡主席當國家主席。

作品：《詩囚草》（VHv.1868, VHv.2378）；另有詩文收錄於《鶴人叢言》、《進士古林公詩文遺稿合集》等。

參考：張通（主編）（2000），《越南文學總集》第 19 冊，河內：社會科學出版社。

566. 墓韓（MỘ HÀN）

文德佳（1807–1864），後改名為文德奎，字美甫，又字梅川，號墓韓。乂安鎮瓊瑠縣富厚社（今乂安省瓊瑠縣瓊堆社）人。阮憲祖紹治三年（1843）癸卯科舉人，四年（1844）甲辰科第三甲同進士出身。曾任廣平督學、侍講學士、兵部郎中、福安布政使、海安軍次贊理軍務等職。逝世後追封巡撫。

作品：《本家賀壽帳文》（VHv.565）、《無題碑》（N⁰2409/2410/2428/2429, N⁰2848/2849）、《尚書少保裔郡公胡相公祠堂碑記》（N⁰2818/2819/2820/2821）、《重修祠宇碑記／重修祠宇捐供碑記》（N⁰2832/2833）、《驪州碑記》、《胡家合族譜記》等。

567. 夢珠（MỘNG CHÂU）

陶泰亨（?–?），字嘉會，號夢珠。生平與籍貫未詳，約為 19 世紀末 20 世紀初間人。

作品：《夢珠詩集》（A.552）。

568. 夢洋（MỘNG DƯƠNG）

見第 732 條「芳澤」。

569. 夢海（MỘNG HẢI）

見第 892 條「書池」。

570. 夢湖（MỘNG HỒ）

見第 892 條「書池」。

571. 夢蓮亭（MỘNG LIÊN ĐÌNH）

見第 904 條「仙峰」。

572. 夢梅（MỘNG MAI）

陶進（1845–1907），又名陶登進，字止叔，號夢梅、蘇江，又號小玲夆梅僧、梅僧。平定省安仁府綏福縣永盛社（今平定省綏福縣福祿社）人。嗣德二十年（1867）丁卯科舉人，曾任內閣校書、廣澤知府、承天府尹、乂靜總督、刑部尚書、兵部尚書、工部尚書、協辦大學士等職，爵榮光子，後被撤職。陶進對越南嗾劇藝術的發展貢獻卓著。

作品：《演武亭》、《古城》、《黃飛虎過關》、《沉香閣》、《閨閣英雄》、《四國來王》等。

參考：陶進（1987），《陶進詩詞選》，河內：文學出版社；春燕（主編）（2000），《越南文學總集》第 12 冊，河內：社會科學出版社；黎志遠（主編）（2000），《越南文學總集》第 15 冊，河內：社會科學出版社；陶進（2003），《陶進詩詞》，平定：舞台出版社。

573. 夢捧（MỘNG PHỦNG）

見第 192 條「丹峰」。

574. 夢石（MỘNG THẠCH）

見第 750 條「橘亭」。

575. 夢石（MỘNG THẠCH）

黎仲咸（1871–1931），字國寧，號夢石，又號同江、南亞餘夫、南中、南史氏等。南定省膠水縣會溪社人。

作品：《保漢珠聯》（VHv.2450/1,8,10,10b）、《強興文戰》（VHv.2439/1-13）。

576. 夢寂（MỘNG TỊCH）

陳濟昌（1870–1907），又名陳高昌，字子盛，號夢寂。南定省美祿縣渭川社（今南定省南定市）人。秀才及第。

作品：《渭城佳句摺編》（AB.194）、《唐詩合選五言律解音》（喃字）、《南郊古今里巷歌謠註解》（註解書籍）；另有詩文收錄於《南音草》（VHv.2381）、《國文叢記》（AB.3883）和《越粹參考》（AB.386）等。

參考：鄧德超（主編）（2000），《越南文學總集》第 14 冊，河內：社會科學出版社；陳清邁（2003），《陳濟昌：生平與作品》，河內：教育出版社。

577. 穆如（MỤC NHƯ）

見第 214 條「定齋」。

578. 鄘川（MY XUYÊN）

范芝香（?–1871），字士南，號鄘川。海陽省唐安縣鄘墅社（今海陽省平江縣）人。明命九年（1828）戊子科舉人，曾任知縣、寧太總督、太原布政使、工部右參知等職。曾兩次出使中國，期間與朝鮮使臣有交流。

作品：《鄘川使程詩集》（A.251）；另有詩文收錄於《南史私記》、《南天國語寶錄》、《天南國語錄記》等。亦曾參與編修《大南實錄前編》一書。

579. 美甫（MỸ PHỦ）

見第 566 條「墓韓」。

N

580. 耐庵（NẠI AM）

吳季同（?–?），字幼專，號耐庵，又號玄同子。承天省香水縣郎舍社（今承天順化省）人。紹治七年（1847）丁未科舉人，曾任廣平布政使、翰林院典籍、侍讀學士等職。

作品：《見山巢詩文集》（VHv.258/1-3）；參與編修《嗣德御製文》、檢閱《嗣德御製詩》；為《使程雜詠》寫書評等。

581. 奈軒（NẠI HIÊN）

阮沆（?–?），號奈軒。山西鎮臨洮府春蘲社（今富壽省臨洮縣）人。約於洪順年間（1509–1515）中鄉貢。莫登庸1527年篡位時，便歸隱田園。

作品：《逸士阮公家譜》。

582. 南亞餘夫（NAM Á DƯ PHU）

見第575條「夢石」。

583. 南旦（NAM ĐÁN）

阮文評（1883–?），字南旦。興安省芙藻縣士貴社人。維新三年（1909）己酉科舉人。

作品：《董天王新傳》（AB.648）。

584. 南軒（NAM HIÊN）

黎鼐（1479–?），號南軒。海陽處唐安縣慕澤社（今海陽省平江縣新紅社）人。端慶元年（1505）乙丑科第一甲進士及第第一名。曾任戶部右侍郎，封道澤伯。著作頗多，但多已亡佚。

作品：詩文收錄於《高周臣遺稿》、《高周臣詩集》、《大南文集》等書中。

585. 南翁（NAM ÔNG）

胡元澄（1374–1446），原名黎澄，字孟源，號南翁。清華省大賴社（今清化省永祿縣）人。胡季犛之子。陳朝末年，任司徒一職。胡朝時為左相國。明軍大舉入越，胡季犛父子均被明軍所俘虜，押回金陵，以叛逆之罪處刑。胡元澄降明，又因能製作槍炮而豁免。曾任工部左侍郎，後升工部尚書。

作品：《南翁夢錄》。

586. 南甫（NAM PHỦ）

阮衡（1771–1823），字子敬，號南甫、午南、日南、南叔。又安鎮宜春縣仙田社（今河靜省宜春縣）人。阮衡以詩賦聞名，忠於後黎朝，不出仕西山和阮朝，歸隱田園。

作品：《鳴鵑詩集》（VHv.109, VHv.2697）、《觀東海》（A.1530, VHv.1444, VHv.81）等；作品亦收錄於《驩州風土話》、《樂生心得》、《南史私記》等。

參考：裴維新（主編）（2000），《越南文學總集》第 6 冊，河內：社會科學出版社；鄧德超（主編）（2000），《越南文學總集》第 14 冊，河內：社會科學出版社。

587. 南山主人（NAM SƠN CHỦ NHÂN）

見第 588 條「南山養叟」。

588. 南山養叟（NAM SƠN DƯỠNG TẨU）

阮德達（1823–1887），字豁如、士伯，號可庵主人、南山養叟、南山主人。又安鎮清漳縣忠勤總橫山社（今乂安省南壇縣慶山社）人。阮憲祖紹治七年（1847）丁未科舉人，阮翼宗嗣德六年（1853）癸丑科第一甲進士及第第三名（該科取探花郎兩人，阮德達為其一），任集賢院侍講，後升給事中、乂安督學、清華按察使、興安巡撫等職。咸宜帝發《勤王詔》時，授其為吏部尚書兼安靜總督。後因年邁，告病回鄉。

作品：《勤儉彙編》（VHv.245, VHv.707, VHv.708, A.1418）、《葫樣詩集》（VHv.247, VHv.858, A.885）、《可庵文集》（VHv.2457, VHv.243）、《考古臆說》（VHv.244）、《南山遺草》（VHv.478）、《南山窗課制義》（VHv.2386）、《南山窗課賦選》（VHv.339, VHv.340, VHv.2385, VHb.42）、《南山叢話》（VHv.246/1-2, VHv.1420/1-2, VHv.2682, VHv.2683）；碑文有《無題碑》（N⁰18074）、《雲集村儒先碑記》（N⁰2398/2399/2400/2401）、《都梁總碑記／都梁總祭田碑誌》（N⁰2661/2662）；參與編修《越史媵評》；另有詩文收錄於《野史雜編》、《名公詩草》、《條陳堤政事宜集》、《荷池夜集》、《國朝文選》、《詩草雜編》、《葦野合集》、《詠史合集》等書中。

589. 南史氏（NAM SỬ THỊ）

見第 575 條「夢石」。

590. 南城居士（NAM THÀNH CƯ SĨ）

阮子（?–?），號南城居士。南定省人。生平事跡未詳。

作品：《國音新字》（AB.636）。

591. 南叔（NAM THÚC）

見第 586 條「南甫」。

592. 南中（NAM TRUNG）

見第 575 條「夢石」。

593. 南文（NAM VĂN）

見第 785 條「左溪」。

594. 泥江（NỄ GIANG）

阮善計（?–?），字中可，號泥江，又號堂雲。河內省南昌縣你渡社（今興安省興安市洪州坊）人。阮景宗同慶三年（1888）戊子科舉人，曾任順成知府、慈山知府、從善知府、還龍訓導等職。

作品：詩作收錄於《雲池楊大人先生對聯並詩文》（A.3007）。

參考：章收（主編）（2000），《越南文學總集》第19冊，河內：社會科學出版社。

595. 鄂亭（NGẠC ĐÌNH）

阮有造（1803–1857），字誠枝，號鄂亭。懷德府慈廉縣明早總東鄂社（今河內市北慈廉郡東鄂坊）人。阮憲祖紹治元年（1841）辛丑科舉人，四年（1844）甲辰科第三甲同進士出身。曾任山西督學，後升山西布政使。

作品：《黎公行狀》（A.43）；參與撰寫《丁族家譜》（A.809）、《禱雨廟碑》（N°14229）、《學田記》（N°15508/15509/15510/15511）、《祠宇碑記》（N°5504/15505/15506/15507）等；另有詩作收錄於《東鄂社土堝坊留照詞》、《咸安場詩集》、《鄂亭先生錦回之慶》、《月東阮家世譜》、《詩抄》、《帳聯文集》等書中。

596. 鄂亭（NGẠC ĐÌNH）

范光燦（1865–?），號鄂亭。慈廉縣東鄂社（今河內市北慈廉郡東鄂坊）人。成泰十二年（1900）庚子科秀才，並曾任教授一職。

作品：《幼學普通說約》（VHv.64, VHv.2937, A.892, VHv.468）、《策學新選》（VHv.712/1-2, VHv.713/1-2, VHv.1886, VHv.1887, VHv.2034, VHv.2035, VHv.327, A.860）；另有詩文收錄於《北史歷代文策》、《對賦詩記雜錄》、《國文叢記》等。

597. 鄂池（NGẠC TRÌ）

阮知遠（?–?），字疏通，號鄂池、鶴客。慈廉縣東鄂社（今河內市北慈廉郡東鄂坊）人。

作品：《月東阮家世譜》（A.1135）。

598. 彥桓（NGẠN HOÀN）

鄧明璧（1453–?），字彥桓，乂安處南唐縣白唐社（今乂安省都良縣藍山社）人。黎聖宗洪德十五年（1484）甲辰科中第三甲同進士出身，任戶部尚書。

作品：詩作收錄於《全越詩錄》（A.3200/1-4, A.1262, A.132/1-4, VHv. 116, VHv.117/1-2, VHv.777/1-2, VHv.1450/1-2, A.1334, A.393, A.2743）、《詩抄》等書中。

參考：裴文原（主編）（2000），《越南文學總集》第 4 冊，河內：社會科學出版社。

599. 彥叔（NGẠN THÚC）

見第 647 條「雅莊」。

600. 吟痴（NGÂM SI）

范蘭瑛（?–?），號吟痴。阮養浩之妻，廣南延福人。

作品：詩文收錄於《皇朝寶牒》（A.1326, A.563）。

參考：裴維新（主編）（2000），《越南文學總集》第 6 冊，河內：社會科學出版社。

601. 藝田（NGHỆ ĐIỀN）

黃阮署（1749–1801），字東曦，號藝田。京北鎮嘉平縣東平社（今北寧省嘉平縣東平鎮）人。景興三十五年（1774）甲午科舉人，昭統元年（1787）丁未科第三甲同進士出身。曾任青威知縣、刑部左侍郎、諒山協鎮等職。

作品：詩作收錄於《對聯帳文集》、《東平黃家詩文》、《東黃家譜》等書中。

參考：《黃阮署：生平與詩文》（1996），河內：文學出版社；阮祿（主編）（2000），《越南文學總集》第 8 冊，河內：社會科學出版社。

602. 儀芝（NGHI CHI）

裴有義（1807–1872），又名裴光義，號儀芝。永盛鎮定遠府永定縣定泰總龍泉社（今勤書市萍水郡裴有義坊）人。阮聖祖明命十六年（1835）乙未科解元，曾任福隆府福正知縣、茶榮縣知縣等職。參加愛國抗法運動。

作品：《金石奇緣》（VNv.72, AB.598）等。

參考：春燕（主編）（2000），《越南文學總集》第 12 冊，河內：社會科學出版社；黎志遠（主編）（2000），《越南文學總集》第 15 冊，河內：社會科學出版社。

603. 宜軒（NGHI NIÊH）

阮儼（1708–1776），字希思，號宜軒、鴻魚居士，諡忠勤。乂安鎮宜春縣仙田社（今河靜省宜春縣）人。黎永慶三年（1731）辛亥科第二甲進士出身，曾任參容協散理處參容、山南參政、國子監祭酒、翰林院承旨（封春嶺伯）、工部右參知（封春靈侯）、清華協鎮、參都御史、清華都御史兼督鎮、乂安協鎮，後升刑部、禮部左侍郎、工部尚書、入侍陪訟（賜太子少保），又升大司空、戶部尚書、大司徒（封春郡公）。

作品：《中軍聯詠集》收錄於《名家詩雜詠》（A.1104）中，《諒山團城圖》（A.1220）、《無題碑》（N°3269/3270/3271, N°10722/10723, N°20966）、《景興貳十一年庚辰科進士題名記》（N°1372）、《景興貳十七年丙戌科進士題名記》（N°1383）、《神道碑記》（N°5262/5263）等；參與編撰《驩州宜仙阮家世譜》、《阮族家譜》、《清化永祿縣誌》等。

604. 毅齋（NGHỊ TRAI）

范清（1821–?），字頤卿，號毅齋，又號澹齋。清化鎮河中府厚祿縣登長總張舍社內村（今青化省厚祿縣和祿社）人。阮翼宗嗣德元年（1848）戊申科舉人，四年（1851）辛亥科第一甲進士及第第二名。官至戶部參知。

作品：參與編撰《澹齋詩課》、《欽定越史賦》、《奉將武略隱逸神仙列女賞覽各冊撰成詩集》等；另有詩文收錄於《博學宏詞科文選》。

605. 毅齋（NGHỊ TRAI）

馮克寬（1528–1613），字弘夫，號毅齋。山南鎮石室縣馮舍社（今河內市石室縣）人。受業於阮秉謙，50 歲參加科舉，黎世宗光興三年（1580）庚辰科第二甲進士出身。曾任兵科給事中、禮部給事

中、清化承正使、工部左侍郎、吏部左侍郎（封梅嶺侯）、戶部尚書兼國子監祭酒（封梅郡公）。曾兩次出使中國。逝世後追封太宰，被封為福神。

作品：《梅嶺使華詩集》(A.2557, A.241)、《言志詩集》(VHv.1915, VHv.1442, A.1364)、《毅齋詩集》(A.597)、《馮克寬詩集》(A.555)、《馮使臣詩集》(A.2128)、《馮太傅詩》(A.431)、《馮舍社馮公言志詩》(VHb.264)、《使華筆手澤詩》(VHv.2155, VHv.2156, A.2011)、《古法殿造碑》(N⁰2021/1022)、《凡功德碑》(N⁰13484)、《重修龍慶寺碑》(N⁰3642)、《萬里侯陳公碑》(N⁰19307)、《永福寺碑／信施》(N⁰13487/13488) 等；另有詩文收錄於《北寧寺廟碑文》、《古墨名公傳記演音》、《全越詩錄》(A.3200/1-4, A.1262, A.132/1-4, VHv.116, VHv.117/1-2, VHv.777/1-2, VHv.1450/1-2, A.1334, A.393, A.2743) 等書中。

參考：陳黎創、謝玉璉 (1979)，《馮克寬：生平與事業》，河山平：河山平文化所；馮克寬 (1985)，《馮克寬：生平與詩文》，河內：河內出版社；裴維新 (2000)，《狀元馮克寬》，河西：河西出版社；裴維新（主編）(2000)，《越南文學總集》第 5 冊，河內：社會科學出版社；馮克寬 (2007)，《馮狀元詩文》，河內：河內國家大學出版社；馮克寬 (2012)，《馮克寬詩文集》，河內：文學會出版社。

606. 義和 (NGHĨA HOÀ)

見第 507 條「蓼溪」。

607. 義溪 (NGHĨA KHÊ)

范士愛 (1806–1840)，字敦仁，號義溪。海陽鎮唐豪縣中立社（今興安省美豪縣）人。阮聖祖明命九年 (1828) 戊子科舉人，十三年 (1832) 壬辰科第二甲進士出身。曾任翰林院編修、甘露知府、河靜按察使等職，後升兵部侍郎。任嘉定考場主考官。

作品：《唐中范敦仁原草》(A.467)、《義溪詩集》(VHv.2345, A.1842, A.3216)，參與編撰《柳堂表草》(A.348)，為《志軒詩草》

（A.390）寫書評等；另有詩文收錄於《高平記略》、《高平城陷事記》、《詔表賦義舊文雜錄》、《大南文集》、《皇朝文選》、《立齋詩集》、《明鏡軒文詩抄》、《國朝文選》等書中。

608. 義夫（NGHĨA PHU）

見第 313 條「峽石」。

609. 義山（NGHĨA SƠN）

杜綱（1474–1518），後改名為杜岳，字敦政，號義山。京北處文江縣賴屋社（今興安省文江縣）人。黎聖宗洪德二十四年（1493）癸丑科第二甲進士出身。曾任戶部尚書、吏部尚書兼都御史、東閣大學士、充任來華副使等職。1518年政變中被莫登庸派人所殺。

作品：《詠史詩集》（已失傳）。

610. 義山（NGHĨA SƠN）

阮廷美（?–?），字朝甫，號義山。京北處金花縣之龍社（今河內市朔山縣）人。黎太宗順天年間（1434–1442）任起居舍人。曾出使中國。黎聖宗期間（1442–1497）任兵部尚書。

作品：詩作收錄於《全越詩錄》（A.3200/1-4, A.1262, A.132/1-4, VHv.117/1-2, VHv.777/1-2, VHv.1450/1-2, VHv.116, A.1334, A.393, A.2743）。

參考：裴文原（主編）（2000），《越南文學總集》第 4 冊，河內：社會科學出版社。

611. 義齋（NGHĨA TRAI）

阮公基（1676–1733），號義齋。慈廉縣明早社（今河內市慈廉縣春鼎社）人。黎熙宗政和十八年（1697）丁丑科第三甲同進士出身，曾任翰林院校討、工部左侍郎、戶部右侍郎、兵部尚書兼參訟東閣大學士，入侍經筵，封稿郡公，出使中國。後從武，任提督署府事、少保。逝世後追封太傅。

作品：《武學叢記》（已失傳）、《湘山行軍草錄》（A.2583）；有

詩作收錄於《全越詩錄》（A.3200/1-4, A.1262, A.132/1-4, VHv.117/1-2, VHv.777/1-2, VHv.1450/1-2, VHv.116, A.1334, A.393, A.2743）。

參考：裴維新（主編）（2000），《越南文學總集》第 6 冊，河內：社會科學出版社。

612. 義齋（NGHĨA TRAI）

范文誼（1805–1881），號義齋，又號蓮花洞主人。山南下鎮義興府大安縣三燈社（今南定省懿安縣安勝社）人。阮聖祖明命十八年（1837）丁酉科舉人及第，十九年（1838）戊戌科第二甲進士出身。曾任翰林院編修、國史館編修、南定督學、商辯海防使、省務商辯等職。法國入侵時，曾招募義軍請命出戰。後辭官歸隱蓮花洞（今寧平省華閭縣）。

作品：《松園文集》（A.983/1-2, A.1337/1-2）、《無題碑》（N^{0}5659）、《橫歷碑記》（N^{0}19353）、《靈祠碑記》（N^{0}18104/18105）、《二社碑記》（N^{0}15875/15876）、《士林寨碑記》（N^{0}19360/19361）、《全社碑記》（N^{0}19181）；參與編輯《大南實錄前編》、《欽定集韻摘要》、《御製聖德神功碑記》、《壬午恩科會試》；審閱《清平歌調》；亦有作品收錄於《裴家北使賀文詩集》、《諸題墨》、《陽亭詩帳集》、《江亭十二詠》、《漢喃詩文雜錄集》、《寧平省安慶縣安寧總各社村雜記》、《范義齋場策文》、《三登黃甲場賦》、《三光范大人家訓歌》、《臣民表錄附裴家北使賀文詩集》、《詩歌對聯雜錄》、《詩賦文集》、《詩帳雜編》、《翠山詩集》等書中。

參考：阮文玄（1979），《范文誼詩文》，河內：社會科學出版社；黎志遠（主編）（2000），《越南文學總集》第 15 冊，河內：社會科學出版社。

613. 義齋（NGHĨA TRAI）

范道甫（?–?），號義齋。籍貫未詳，活動於 19 世紀。

作品：《孝順約語序》（A.433）。

614. 義園（NGHĨA VIÊN）

阮文桃（1888–1947），號義園，或云義園為字，又號朋江。山西省國威府石室縣石舍總有朋社（今河內市石室縣有朋社）人。維新三年（1909）己酉科舉人，曾任廣安巡撫。致仕後贈吏部尚書。

作品：《歐學行程記》（VHv.1437）、《皇越科舉鏡》（VHv.1277）；考究《高周臣遺稿》（VHv.1434/1-2）一書；另有詩文收錄於《鶴人叢言》、《阮洵叔詩集》、《方亭平日治命囑詞》、《石農詩集》等書中。

615. 義川（NGHĨA XUYÊN）

陶嚴（1496–?），字義川。山南鎮仙侶縣善片社（今興安省仙侶縣）人。黎恭皇統元二年（1523）癸未科會元、第三甲同進士出身，曾任兵部右侍郎、大學士等職，爵達義侯。曾出使中國。

作品：《義川官光集》（已失傳），另有詩文收錄於《翰閣文體程式》（A.281）。

參考：裴維新（主編）（2000），《越南文學總集》第5冊，河內：社會科學出版社。

616. 硯農（NGHIỄN NÔNG）

見第635條「月舫」。

617. 業溪（NGHIỆP KHÊ）

阮廷陽（1844–1886），字書齋，號業溪。山西省國威府石室縣樂業社（今河內市石室縣）人。阮翼宗嗣德二十三年（1870）庚午科舉人，三十三年（1880）庚辰科第二甲進士出身，曾任北寧候補、興化按察使、吏部辦理、廣平布政使等職。勤王軍攻進廣平時被人所殺。

作品：《書齋詩文國音集》（A.289）、《書齋文集》（A.1279）；另有詩作收錄於《諸名家詩》（VHb.225）。

618. 午潭（NGỌ ĐÀM）

阮文彬（1868–?），號午潭。山西省國威府石室縣石舍總有朋社（今河內市石室縣有朋社）人。成泰九年（1897）丁酉科舉人，十三年（1901）辛丑科第三甲同進士出身。曾任海陽總督、鴻臚寺卿充北圻上議院等職。

作品：《無題碑》（N⁰15991）。

619. 午南（NGỌ NAM）

見第 586 條「南甫」。

620. 午峰先生（NGỌ PHONG TIÊN SINH）

吳時仕（1726–1780），字世祿，號午峰先生，另有道號二青居士。山南鎮青威縣左青威社（今河內市青池縣左青威社）人。黎顯宗景興二十七年（1766）丙戌科第二甲進士出身。曾任工科給事中、太原督同、青花憲察使、乂安參政、翰林院校理、僉都御史、諒山督鎮等職。

作品：《吳午峰文》（VHv.1743/1-36）、《吳午峰遺草》（VHv.1743/1-2）、《英言詩集》、《對聯文集雜記》收錄於《吳家文派選》（藏於巴黎）、《越史標案》（A.11, A.2977/1-4, A.1311）、《大越史記前編》（A.2/1-7, A.2665/2-3, A.2682/1-3, A.3133/1-2, VHv.1500/1-4, VHv.1501）、《無題碑》（N⁰2499/2500/2513, N⁰3563/3564, N⁰2871/2872/2873/2874, N⁰20956）、《盤阿山碑》（N⁰9410）、《後神碑記》（N⁰3984/3985）、《后神碑記／本社后神》（N⁰3984/3985）、《吳時仕傳神像》（N⁰15883）、《超類縣道秀社后神碑記》（N⁰3148/3149）、《祠堂碑記附家訓》（N⁰14528）、《宇宙以來》（N⁰5656）等；詩作收錄於《故黎午峰墨痕》、《故黎左青威進士吳時仕公詩抄》、《吳家世譜》、《白茅庵詩類》、《古賦詩文抄》、《瑤亭詩集》、《唐高都護渤海郡王詩傳》、《翰閣叢談》、《皇閣遺文》、《欽定越史》、《劫泊萬靈祠引跡》、《黎朝景興監文》、《黎朝會試文集》、《黎朝會文選》、《歷代群英詩文集》、《歷科

策略》、《龍選試策》、《仁愛神祠錄》、《吳家文派》、《吳家文派選》、《撫邊雜錄》、《廣記集詩文錄》、《國史略編》、《雙青賦選》、《山居雜述》、《西浮詩草附諸家詩錄》、《詩抄》、《詩詞歌對策文雜抄》、《全越史約》、《萬劫靈祠本傳記》、《越史捷徑》、《越詩續編》、《周易》等書中。

參考：陳氏冰清（1987），《吳時仕》，河內：河內出版社；鄧德超（主編）（2000），《越南文學總集》第 14 冊，河內：社會科學出版社；吳氏（2010），《吳家文派選集》，河內：河內出版社。

621. 玉堂（NGỌC ĐƯỜNG）

阮春溫（1825–1889），號玉堂，又號良江、獻亭。乂安鎮東城縣良田社（今乂安省演州縣演泰社）人。阮翼宗嗣德二十年（1867）丁卯科舉人，二十四年（1871）辛未科第三甲同進士出身。曾任翰林編修、廣平省廣寧知府、平定督學、監察御史、禮科掌印、平定按察使、廣義按察使、廣平按察使、刑部辦理等職。因堅持抗法而被貶職。回鄉後，招募勤王兵士繼續抗法，被咸宜封安靜軍務協督（乂安、河靜兩省）。於 1889 年被抓，並在順化受管束直到生病去世。

作品：詩作收錄於《筆溪詩草》、《清化紀勝》等書中。

參考：阮文玄（主編）（2000），《越南文學總集》第 17 冊，河內：社會科學出版社。

622. 玉軒（NGỌC HIÊN）

見第 532 條「梅圃」。

623. 玉軒（NGỌC HIÊN）

楊叔玲（1835–1920），或云楊叔洽，號玉軒。乂安省瓊瑠縣瓊堆社人。阮翼宗嗣德三十二年（1879）己卯科舉人，阮簡宗建福元年（1884）甲申科第三甲同進士出身。曾任乂安督學一職。

作品：《乂安河靖山水詠》（VHv.1790）、《瓊瑠縣重修祠宇碑記》

（N⁰2823）；另有詩文收錄於《驩州碑記》、《詠史合集》等書中。

624. 玉夆（NGỌC PHONG）

吳碩甫（?–?），號玉夆，又號澄溪。籍貫未詳，19世紀間人。

作品：《澄溪集》、《澄溪詩文集》（VHv.268）等。

625. 梧山居士（NGÔ SƠN CƯ SĨ）

見第459條「樂天」。

626. 悟印禪師（NGỘ ẤN THIỀN SƯ）

覃棄（1020–1088），法號悟印禪師。青威縣金牌鄉斯理村（今河內市）人。初從儒，後皈依，受業於貫頂寺廣智大師，又住持應天府（今河內市）寧山寺，通梵文，曉佛法。

作品：《示寂》，收錄於《禪苑集英》（VHv.1267, A.3144）、《全越詩錄》（A.3200/1-4, A.1262, A.132/1-4, VHv.116, VHv.117/1-2, VHv.777/1-2, VHv.1450/1-2, A.1334, A.393, A.2743）。

參考：《禪苑集英》（1990），河內：文學出版社；文新（主編）（1997），《越南文學總集》第1冊，河內：社會科學出版社。

627. 悟齋（NGỘ TRAI）

阮公著（1778–1858），字存質，號悟齋，又號熙文。生於山南下鎮瓊附縣（今太平省），原籍乂安鎮宜春縣威遠社（今河靖省宜春縣春江社）。阮世祖嘉隆十八年（1819）己卯科舉人，文武雙全，曾任行走、唐豪知縣、吏部郎中、國子監司業、清化鎮參協、刑部侍郎、刑部右參知、南定和寧平營田使、海安總督、左都御史院都察、安江巡撫等職。其宦路坎坷，多次被升降職。用經濟才能，對錢海、金山兩縣土地開發有所貢獻。同時工於詩文、彈琴，並為許多著名歌籌曲填詞。

作品：《大南國音歌曲》（AB.146）；另有詩文收錄於《歌調略記》、《歌籌》、《歌籌各調》、《歌籌體格》、《高周臣詩集》、《陽

岳松軒吳子文集》、《養齋集》、《大越解元》、《對聯詩歌吟韻》、《東晹文集》、《家譜集編》、《華容小路》、《奇觀詩》、《金鰲退食筆記》、《諒程記實》、《阮公著家庭藏稿》、《國朝文選》、《詩歌雜錄》等書中。

參考：《阮公著其人其詩》（1996），河內：文學家協會出版社；鄧德超（主編）（2000），《越南文學總集》第14冊，河內：社會科學出版社；阮曰玩（2002），《阮公著：作者、作品、佳話》，胡志明：胡志明市國家大學出版社；段子絢（2008），《歷史長流中的阮公著》，乂安：乂安出版社。

628. 愚胡 (NGU HỒ)

見第447條「敬甫」。

629. 元立 (NGUYÊN LẬP)

見第186條「澹齋」。

630. 元齋 (NGUYÊN TRAI)

武德勳（?-?），號元齋。籍貫未詳。

作品：《戒殺放生演音》（AB.489）。

631. 願學禪師 (NGUYỆN HỌC THIỀN SƯ)

姓阮（?-1174），其名未詳，法號願學禪師。扶琴村人（具體省市未詳）。師從圓智，學成後歸隱衛靈山。李英宗帝頗器重。

作品：詩作收錄於《禪苑集英》（VHv.1267, A.3144）。

參考：《禪苑集英》（1990），河內：文學出版社；文新（主編）（2000），《越南文學總集》第1冊，河內：社會科學出版社。

632. 月亭 (NGUYỆT ĐÌNH)

阮永貞（?-1892），號月亭，阮聖祖之第18女，與阮綿審同母，好詩詞，常與其夫范述一同唱和。

作品：《月亭詩草》（已失傳）。

633. 月亭（NGUYỆT ĐÌNH）

潘廷評（1831–1888），字認齋，號月亭。承天府廣田縣安城總福良社（今承天順化省廣田縣廣安社）人。阮翼宗嗣德三年（1850）庚戌科舉人，九年（1856）丙辰科會元，第三甲同進士出身。曾任先興知府、興安巡撫、兵部郎中、禮部辦理事務、兵部右參知，後封佐國勳臣，署文明殿大學士，封扶義子，後加封福郡公。

作品：參與編撰《大南疆界彙編》、《月亭雜誌》等書。

634. 月江（NGUYỆT GIANG）

劉撵（1811–1845），字直信，號月江，又號較甫。青池縣月盎社（今河內市青池縣）人。阮聖祖明命十二年（1831）辛卯科舉人，十六年（1835）丙申科第三甲同進士出身。曾任海陽省南策知府、御史監察、兵科長印給事中、翰林院侍講學士、史館纂修等職。

作品：詩文收錄於《大南文集》、《劉較甫榮歸賀集》、《月江行狀》等書中。

635. 月舫（NGUYỆT PHƯỜNG）

陳文近（1858–1938），又名陳仲炳，字硯農，號月舫、虎紋、泖海、月樵、王玉。海陽省青洄縣慈烏社人。成泰六年（1894）甲午科舉人，不出仕，留在家鄉教書。

作品：《南邦草木》（A.154, A.3236）、《翠山詩集》（A.2387）、《陳族家譜》（A.795）等。

636. 月樵（NGUYỆT TIỀU）

見第 635 條「月舫」。

637. 月圓（NGUYỆT VIÊN）

潘玉簪（?–?），號月圓，太平省建昌縣武陵社人。生平事跡未詳。

作品：《武亭月圓記事》（VHv.367）。

638. 魚堂（NGƯ ĐƯỜBG）

范熙亮（1834–1886），字晦叔，號魚堂。壽昌縣南魚坊（今河內市

人。阮翼宗嗣德十一年（1858）戊午科舉人，十五年（1862）壬戌科副榜。曾任安勇知縣、戶部員外郎、刑部辦理事務，後任乂安和廣平省布政使。法軍攻北圻時，不從王令，擅自募兵抗拒，因此被充三宣軍次。後開復寧平省按察使，又升寧平巡撫。任副使出使中國。

作品：《北溟雛羽偶錄》（A.245, VHv.19）、《范魚堂北槎日記》（A.848）、《安陽王祠碑記》（N°2377）等。

639. 漁海（NGƯ HẢI）

鄧泰申（1874–1910），號漁海，乂安省宜祿縣海崑社人。積極參與抗法運動。1910年法軍圍攻宜祿，頑強抵抗未果自殺。

作品：詩文收錄於《鞔聯雜草》（A.3103）。

640. 魚峰（NGƯ PHONG）

阮光碧（1830–1890），字函輝，號魚峰。南定省建昌府直定縣安培總程浦社（今太平省錢海縣安寧社）人。阮光碧，本姓吳，改姓阮以參加科考。阮翼宗嗣德十四年（1861）辛酉科舉人，任寧平省長慶府教授。二十二年（1869）己巳科第二甲同進士出身。任臨洮知府、延慶知府、山西按察使、國子監祭酒、平定省按察使、興化巡撫。法軍攻興化，招募義兵抗法。咸宜發起勤王運動時，被封為北圻軍務協統，爵純中侯，銜列吏部尚書。後病逝。

作品：《魚峰仙生詩集》收錄於《峰相公傳記》（VHv.2072）中；另有詩文收錄於《詔表體文雜錄》等。

參考：阮文玄（主編）（2000），《越南文學總集》第17冊，河內：社會科學出版社。

641. 牛江（NGƯU GIANG）

阮萃珍（?–?），號牛江，興安省文江縣多牛社人。19世紀末20世紀初人，生平事跡未詳。

作品：《大越古今沿革地志考》（A.77, VHv.2717）。

642. 雅之（NHÃ CHI）

范李（?–?），號雅之，北寧省安豐縣人。生平事跡未詳。

作品：詩作收錄於《抑齋遺集》。

643. 雅淡（NHÃ ĐẠM）

尹著（?–?），字雅淡。山南下鎮建昌府人。景興二十九年（1768）戊子科鄉貢。

作品：《尹氏家譜》（A.784）。

645. 雅亮（NHÃ LƯỢNG）

黎有度（?–?），字雅亮。籍貫未詳，曾任知縣一職。

作品：《湖寺陂／三寶碑》（N⁰1904/1905）。

646. 雅劭（NHÃ THIỆU）

阮有登（1631–?），號雅劭，常信府上福縣平望社（今河內市常信縣）人。黎玄宗景治五年（1667）丁未科第三甲同進士出身。曾任山西御史監察一職。

作品：《後神碑記／何惠造亭奉事香火義》（N⁰7074/7075）。

647. 雅莊（NHÃ TRANG）

阮綿寯（1827–1907），字彥叔，號雅莊、松園、仲延。阮聖祖之子。

作品：《孝經立本》（AB.266, VHv.343）、《孝經國音演歌》、《雅堂詩集》（VHb.7.648）等。

648. 岩覺夫（NHAM GIÁC PHU）

巽峰氏（?–?），號岩覺夫。籍貫未詳。

作品：《遊香跡峒記序》（A.2814）。

649. 岩溪（NHAM KHÊ）

王師霸（?–?），字仲匡，號岩溪。山南處快州府東安社（今興安省快州縣）人。活動於 15 世紀。黎聖宗光順年間（1460–1469）曾任知府、國子監教授等職。

作品：《岩溪詩集》（已失傳）。詩作收錄於《全越詩錄》（A.3200/1-4, A.1262, A.132/1-4, VHv.117/1-2, VHv.777/1-2, VHv.1450/1-2, VHv.116, A.1334, A.393, A.2743）。

參考：裴文原（主編）（2000），《越南文學總集》第 4 冊，河內：社會科學出版社。

650. 閒雲亭（NHÀN VÂN ĐÌNH）

陳維壐（1906–1979），號閒雲亭。南定省海厚縣群芳社人。曾在《南風雜誌》報社和漢喃研究院工作。

作品：《大南高僧傳》（VHb.313）、《帝王寶鑒》（VHb.314）、《河城詩抄》（VHb.319）、《胡春香考材料》（VHb.320）、《起頭事錄》（A.3093, VHv.2696）、《南書目錄》（A.3098）、《天仙傳考》（A.3094）、《越南號爵詞典》（VHv.2960）等。

651. 壬玉（NHÂM NGỌC）

見第 635 條「月舫」。

652. 軒人（NHÂM NHÂN）

符叔橫（?–?），字軒人，金花縣扶舍社（今河內市東英縣）人。活動於 15 世紀，曾任翰林院學士。

作品：詩作收錄於《詩抄》（藏於巴黎）。

參考：裴文原（主編）（2000），《越南文學總集》第 4 冊，河內：社會科學出版社。

653. 壬山（NHÂM SƠN）

見第 937 條「靜齋」。

654. 仁亭（NHÂN ĐÌNH）

見第 741 條「廣居」。

655. 人海洞甫（NHÂN HẢI ĐỘNG PHỦ）

黎瀠（1495–1516），號人海洞甫，建王黎新之子，黎聖宗之孫。1509–1516 年在位，崩後謚號襄翼。

作品：詩作收錄於《北使詩集》、《對聯詩文集》、《金甌寺碑志》、《世次見文叢記》等書中。

656. 仁齊 （NHÂN TỀ）

陳世榮（1644–?），號仁齊，先豐縣豐州社（今河內市巴位縣）人。黎玄宗景治八年（1670）庚戌科第三甲同進士出身。曾任兵部左侍郎，封風領男，派出使中國。逝世後追封工部尚書、子爵。

作品：《右神左佛碑記／本社奉事券文／奉祀儀節祭文／祀田逐分處所》（N⁰5851/5852/5853/5854）、《奉事碑記／儀節券文》（N⁰7362/7363）。

657. 忍齋 （NHẪN TRAI）

武濟（?–?），號忍齋。大安縣弄田社（今南定省義興縣）人。武濟於嗣德二十年（1867）丁卯科舉人出身，曾任護城兵馬使。

作品：有銘文收錄於《獨步社神祠碑記並編抄錄》（A.3000）。

658. 忍齋 （NHẪN TRAI）

吳廷碩（1678–1740），山南鎮青威縣左青威社（今河內市青池縣左青威社）人。吳廷碩於政和二十一年（1700）庚辰科第三甲同進士出身。曾任兵部尚書、入侍經筵、參訟、戶部尚書，封爵郡公。曾出使中國。後任諒山鎮守。1740年地方酋長趁機造反，圍攻團城（諒山鎮城），吳廷碩失守被殺。逝世後追封少保。

作品：《瓊琚亭碑記》（N⁰572/5573/5574/5575）、《普光寺碑記》（N⁰580/5581/5582/5583）等。

659. 認齋 （NHẬN TRAI）

阮廷瑤（1792–1846），又名黎黃艷、黎黃汪，字寶原，號認齋。青池縣姜亭總仁睦社（今河內市青春郡）人。阮廷瑤於明命二年（1821）壬午科舉人出身。曾任教授一職，學生眾多，其中不少賢達人士。

作品：《認齋文集》（A.123/1-5, VHv.1999, A.2656, VHv.861/1-6, VHv.862/1-4, VHv.1438/1-4, VHv.864/1-5, VHv.211/1-6, VHv.2266/1-6, VHv.863/1-2, VHv.359）；參與編撰《凌雲氣賦集》（A.1440）；另有詩作收錄於《翰苑流芳》。

660. 認齋（NHẬN TRAI）

見第 633 條「月亭」。

661. 一心（NHẤT TÂM）

鷹福（?–?），號一心。籍貫與生平事跡未詳。

作品：《十二頭陀行歌吟草》。

662. 一忠（NHẤT TRUNG）

見第 11 條「英川」。

663. 日南（NHẬT NAM）

見第 586 條「南甫」。

664. 日長（NHẬT TRƯỜNG）

見第 1035 條「叢安」。

665. 珥南（NHĨ NAM）

阮尚顨（1829–1905），又作阮顨，字龐靈，號珥南。應和府山明縣蛇球總連拔村（今河內市應和縣連拔社）人，阮尚賢之父。阮憲祖紹治七年（1847）丁未科舉人，阮翼宗嗣德十八年（1865）乙丑科第二甲進士出身。曾任訓導、國威府教授等職，後升參知、刑部尚書。

作品：《珥南詩集》（A.3224）；另有詩作收錄於《諸題墨》、《名臣筆錄》、《丁酉歸田集》、《金江詩集》等書中。

666. 榮溪（NHỊ KHÊ）

阮應龍（1355–1428），字飛卿，號榮溪。原籍鳳山縣支磑社（今海陽省至靈縣共和社），後移居山南鎮國威府上福縣榮溪社（今河內市常信縣榮溪社）。陳睿宗隆慶二年（1374）甲寅科太學生及第。因出身平民，又娶陳氏宗室之後（即元旦之女陳氏泰）而不能入仕。阮薦之父。胡朝時期（1400–1407）入仕，歷任翰林院學士、通章大夫、大理寺卿兼中書侍郎、太子左贊善大夫、國子監司業等職。

1407年明軍入侵，被俘押回金陵，並在中國去世。次子阮飛熊將遺骨歸葬於鳳眼。

作品：《縈溪詩集》（已失傳）；楊伯龔蒐集並收錄於《抑齋遺集》的《阮飛卿詩文》（VNv.143, VHv.1772/2-3, VHv.1498/2, VHv.697/1, A.131, A.140, A.206, A.3198, VHv.1498/1-3, A.2232, A.1753, A.139bis）；另有詩文收錄於《蕊溪阮氏家譜》、《摘艷詩集》、《翰閣叢談》、《群賢賦集》等。

參考：陳黎創（主編）（2000），《越南文學總集》第3冊，河內：社會科學出版社。

667. 二青居士（NHỊ THANH CƯ SĨ）

見第620條「午峰先生」。

668. 柔中（NHU TRUNG）

見第709條「豐溪」。

669. 孺黃（NHỤ HOÀNG）

陳贊平（1868–1937），號孺黃，上福縣由禮社（今河內市常信縣萬點社）人。成泰六年（1894）甲午科舉人，七年（1895）乙未科副榜。曾任巡撫、按察使等職。工於文章詩賦。

作品：詩文收錄於《太補地理遺局》（VHv.1659）；將《越史鏡》（VHv.131, VHv.995, VHv.1586, VHv.1704）翻譯成漢文。

670. 潤亭（NHUẬN ĐÌNH）

陳光（?–?），字潤亭，龍城安延（今河內市）人。活動於19世紀，嗣德六年（1853）癸丑科秀才。

作品：《安延陳氏家譜》（A.945）。

671. 潤甫（NHUẬN PHỦ）

范廷瓊（?–?），字潤甫。籍貫與生平事跡未詳。

作品：校訂《賦則新選》（A.129/1-2, A.2248/1-2, VHv.417）一書。

672. 閏甫（NHUẬN PHỦ）

陳璹（1639–?），號閏甫。海陽鎮至靈縣田池社（今海陽省南策縣國俊社）人。有資料記其字為閏甫。黎玄宗景治八年（1670）庚戌科第三甲同進士出身，任副都御史一職，封芳知侯，曾兩次出使中國。

作品：《二社／造立／奉祀／後神》（N⁰8869/8870/8871/8872）、《創造亭廟／功德碑》（N⁰12710/12711）、《造配神碑》（N⁰12654/12655）。詩作收錄於《全越詩錄》（A.3200/1-4, A.1262, A.132/1-4, VHv.117/1-2, VHv.777/1-2, VHv.1450/1-2, VHv.116, A.1334, A.393, A.2743）。

673. 汭川（NHUẾ XUYÊN）

阮克宅（1797–1884），字安之，號汭川。山南鎮快州府東安縣平湖村（今興安省恩施縣廣郎社）人。阮聖祖明命六年（1825）乙酉科舉人。歷任安樂（今永福省）知縣、安慶（今寧平省）知府、靜嘉（今清化省）知府、刑部員外郎、刑部郎中、海陽及河靜省按察使、嘉定省布政使、定祥巡撫護理、永隆巡撫、翰林院值學士等職。

作品：《汭川詩集》（A.444, VHv.213, VHv.212, A.517, VHv.216, A.2171）、《汭川隨筆詩集》（VHv.212）、《汭川白筆詩集》（A.517）、《汭川文集／汭川帳集》（A.2169）、《汭川剩筆文集》（VHv.214）、《汭川集》收錄於《明都詩選》（VHv.2392, A.2171, A.2424）、《汭川阮安之詩集》收錄於《圍江效颦集》（VHv.216）、《汭川隨筆詩編全集卷之二》收錄於《雨中隨筆》（A.2312）等；參與編撰《準定鄉會試法》（VHv.2006），審閱《覲進詩編》；另有詩文收錄於《諸家文集》、《阮忠勸賦》、《三登黃甲場賦》、《壽席珠璣》、《舜汭詩文集》等。

674. 銳溪（NHUẾ KHÊ）

阮如（?–?），字溫玉，號銳溪。山南鎮青威縣左青威社（今河內市青池縣左青威社）人。阮翼宗嗣德三十一年（1878）戊寅科舉人，曾任南定督學一職。

作品：《南定省地輿誌》（A.60）。

675. 如愚居士（NHƯ NGU CƯ SĨ）

阮時中（?–?），道號如愚居士。山南鎮青威縣貝溪社（今河內市）人。活動於15世紀，黎太宗順天年間（1434–1442）曾任國子監教授，辭官後回鄉教書。狀元阮直之父。

作品：詩作收錄於《全越詩錄》（A.3200/1-4, A.1262, A.132/1-4, VHv.117/1-2, VHv.777/1-2, VHv.1450/1-2, VHv.116, A.1334, A.393, A.2743）。

676. 如齋（NHƯ TRAI）

裴秀嶺（?–?），號如齋，升龍弗祿（今河內市）人。阮聖祖期間（1820–1841）人。

作品：《賀壽詩集》、《壽河秀嶺裴翁六旬雙壽詩集》（VHv.1150）；校訂《五倫記》（AC.38），編輯《四禮略集》、《陰騭文》等書。

677. 如松（NHƯ TÙNG）

僧人通詩（?–?），號如松。籍貫未詳，頂山寺住持。

作品：《柴山詩錄》（A.3033, VHv.2358）、《柴山實錄》（A.3227, A.3227BIS, A.3107）。

678. 如意禪（NHƯ Ý THIỀN）

見第308條「禧琮」。

679. 汝山（NHỮ SƠN）

吳仁靜（1761–1813），號汝山，又號拾英。原籍中國廣東，後遷至嘉定（今胡志明市），投奔阮主阮福映，歷任翰林院侍讀、兵部右參知、乂安協鎮、工部尚書等。與鄭懷德、黎光定創立平陽詩社。

作品：《拾英堂詩集》（A.779）、《拾英文集》（A.1679），校訂《一統輿地志》（A.67/1-3, VHv.176/1-3, VHv.2555）。

680. 寧山（NINH SƠN）

喬富（1447–?），字好禮，號寧山。山南鎮寧山縣垃下社（今河內市國威縣獵雪社）人。黎聖宗洪德六年（1475）乙未科第二甲進士出身。歷任京北處御史監察、參政等職。

作品：《嶺南摭怪序》（A.1200, A.2107, A.2914, VHv.1473, A.33, A.1300, A.1752, VHv.1266, A.1516）。

參考：陳義（1996），《越南漢文小說總集》，河內：世界出版社；裴文原（主編）（2000），《越南文學總集》第4冊，河內：社會科學出版社。

681. 寧靜主人（NINH TĨNH CHỦ NHÂN）

武煉（?–?），號寧靜主人。籍貫未詳。

作品：《仙丹家寶》（VHv.2970）、《仙丹隨筆諸家詩集合訂》（VHv.2966）等。

682. 懦夫（NỌA PHU）

見第917條「小蘇林」。

683. 農河（NÔNG HÀ）

阮靜（?–1880），字行道，號農河。宋山縣嘉苗社（今清化省河中縣）人。任翰林著作、壽昌知縣，後升任清化總督。

作品：《農河詩集》（已失傳）；另有詩作收錄於《河堤奏集》、《河堤奏敘集》等書中。

684. 農山（NÔNG SƠN）

阮玨夢（1885–1954），號農山，儴興府延河縣弘農社（今太平省興河縣疊農社）人。維新六年（1912）壬子科舉人，啟定元年（1916）丙辰科副榜。歷任南定省懿安縣訓導、南定省督學、北圻統使府報刊室通判等職。

作品：《農山詩集》（已失傳）。

685. 女之（NỮ CHI）

見第 517 條「梅庵」。

O

686. 縈甫（OANH PHỦ）

陳璟（1684–1758），號縈甫。至靈縣田池社（今海陽省南策縣國俊社）人。陳璕之子，陳進之父。黎裕宗永盛十四年（1718）戊戌科第三甲同進士出身。歷任刑部尚書、參訟、禮部尚書等職，爵援郡公。逝世後追封太保。

作品：《後神碑記／後聖碑記》（N⁰1083/1084）。

687. 溫溪（ÔN KHÊ）

阮縉（?–?），或云阮公縉，字子雲，號溫溪。廣義省慕德縣石柱社人。阮憲祖紹治三年（1843）癸卯科舉人，官至廣義靜蠻軍次剿撫使。

作品：《撫蠻雜錄》（VHv.1239, A.688, VHv.1735, VHv.1736, A.2698）。

688. 溫奇（ÔN KỲ）

見第 145 條「頤軒」。

689. 溫毅（ÔN NGHỊ）

見第 1097 條「文肅」。

690. 溫玉（ÔN NGỌC）

見第 674 條「銳溪」。

691. 溫雅（ÔN NHÃ）

阮輝歷（?–?），號溫雅。籍貫未詳，舉人，任廣南省布政使。

作品：立在清化省弘化縣弘勃社文址的《無題碑》（N⁰2539）。

692. 溫如 (ÔN NHƯ)

裴彥基（?–?），字基甫，號溫如，又號蓮溪居士。青池縣盛烈社（今河內市黃梅郡盛烈坊）人。阮汝績之子，19世紀末20世紀初人。

作品：編輯《明都詩》、《明都詩選》、《明都詩彙》等。

693. 溫如 (ÔN NHƯ)

楊光（?–?），號溫如。籍貫未詳，曾任翰林院侍講。

作品：《宋溪阮永賴公奏議集序》（VHv.331/1-2, A.165, VHv.1243）。

694. 溫如 (ÔN NHƯ)

見第777條「山老」。

695. 溫如 (ÔN NHƯ)

陳伯璋（?–?），號溫如，上福縣平陵社（今河內市常信縣）人。活動於19世紀。

作品：《福陵陳相公世譜》（A.980）。

696. 溫甫 (ÔN PHỦ)

見第144條「遺軒」。

697. 溫甫 (ÔN PHỦ)

阮公沆（1680–1732），字太清，號溫甫，又號靜庵。京北處東岸縣扶軫社（今北寧省慈山縣扶軫社）人。黎熙宗政和二十一年（1700）庚辰科第三甲同進士出身。歷任提刑、僉都御史、高平督鎮、兵部左侍郎、入侍陪訟、尚書，封朔郡公，後升少保，兼御史臺正長、吏部尚書，授太子太傅，後升太保，位列佐理功臣，任正使出使中國。後因鄭杠聽信讒言，將其貶為宣光承正使，後逼他自盡。

作品：《星槎詩集》（已失傳）、《惠靈祠後神碑文／三社村後佛事例》（N⁰1462/1463/1464/1465）、《范公家譜碑記》（N⁰1466/1467/1468/1469）；另有詩文收錄於《北使詩集》、《表文集》、《翰閣叢談》等。

參考：裴維新（主編）（2000），《越南文學總集》第 6 冊，河內：社會科學出版社。

P

698. 朴甫（PHÁC PHỦ）

阮德敦（1689–1752），號朴甫。京北鎮東岸僊永橋社（今北寧省慈山縣同源社）人。黎裕宗寶泰二年（1721）辛丑科第三甲同進士出身，曾任禮部右侍郎，封岸川伯。

作品：《石橋碑記》（N⁰2961）。

699. 朴甫（PHÁC PHỦ）

阮實（1554–1637），字朴甫。京北處東岸縣文田社（今河內市東英縣雲河社）人。黎世宗光興十八年（1595）乙未科第二甲進士出身。歷任戶科督給事、禮部左侍郎、贊治功臣、參訟、刑部尚書、戶部尚書、翰林院掌事兼東閣大學士、太傅，爵蘭郡公。曾出使中國。

作品：《無題碑》（N⁰1699）、《洞林寺碑／皇帝萬歲》（N⁰14470/14471）、《興功寺市碑記重修／信施功德》（N⁰2564/2571）。另有詩作收錄於《全越詩錄》（A.3200/1-4, A.1262, A.132/1-4, VHv.117/1-2, VHv.777/1-2, VHv.1450/1-2, VHv.116, A.1334, A.393, A.2743）。

700. 撲甫（PHÁC PHỦ）

阮曰舉（1616–?），號撲甫。京北處嘉定縣平吳社（今北寧省順成縣安平社）人。黎真宗福泰四年（1646）丙戌科第三甲同進士出身。歷任山西憲察使、東閣大學士等職，封露川男。

作品：《無題碑》（N⁰1056）。

701. 撲甫（PHÁC PHỦ）

武晟（1664–?），號撲甫。海陽唐安縣丹倫社（今海陽省平江縣仁權社）人，住壽昌縣報天坊（今河內市還劍郡行麵坊），武輝之父。黎熙宗政和六年（1685）乙丑科第一甲進士及第第三名。曾任僉都御史、陪訟等職。因朝官彈劾而被免職，回鄉教書。後開復，升任寺卿兼武學場監視。逝世後追封參政。

作品：《無題碑》（N⁰7098/7099/7100/7101）、《本庄奉祀約文／奉祀後神碑記／奉祀儀節／惠田處所》（N⁰5944/5945/5946/5947）、《後佛碑記》（N⁰2618/2619）、《黎相公事業勳名碑記》（N⁰1197/1219）、《玉林全社／興功造亭／始立石碑／奉祀綿延》（N⁰7174/7175/7176/7177）、《阮家祠址安樂筒／奉祀姓名券文／祭物儀節事例／奉祀各社逐分》（N⁰2164/2165/2166/2167）、《奉事後佛碑記》（N⁰366/370, N⁰3903/3904）、《奉事後神碑記》（N⁰3914/3915/3916/3917, N⁰4079/4080/4081/4082）、《奉祀後神碑記／本社奉祀券文／奉祀儀節祭文》（N⁰10599/10600/10601/10602）、《崇報碑記》（N⁰5907/5908/5909/5910）、《新造瓊罍亭／後神惠田／本社文約／天地長久》（N⁰852/853/854/855）、《修造石橋碑記／十方功德姓名》（N⁰2869/2870）、《重修聖廟碑記》（N⁰8316/8317/8318/8319）、《重修法雲寺碑記／本寺社功德姓名》（N⁰10022/10023）、《萬世奉祀碑記》（N⁰1198, N⁰3783, N⁰12563/12564/12565/12566, N⁰20037/20038）；另有詩作收錄於《全越詩錄》（A.3200/1-4, A.1262, A.132/1-4, VHv.117/1-2, VHv.777/1-2, VHv.1450/1-2, VHv.116, A.1334, A.393, A.2743）。

參考：裴維新（主編）（2000），《越南文學總集》第 6 冊，河內：社會科學出版社。

702. 朴齋（PHÁC TRAI）

黎有謀（1675–?），號朴齋。海陽鎮唐豪縣遼舍社（今興安省安美縣遼舍社）人，為黎有名（1642–?）之子，黎有喜、黎有橋之兄弟。

黎有謀於永盛六年（1710）庚寅科第三甲同進士出身。曾任工部右侍郎、入侍經筵等職。逝世後追封工部左侍郎。

作品：《范公年譜／承相范公年譜》（A.1368）、《范宗家譜》
　　　（A.1165）。

703. 法寶（PHÁP BẢO）

姓名未詳（?–?），法號法寶。籍貫未詳。與李常傑為同一時代的人，在福延斯聖寺修道（具體地址未詳），兼管九真郡沙門事務。李常傑任清化總鎮時，法寶投其麾下，賜法號覺性海照。李常傑回朝後，法寶留在清化，賜法號通禪海照大師。

作品：《仰山靈稱寺碑銘》、《崇嚴延聖寺碑銘》等。

參考：文新（主編）（2000），《越南文學總集》第 1 冊，河內：社會科學出版社。

704. 法螺尊者（PHÁP LOA TÔN GIẢ）

同堅剛（1284–1330），又名善來，道號法螺尊者，又號普慧。諒江路南策州至靈縣九羅社（今海陽省）人。隆興十二年（1304），陳仁宗（當時已是安子竹林禪派領袖）遊玩南策，偶遇同堅剛，見其聰穎，收為弟子，賜名「善來」以記此善遇。後法螺成為竹林禪派第二祖。同堅剛精通佛教道理，又善於舉辦佛教相關活動。他常被邀請至許多地方講經，並為諸多經部寫註釋。

作品：《斷索錄》、《參禪旨要》、《禪道要學》（均已失傳）；另有詩作收錄於《摘艷詩集》、《皇越叢詠》、《入俗戀青山》、《示寂》、《贊慧忠上士》等書中。

參考：陳黎創（主編）（2000），《越南文學總集》第 2 冊，河內：社會科學出版社；釋清決、鄭克孟（2018），《佛教竹林安子叢書》，河內：社會科學出版社。

705. 法言（PHÁP NGÔN）

見第 1096 條「文齋」。

706. 法性（PHÁP TÍNH）

鄭氏玉竺（1595–1660），號主婆金岡，法號法性。據《鄭氏家譜》和寧福寺（即筆塔寺）碑銘，鄭氏玉竺為鄭椿之女，黎神宗皇后。於寧福寺皈依佛門，拙拙禪師賜法號法性。

作品：或為《指南玉音解義》（AB.372, VNv.201, AB.163）。

707. 飛卿（PHI KHANH）

見第 666 條「榮溪」。

708. 豐章（PHONG CHƯƠNG）

見第 894 條「次齋」。

709. 豐溪（PHONG KHÊ）

張國用（1797–1864），字以行，又字柔中，號豐溪。石河縣豐富社（今河靜省石河社石溪社）人。阮聖祖明命六年（1825）乙酉科舉人，十年（1829）己丑科第三甲同進士出身。曾任新平知府、翰林院編修、刑部郎中、廣義、興安兩省按察使、禮部左侍郎、署理工部左參知、刑部尚書兼國史總裁、海安軍次統督、協辦大學士等職。後充協統，調往廣安剿匪，陣亡。逝世後追封東閣大學士，列祀於順化忠義祠。

作品：《公暇記聞／退食記聞》（VHv.1274/1-4, VHv.1805/1-2, A.1499, A.104/1, A.104/2, VHv.1806, A.45, VHv.1265, VHt.04, VHv.1274/a, VHv.36/1, VHv.36/2）、《錄選今古四六今策》（A.2417）、《無題碑》（N⁰5664, 12006）；參與審閱《欽定詠史賦》；參與編輯《詔表論式》；另有詩作收錄於《歌籌各調》、《詔表集》、《諸題墨》、《欽定對策準繩》、《今文合選》、《壬午恩科會試》、《寧平事蹟》、《國朝會科進士試策》、《清化紀勝》、《翠山詩集》等書中。

參考：張國用（1946），《退食記聞》，胡志明：新越出版社；《張國用：名將和文化家》（2010），河內：文化通訊出版社。

710. 普照禪師（PHỔ CHIẾU THIỀN SƯ）

范彩（1777–1813），法號普照禪師，又名范鳳生，俗名昭理。京北處東岸縣安常社（今河內市嘉林縣安常社）人。其父為黎朝官員，西山當國時，范彩起兵反抗。後歸隱標山寺（今北寧省），後因抑鬱而酗酒流浪。

作品：《梳鏡新妝》（A.1390）。

參考：鄧德超（主編）（2000），《越南文學總集》第 13 冊，河內：社會科學出版社；鄧德超（主編）（2000），《越南文學總集》第 14 冊，河內：社會科學出版社。

711. 普山（PHỔ SƠN）

杜覬（1434–?），原名杜遠，字有恪，號普山。普安縣統上社（今太原省普安縣）人。黎聖宗洪德九年（1478）戊戌科第三甲同進士出身。黎聖宗賜名杜覬。官至尚書，曾出使中國。

作品：《金陵記》（已失傳）；另有詩作收錄於《全越詩錄》（A.3200/1-4, A.1262, A.132/1-4, VHv.117/1-2, VHv.777/1-2, VHv.1450/1-2, VHv.116, A.1334, A.393, A.2743）。

參考：裴文原（主編）（2000），《越南文學總集》第 4 冊，河內：社會科學出版社。

712. 普慧（PHỔ TUỆ）

見第 704 條「法螺尊者」。

713. 膚亭老人（PHU ĐÌNH LÃO NHÂN）

陳賓（1737–1807），字舜花氏，號膚亭老人。慈廉縣雲耕社（今河內市懷德縣春芳社）人。黎顯宗景興二十六年（1765）乙酉科鄉貢。歷任侍內文職、茂林佐郎、典翰司經局等職。後因眼疾而辭官回鄉教書。

作品：《進士陳氏講履歷》（A.694）；參與編撰《陳家世譜》、《雲耕陳家世族譜》等書。

714. 撫臺（PHỦ ĐÀI）

鄧金算（1814–1881），字節甫，號撫臺。山南下鎮膠水縣行善社（今南定省膠水縣行善社）人。阮憲祖紹治七年（1847）丁未科舉人，阮翼宗嗣德元年（1848）戊申科副榜。歷任靜嘉知府、北寧按察使，授銜侍講學士、寧平按察使、諒平巡撫護理、寧平巡撫、高平布政使，後升高平總督。

作品：《玉歷至寶演歌》（AB.468）。

715. 甫興（PHỦ NƯNG）

見第 784 條「左泐」。

716. 福（PHÚC）

范有鍾（?–?），字福。籍貫與生平事跡未詳。

作品：《九章立成算法》（AB.173, AB.563）、《立成算法》（VHv.497）。

717. 福江（PHÚC GIANG）

阮希韓（?–?），號福江。籍貫未詳，曾任知府一職。

作品：《福江詩文集》（A.2200, A.2935）。

718. 福齋（PHÚC TRAI）

阮廷儐（1738–1786），又名阮香，字樂善，號福齋，又號復庵。山南鎮東安縣平民社（今興安省快州縣新民社）人。黎顯宗景興三十年（1769）己丑科第三甲同進士出身，曾任翰林院侍讀，爵午溪子。曾出使中國。

作品：《使軺吟錄》（A.2542）、《天南歷科會選》（A.2735）；參與編撰《國音賦》（AB.184）。

719. 福齋（PHÚC TRAI）

馮碩（?–?），字宏甫，或云玄甫，號福齋。羅江縣（今河靜省德壽縣）人。活動於 16 世紀，生平事跡未詳，曾任主簿一職。

作品：詩作收錄於《全越詩錄》（A.3200/1-4, A.1262, A.132/1-4, VHv.

117/1-2, VHv.777/1-2, VHv.1450/1-2, VHv.116, A.1334, A.393, A.2743）。

720. 福直（PHÚC TRỰC）

范文算（?–?），字安山，又字書齋，號福直。環龍縣安郎社（今河內市）人。生平事跡未詳，或云曾任協辦大學士、南定總督等職。

作品：《范書齋詩集》（A.2828, A.2900/1-4）、《奉和呂祖國音詩》（AB.590）、《柴山大禪上乘真經闡祕集》（A.1249）；另有詩文收錄於《安山范相公世譜並遺稿》、《大化神經》、《增廣明善國音真經》等。

721. 復庵（PHỤC AM）

阮養浩（?–?），字希孟，號復庵。廣南省維川縣人。生平事跡未詳。

作品：詩文收錄於《南河紀文》（A.178）。

722. 復庵（PHỤC AM）

見第 718 條「福齋」。

723. 复波（PHỤC BA）

鄧春瑗（1880–1958），字复波。南定省春長縣行善社人。鄧春榜之子。儒家出身，後又改從西學。

作品：《河防管見》，根據《保漢珠聯》（VHv.2450/1,8,10,10b）中的記載，還有《新書》一書。

724. 復亭（PHỤC ĐÌNH）

黃濟美（1795–?），又名黃范青，字世叔，號復亭。京北鎮嘉平縣東平社（今北寧省嘉平縣）人。後移居慈廉縣東鄂社（今河內市北慈廉郡東鄂坊）。黃阮署之子。明命六年（1825）乙酉科舉人，明命七年（1826）丙戌科第二甲進士出身。曾任海陽省按察使和布政使、高平按察使、刑部右侍郎、刑部參知等職，任正使出使中國。逝世後追封禮部尚書。

作品：詩文收錄於《高平城陷事記》、《詔表並御製詩》、《名臣章疏》、《名臣奏冊》、《登龍策選》、《東平黃家詩文》、《南遊雜詠》、《仙丹隨筆諸家詩集合訂》等書中。

參考：潘輝注，《歷朝憲章類志》（A.1551/1-8, A.50/1-4, A.1358/1-10, VHv.1502/1-16, A.2124/1-8, A.2061/1-3, VHv.181/1-12, VHv.1262/1-9, VHv.1541/1-3, VHv.982/1-4, VHv.983, A.1883, A.2445, VHv.2666-2671, VHv.2666-2667, VHv.1668-1671）。

725. 復齋（PHỤC TRAI）

見第 440 條「金江」。

726. 方庵（PHƯƠNG AM）

阮輝僅（1729–1790），號方庵。京北處嘉林縣富市社（今河內市嘉林縣富市社）人。景興二十一年（1760）庚辰科第三甲同進士出身。不願出仕，在家教書。

作品：《方庵先生詩文集》；另有詩作收錄於《名賦合選》、《黎朝賦選》、《賦選》、《方庵阮先生傳》等書中。

727. 方亭（PHƯƠNG ĐÌNH）

見第 525 條「梅花堂」。

728. 方亭（PHƯƠNG ĐÌNH）

阮文超（1799–1872），字遜班，號方亭，又號壽昌居士。原籍青池縣金縷社（今河內市黃梅郡大金坊），後移居壽昌縣勇壽坊（今河內市）。明命六年（1825）乙酉科舉人，明命十九年（1838）戊戌科副榜。歷任翰林院檢討、吏部員外郎、內閣承旨、侍講學士、集賢院學士、河靜、興安兩省按察使、翰林院侍讀等職。因病辭官，回鄉開私塾，學生眾多，其中不少賢達之人。後來接受朝廷的邀請，出任翰林院侍讀。

作品：《璧垣藻鑑》（A.2589）、《朱允緻行狀》（VHv.1298）、《大越地輿全編／方亭地誌類》（VHv.1709/1-3）、《方亭詩集》收錄於《外傳奇錄》（VHv.12）、《方亭平日治命囑詞》（VHv.2417）、《方亭詩類》（A.188/1-2, VHv.838/1- 4, VHv.236/1-

4, VHv.837/1-3, VHv.1048, VHv.1833, VHv.23, VHv.24, VHv.25, A.187, VHv.1422, VHv.242）、《方亭先生場文選》、《方亭場策略》（VHv.09）、《方亭隨筆錄》（VHv.22/1-5, VHv.843/1-5, VHv.844/1-5, VHv.845/1-5, A.189/1-2, A.2671/1-2, VHv.846/2-5, VHv.847/4-5, VHv.1598/3, VHv.848）、《方亭文類》（VHv.839/1-4, VHv.840/1-5, VHv.841/1-5, VHv.842/1-5, VHv.235/1-4, VHv.15/1-4, VHv.1497/1-4, A.190/1-2, A.2672/1-2, VHv.1834, VHv.1599, VHv.1407）、《籌擬河防事宜疏》（A.1260）、《四六撰集》（A.1636）、《文貞公祠碑記》（N⁰1128/1129）；參與編撰《欽定輯韻摘要》，參與考校《皇訓九篇》，為《朱謝軒先生原集》寫書評；另有詩文收錄於《百家酬世珠璣籑》、《北圻河堤事跡》、《裴家北使賀文詩集》、《高周臣詩集》、《諸題墨》、《諸家詩文選》、《名人詩集》、《大南英雅前編》、《大南文集》、《皇阮名家賀啟》、《啟序帳祭文抄集》、《立齋先生遺詩續集》、《御製詩》、《柴山尚書七十壽賀集》、《雜文抄一集》、《知縣玄溪阮先生詩集附方亭文類》、《帳對及應制文》、《帳對雜錄》、《皇朝文集》、《新江文集》等。

參考：阮文超（1997），《方亭隨筆錄》，河內：河內出版社；鄧德超（主編）（2000），《越南文學總集》第14冊，河內：社會科學出版社；阮文超（2001），《方亭文類》，河內：文學出版社；阮文超（2010），《方亭阮文超詩文選》，河內：河內出版社。

729. 方亭 (PHƯƠNG ĐÌNH)

鄭輝垣（?–?），號方亭。籍貫未詳。

作品：詩作收錄於《華程學步集》（A.374）。

730. 方庭主人 (PHƯƠNG ĐÌNH CHỦ NHÂN)

見第504條「魯寶」。

731. 芳江 (PHƯƠNG GIANG)

杜惟堤（1817–?），號芳江。山南下鎮建昌府舒池縣舉林總香合社

（今太平省武書縣協和社）人。嗣德元年（1848）戊申科舉人，嗣德二年（1849）己酉科第二甲進士出身。任翰林院侍講學士。

作品：《南史策略》（A.967, A.1328, A.1305），另有詩作收錄於《古今論體》。

732. 芳澤（PHƯƠNG TRẠCH）

何宗權（1798–1839），因避諱而改名為何權，字巽甫，號芳澤，又號海翁，或云有洋夢、夢洋、柳堂等號。原籍乂安，後移居山南鎮應和府青威縣葛洞社（今河內市青威縣金安社）。明命二年（1821）辛巳科舉人，明命三年（1822）壬午科第三甲同進士出身。歷任新平知府、廣治參辨、工部署僉事、太常寺少卿、禮部右侍郎、翰林院檢討、戶部右侍郎、工部右侍郎、吏部參知、吏部參知、機密院大臣等職。逝世後追封禮部尚書。曾與潘清簡一同出訪南洋（即印度尼西亞）。

作品：《巽甫學詠》及《芳澤何巽甫洋程集》收錄於《諸家詩文選》（A.357），《洋夢集》（VHv.1423, A.307）、《柳堂文集》（VHv.1143）、《松竹蓮梅四友》（A.2524）、《會題翹詩》（AB.197）、《改建靈山古寺碑記》（N⁰267）等；參與編撰《柳堂表草》、《上諭訓條》等書，為《平望黎朝進士詩文集》、《志軒詩草》、《黎家詩集》等書的審閱者；另有詩作收錄於《百官謝表》、《葛洞何進士詩集》、《葛洞何巽齋先生集》、《名編輯錄》、《名公詩草》、《名臣遺稿》、《陽亭詩帳集》、《大南碑記詩帳寶集》、《大南喜賀文集》、《皇阮登龍策文選》、《華軺吟錄》、《欽定勘平兩圻逆匪方略正編》、《歷朝祭文》、《閒行詩話集》、《明鏡軒文抄》、《明命年間表文》、《南行集》、《御製聖德神功碑記》、《御製勘平北圻逆匪詩集》、《御製勘平南北賊寇詩集》、《御製勘平南圻逆匪詩集》、《國朝名表》、《國朝翰苑》、《國朝會科進士試策》、《辛巳恩科各場文抄》、《西浮詩草附諸家詩錄》、《詩文雜錄》、《詩文雜集》、《盛世雄文集》、《仙丹隨筆諸家詩集合訂》、《仙江三友志》、《巽甫詩集》、《巽齋學詠》、《帳文詩對聯集》、《聞見雜編》等書中。

參考：鄧德超（主編）（2000），《越南文學總集》第 14 冊，河內：社會科學出版社。

733. 鳳崗（PHƯỢNG CƯƠNG）

阮仲永（?–?），號鳳崗，又號貞伯。英山府純忠總長美社（今乂安省英山縣）人。舉人及第，任函順府教授。生平事跡未詳。

作品：潤色《長美社碑記／士會全碑記》（N⁰2671/2672）。

734. 鳳亭（PHƯỢNG ĐÌNH）

阮梅軒（?–?），號鳳亭。籍貫與生平事跡未詳。

作品：《阮氏家訓》（A.2942）。

735. 鳳林（PHƯỢNG LÂM）

見第 355 條「勖齋」。

736. 鳳池（PHƯỢNG TRÌ）

武范啟（1807–1872），字東晹，號鳳池。清華外鎮安謨縣天池社（今寧平省安謨縣安漠社）人。明命十二年（1831）辛卯科舉人。歷任清漳知縣、禮科給事中、刑部郎中、翰林院值學士、史館纂修、太原布政使、侍讀學士。

作品：《東晹文》（A.1082）、《東晹文集》（A.1993）、《歷代政刑通考》（A.1670）、《愚山詩文全集》（VHv.265/1-11,13,14）、《愚山文選》（VHv.1792）、《愚山全集》（A.2101, VHv.2483/1-2）、《鳳池文集》（VHv.257/1-3, VHv.866/1-3, A.2458, VHv.479, VHv.1822）、《進覽文草》（A.406, A.2652）、《武東晹文集》（A.1884, A.2155）；參與編輯《皇訓九篇》、《御製歷代史總論》、《祖餞合集》、《綺語叢錄》；校考《御製古今體格詩法集》一書；另有詩作收錄於《裴家北使賀文詩集》、《高周臣詩集》、《高周臣遺稿》、《諸題墨》、《舊文抄錄》、《養齋集》、《名家詩選》、《對聯詩文雜誌》、《賀帳文集》、《翰閣雜錄》、《翰苑流芳》、《皇阮名家賀啟》、《皇朝文集》、《慶節文草》、《欽定越史綱目輯要》、《金江

阮相公登進士賀集》、《明命年間表文》、《乂靜義勇遺文》、《御製裁成輔相詩集》、《寧平全省地志考編》、《臣民表錄附裴家北使賀文詩集》、《詩對文雜錄》、《詩帳雜編》、《詩文雜編》、《翠山詩集》、《帳對及應制文》、《帳對雜錄》、《帳聯文集》、《圍江效顰集》、《春香詩抄附雜抄》、《燕行總載》等。

參考：《武范啟》（1994），河內：社會科學出版社；黎志遠（主編）（2000），《越南文學總集》第15冊，河內：社會科學出版社。

Q

737. 觀成（QUAN THÀNH）

見第 1117 條「望山」。

738. 鸛山居士（QUÁN SƠN CƯ SĨ）

見第 806 條「石庵」。

739. 光浹（QUANG THIẾP）

見第 453 條「羅山夫子」。

740. 光遠（QUANG VIỄN）

見第 935 條「崢齋」。

741. 廣居（QUẢNG CƯ）

阮黃中（?–?），號廣居，又號仁亭。籍貫未詳。

作品：《效顰集》（A.2880）、《阮黃中詩雜集》（A.2274）。

742. 廣溪叟（QUẢNG KHÊ TẨU）

見第 216 條「端齋」。

743. 廣菽（QUẢNG THÚC）

見第 889 條「舒齋」。

744. 君博（QUÂN BÁC）

阮洪依（1833–?），號君博，或云字君博。紹治帝之第 4 子。

作品：《循垓別墅詩合集》（A.2985/1-4, A.377）。

745. 均亭（QUÂN ĐÌNH）

阮綿青（1830–1877），字東仲，號均亭。明命帝第 51 子。精通經史又善於醫，曾為嗣德帝治病。

作品：《均亭詩草》收錄於《陶莊詩草》（VHb.15）；另有詩作收錄於《大南列傳》（VHv.1569/1-10, A.35/1-10, A.2771/1-10）等。

746. 君接（QUÂN TIẾP）

見第 262 條「江樵」。

747. 君疇（QUÂN TRÙ）

見第 1040 條「松溪」。

748. 郡公（QUẬN CÔNG）

見第 1080 條「約亭」。

749. 橘亭（QUẤT ĐÌNH）

阮鷹恩（?–?），號橘亭。承天順化人，阮朝宗室。19 世紀末 20 世紀初人，生平事跡未詳。寶答之父。

作品：《夢賢傳》（AB.189）。

750. 橘亭（QUẤT ĐÌNH）

楊琳（1851–1920），字秋元，又字夢石，號橘亭，又號橘叟。河東省應和府山明縣方亭總方亭社雲亭村（今河內市應和縣雲亭社）人。楊奎之弟。嗣德三十一年（1878）戊寅科舉人。歷任懿安縣訓導、懷安知縣、北圻經略衙幫佐、興安按察使、山西布政使、授光祿寺卿之銜、《同文日報》主筆、太平巡撫、北圻經略衙參知、工部尚書兼國史館總裁、平定、福安兩省總督、太子少保等職。致仕後贈協佐大學士。逝世後追爵慶雲男。

作品：《北圻州郡更換分合賦》（VHb.283）、《楊氏文集》（VHv.1893）、《南史賦》（VHv.1595）、《醉後閒吟集》（A.1776）、《雲楊文集》（A.2143）、《雲亭表文啟帳全集》（VHv.1893）、《雲亭解元楊琳文集附雜文》（A.2337）、《雲亭楊大人場

文集》（VHv.963）；參與編撰《幼學漢字新書》、《奏議前集》、《中學五經撮要》等書；另有詩文收錄於《強興文戰》、《名家聯敘》、《河東名家對聯詩文集》、《賀高副榜對聯帳文》、《賀言登錄》、《懷安縣公文集》、《金江阮相公挽集》、《福江詩文集》、《新江詞集》、《新式文抄》、《精義抄集》、《宋溪阮永賴公年表》、《宋溪阮永賴公奏議集》、《文集》、《文選雜編詩啟》等書中。

751. 橘林（QUẤT LÂM）

見第 183 條「澹如」。

752. 橘林散卿（QUẤT LÂM TẢN KHANH）

陳效可（?–?），或記為陳放可，號橘林散卿。籍貫未詳。陳明宗年間（1314–1329）當官。

作品：〈即事〉收錄於《全越詩錄》（A.3200/1-4, A.1262, A.132/1-4, VHv.117/1-2, VHv.777/1-2, VHv.1450/1-2, VHv.116, A.1334, A.393, A.2743）。

參考：陳黎創（主編）（2000），《越南文學總集》第 2 冊，河內：社會科學出版社。

753. 橘叟（QUẤT TẨU）

見第 750 條「橘亭」。

754. 桂庵（QUẾ AM）

武惟斷（1621–1688），號桂庵。海陽鎮唐安縣慕澤社（今海陽省平江縣新紅社）人。武拔粹之子，武惟匡之父。景治二年（1664）甲辰科第三甲同進士出身。歷任戶部右侍郎、工部尚書等職。秉性剛烈，直言敢諫，因鄭主所不容而被貶。

作品：《歷代登科錄》（VHv.652）、《平山祠／永信碑》（N[0]13567/13568）。

755. 桂玶子（QUẾ BÌNH TỬ）

見第 439 條「金江」。

756. 桂堂（QUẾ ĐƯỜNG）

黎貴惇（1726–1784），又名黎名芳，字允厚，號桂堂。山南下鎮俹興府延河社（今太平省興河縣獨立社）人。景興十三年（1752）壬申科第一甲進士及第第二名。歷任國史纂修、翰林院侍講、翰林院承旨，入侍陪訟、吏部左侍郎、陪訟，兼管機右雄、權府事等職，爵穎達伯。後因其子科舉舞弊被貶為禮部侍郎，調至順廣任參知兼鎮守。後召回京，任戶部左侍郎、都御史、乂安協鎮、國史館總裁等職，封義派侯。任副使出使中國。逝世後追封工部尚書，追爵穎郡公。

作品：《桂堂詩集》（A.576）、《桂堂詩彙選全集》（VHv.2341）、《見聞小錄》（A.32, VHv.1322, VHv.1156）、《撫邊雜錄》（VHv.1371/1-2, A.184/1-2, A.1175/1-5, A.1263/1-3, VHv.1181/1-2）、《群書考辨》（VHv.90/1-2, A.252, A.1872）、《北使通錄》（A.179）、《大越通史》（A.1389, A.2759/1-2, A.18, VHv.1555, VHv.1685, VHv.1330/1-2）、《太乙易簡錄》（A.919, VHv.284, VHv.365）、《書經演義》（A.1251）、《芸臺類語》（A.141, A.1338, VHv.1483, VHv.1807/1-2, VHv.1809/1-3, VHv.1168/1-4, VHv.1808/1-2, VHv.2436/1）、《黎朝功臣列傳》（VHv.1295）、《黎貴惇家禮》（VHv.271）（可能為黎貴惇所著）、《無題碑》（N⁰20986）、《甲戌科進士題名記》（N⁰1351）、《景興三十年己丑科進士題名記》（N⁰1378）、《景興貳十四年癸未科進士題名記》（N⁰1382）等；編輯《陰騭文註》、《易膚叢說》、《全越詩錄》（A.3200/1-4, A.1262, A.132/1-4, VHv.116, VHv.117/1-2, VHv.777/1-2, VHv.1450/1-2, A.1334, A.393, A.2743）等書；校訂《四書約解》（AB.270/1-5）；另有詩作收錄於《故黎樂章詩文雜錄》、《地輿志詩集》、《對聯抄集》、《皇越詩集》、《黎朝會試文集》、《黎致仕詩集》、《仁愛神祠錄》、《佛經摘字》、《國音詩》、《國文叢記》、

《雙青賦選》、《賞心雅頌》、《世次見聞叢記》、《越詩續編》等書中。

參考：黎貴惇（1962），《芸臺類語》，河內：文化出版社；黎貴惇（1973），《芸臺類語》，西貢：自力出版社；黎貴惇（1977），《見聞小錄》，在《黎貴惇全集》，河內：社會科學出版社；黎貴惇（1977），《撫邊雜錄》，在《黎貴惇全集》，河內：社會科學出版社；黎貴惇（1977），《大越通史》，在《黎貴惇全集》，河內：社會科學出版社；黎貴惇（1987），《芸臺類語》，河內：文化出版社；黎貴惇（1993），《書經演義》，胡志明：胡志明市出版社；《黎貴惇春秋之法》（1994），河內：社會科學出版社；黎貴惇（1995），《芸臺類語》，河內：文學出版社；黎貴惇（1995），《群書考辨》，河內：社會科學出版社；鄧德超（主編）（2000），《越南文學總集》第14冊，河內：社會科學出版社；黎貴惇（2018），《北使通錄》，河內：河內師範大學出版社。

757. 桂軒（QUẾ HIÊN）

阮偍（1761–1805），號桂軒。乂安鎮宜春縣仙田社（今河靜省宜春縣）人。阮儼之子，阮攸之兄。景興四十四年（1783）癸卯科舉人。歷任侍內兼副知、侍內書寫吏番等職，後在樞密院工作，封德派侯。西山朝時期，任協贊軍機、翰林院侍書、東閣大學士、太史，署左侍郎，封宜成侯、協贊戎務等職。兩次出使中國。

作品：《華程消遣集》（A.1361, VHv.149）。

參考：阮偍（1995），《阮偍漢文詩選集》，河內：社會科學出版社；阮祿（主編）（2000），《越南文學總集》第8冊，河內：社會科學出版社。

758. 桂林洞主（QUẾ LÂM ĐỘNG CHỦ）

黎元龍（1423–1442），即黎太宗，號桂林洞主。黎太祖之子。在位時間為1434–1442年。

作品：詩作收錄於《詩抄》、《全越詩錄》（A.3200/1-4, A.1262, A.

132/1-4、VHv.116、VHv.117/1-2、VHv.777/1-2、VHv.1450/1-2、A.1334、A.393、A.2743）、《越詩串珠》等書中。

759. 國寧（QUỐC NINH）

見第 575 條「夢石」。

760. 季卿（QUÝ KHANH）

見第 356 條「慧圃」。

761. 季仲（QUÝ TRỌNG）

見第 931 條「靜圃」。

762. 季湘（QUÝ TƯƠNG）

潘叔蓀（?–?），號季湘。籍貫未詳。

作品：考校《梁溪詩草》、《梁溪文草》等書。

763. 瓊香（QUỲNH HƯƠNG）

阮賀惠（?–?），字瓊香。安樂縣梅溪社（今永福省安樂縣）人。生平事跡未詳，活動於 16 世紀間。或云為符叔橫之妻。

作品：詩作收錄於《摘艷詩集》（VHv.2573）。

764. 炯川（QUÝNH XUYÊN）

見第 515 條「亮齋」。

S

765. 柴峰（SÀI PHONG）

潘輝詠（1800–1870），字含甫，號柴峰。安山縣瑞圭社（今河內市國威縣）人。原籍乂安鎮天祿縣收穫社（今河靜省祿河縣石州社）。潘輝益之孫，潘輝值之子，潘輝注之侄。明命九年（1828）戊子科舉人，任兵部主事。紹治帝年間（1841–1847），曾任廣平按察使。嗣德帝年間（1847–1883），歷任刑部、禮部尚書，兼國史館總裁。1841 年和 1854 年兩次出使中國。

作品：《如清使部潘輝詠詩》（A.2529）、《柴峰駰程隨筆》（A.2689）等；另有詩文收錄於《朱文安行狀》、《諒程記實》、《御製詩集》、《鳳山詞誌略》、《柴峰尚書公致事慶集》等書中。

766. 巢南（SÀO NAM）

潘佩珠（1867–1940），又名潘文山，字海秋，號巢南，又號氏漢、獨醒子、汗漫子。乂安省南壇縣丹染社（今乂安省南壇縣南華社）人。成泰十二年（1900）庚子科乂安場解元。不願出仕，投身於抗法革命運動之中。曾赴日本求援，組織越南愛國青年赴日留學，成立越南光復會。後遭法國特務秘密拘捕，被控叛逆罪，並在順化終身軟禁直至逝世。

作品：《后陳逸史》（VHv.1524, VHv.2716）、《范鴻泰傳》（VHv.2558）、《潘佩珠號召東遊》（VHb.251, VHb.250）、《潘佩珠年表》（VHv.2138, VHv.2135）、《潘佩珠小史》（VNb.73）、《法越提攜正見書》（VNv.73）、《越南義烈史》（A.3064, VHv.2371）等；另有詩文收錄於《名人詩集》、《大家寶文雜編》、《鶴人叢言》、《合群營生》、《南天孝行實錄》、《廣覽文集》、《國音歌詩》、《新聞錄》、《新文集》、《詩歌雜

編》、《詩文雜記內附漢字對聯祭文帳文》、《詩文雜錄》、《上龍崗高大人書附對聯吊文詩文》、《中國各報章摘錄》、《輓聯雜草》、《文明新學策》、《雲池楊大人先生對聯並詩文》等書中。

參考：潘佩珠（1958），《潘佩珠詩文》，河內：文化出版社；潘佩珠（1971），《重光心史》，河內：河內出版社；潘佩珠（1971），《潘佩珠年表》，西貢：歷史地理研究組；潘佩珠（1973），《潘佩珠年表》，西貢：歷史地理研究組；潘佩珠（1996），《後陳逸史》，河內：文化通訊出版社；章收（1997），《潘佩珠：生平與人格》，河內：河內國家大學出版社；春燕（主編）（2000），《越南文學總集》第12集，河內：社會科學出版社；潘佩珠（2001），《潘佩珠全集》，順化：順化出版社、東西語言文化中心。

767. 涔江（SẦM GIANG）

阮文樂（1842–1915），又名學樂，號涔江。美秋省美正社（今前江省）人。有才而不舉，以教書和行醫為立身之道。

作品：留有一些國音詩。

參考：裴維新（主編）（2000），《越南文學總集》第5冊，河內：社會科學出版社。

768. 岑樓（SẦM LÂU）

陳國遂（1254–1277），號岑樓。天長路即墨社（今南定省南定市）人。陳太宗（1225–1258）之外甥，亦是其女婿。

作品：《岑樓集》（已失傳），〈勝封侯〉、〈惟詩可勝金〉、〈輓文憲侯〉等詩作收錄於史書當中。

769. 莘軒（SẦN HIÊN）

阮名儒（1638–1699），號莘軒。海陽省錦江縣義福社（今海陽省錦江縣錦武社）人。景治八年（1670）庚戌科第三甲同進士出身。曾任陪訟右侍郎，封男爵。曾出使中國。逝世後追封工部左侍郎、子爵。

作品：《義批造亭碑記／第一東閣甲碑》（N⁰360/361）、《阮家祠址碑記／祭物議節事例／祠址祭田處所／祠址立券文事》（N⁰2621/2622/2623/2624）、《奉事碑記》（N⁰9257/9258/9259/9260）、《前亭碑記／功德永垂》（N⁰6318/6319）、《神光寺造／鑄洪鍾壹／果跡正皂／隸勇銳社》（N⁰13557/13558/13559/13560）等；另有詩作收錄於《全越詩錄》（A.3200/1-4, A.1262, A.132/1-4, VHv.117/1-2, VHv.777/1-2, VHv.1450/1-2, VHv.116, A.1334, A.393, A.2743）。

參考：裴維新（主編）（2000），《越南文學總集》第6冊，河內：社會科學出版社。

770. 士伯 (SĨ BÁ)

見第588條「南山養叟」。

771. 士奉 (SĨ PHỤNG)

寶答（?–?），字士奉，順化人。生平和事跡未詳，活動於20世紀初間。阮朝宗室，阮鷹恩之子。

作品：校訂《夢賢傳》（AB.189）。

772. 雙安居士 (SONG AN CƯ SĨ)

見第105條「拙山居士」。

773. 雙碧 (SONG BÍCH)

黃有稱（1831–1905），字平如，號雙碧。兆豐府登昌縣碧溪社（今廣治省海陵縣）人。嗣德五年（1852）壬子科舉人。曾任綏遠訓導，持知縣之權、兵部辦理、吏部侍郎兼管督察院、國史館纂修、禮部尚書等職。

作品：參與編撰《大南疆界彙編》、《大南正編列傳初集》、《大南國疆界彙編》等書；參與編輯《大南國史館藏書目》、《嗣德聖製解義歌》；校閱《論語釋義歌》（AB.186/1-2, VHv.709/3-6）；另有詩文收錄於《菊溪張相公守拙》、《恭紀綸音》等書中。

774. 雙亭（SONG ĐÌNH）

見第 406 條「稽岩」。

775. 雙瓊（SONG QUỲNH）

范廷粹（?–?），字少游，號雙瓊。乂安鎮瓊瑠縣瓊堆社（今乂安省瓊瑠縣瓊堆社）人。范廷仲之子。紹治三年（1843）癸卯科舉人。歷任平定按察使、布政使、商場協理、山西按察使、翰林典籍，屬正五品官銜、鴻臚寺卿。

作品：《大南國史演歌》（AB.1, VNv.3, VNv.117, VNv.118, VNv.165, AB.328, VNv.1, VNv.4, VNv.5, VNv. 207）、《中庸演歌》（AB.540）、《國音辭調》（AB.595）；編輯《瓊瑠節婦傳》。將以下作品翻成喃字：《文武二帝救劫眞經譯歌》、《歸去來辭演歌》。另有詩文收錄於《驩州碑記》、《訓俗國音歌》等書中。

參考：鄧德超（主編）（2000），《越南文學總集》第 14 冊，河內：社會科學出版社；《越南國史演歌》（2009），河內：文學出版社。

776. 疏通（SƠ THÔNG）

見第 597 條「鄂池」。

777. 山老（SƠN LÃO）

梁文玕（1854–1927），字孝廉、溫如，號山老。上福縣蕊溪社（今河內市常信縣蕊溪社）人。嗣德二十七年（1874）甲戌科舉人，後在河內教書，協力建立東京義塾，發起維新運動。1914 年被法國殖民拘捕並流放金邊。1921 年獲釋，返回河內，建溫如學校，專心教書和著述。1927 年逝世於河內。

作品：《家譜戶梁》（VNv.249）、《梁家族譜》（VNv.250）等。

參考：章收（主編）（2000），《越南文學總集》第 19 集，河內：社會科學出版社。

778. 師汾（SƯ PHẦN）

阮伯儀（1807–1870），字師汾。廣義省慕華文太溥社（今廣義省慕德縣）人。明命十二年（1831）辛卯科舉人，明命十三年（1832）壬辰科副榜。歷任永隆省署按察使、吏部署侍郎、侍讀學士、安江布政使、吏部參知、機密院大臣、戶部尚書等職，後任山興宣等三省總督，署協辦大學士。

作品：《師汾詩文》（VHv.99）。考校《御製古今體格詩法集》（A.1877, A 3052, A.1960, VHv.123, VHv.1165）；編輯《御製歷代史總論》（A.1403, A.175）；編輯並註釋《皇訓九篇》；審閱《東鄂進士阮友造先生詩集》。另有詩文收錄於《表奏集》、《改定試法奏集》、《詔表並御製詩》、《名臣奏策》、《海杏黎公文集》、《御製裁成輔相詩集》、《御製詩》、《寧平事蹟》、《燕行總載》等書中。

779. 史平子（SỬ BÌNH TỬ）

見第 565 條「茗園」。

780. 事事齋（SỰ SỰ TRAI）

見第 789 條「三青」。

781. 士麟（SỸ LÂN）

莫天錫（1706–1780），原名宗，後改為錫，字士麟。原籍中國廣東，滿清入關後與家人流亡越南。莫天錫與其父莫玖開發河仙鎮，及今越南西南部一帶。阮主封為河仙鎮守都督。匯聚文人騷客，開創了聞名一時的河仙招英閣文派。

作品：《安南河仙十詠》（A.441），另有詩文收錄於《寶篆陳進士詩草》、《南行記得集》等書中。

參考：裴維新（主編）（2000），《越南文學總集》第 6 冊，河內：社會科學出版社。

782. 士南（SỸ NAM）

見第 578 條「郿川」。

783. 士載（SỸ NAM）

張永記（1837–1898），字士載。永隆省新明縣永成社（今檳椥省）人。武官張正施之子。自幼聰慧好學，通曉多門外語，受法國學者重視。曾在機密院任職，翰林院侍講學士。作品眾多，僅舉漢喃作品列於下。

作品：《己巳年正月覆諮公文日記》（A.1083）、《吏治新編》（VHv.1388），考證《悲柔郡公芳蹟錄》（A.1778）。另有詩文收錄於《越南輿地志》。

參考：黎思令、阮卓（主編）（2000），《越南文學總集》第 20 冊，河內：社會科學出版社。

T

784. 左泑（TẢ ẢO）

阮德玄（?–?），又名黃瞻或黃止，號左泑，又號甫興。乂安處德光府宜春縣左泑社（今河靜省春江社）人。生平事跡未詳，為 15 世紀末 16 世紀初間人。為當時堪輿風水大師，留有不少關於地理堪輿的書籍。

作品：《地學摘英》（A.454/1-3）、《天南地勢正法》（VHv.1900）、《乂安道宜春縣左泑社先生地理》（VHb.84/1-2）、《地理》（AB.556）、《地理貴機真傳》（AB.300）、《左泑地理》（VHb.7）、《黃氏窗前玄機密教》（A.2809）、《黎朝黃瞻地理論》（A.457）、《尋龍家傳國語》（AB.440）、《左泑真傳遺書》（VHv.728）、《左泑真傳地理》（A.1207, VHv.1660）、《乂安道宜春縣左泑社先生地理地理訣法》（A.1861）、《天南地鑑寶書地理正宗左泑訂輯》（A.461）、《左泑先生秘傳家寶珍藏》（A.2221）、《左泑社先師書傳秘密各局》（VHb.91）。參與編撰《郭氏地理節要》、《廣集地書》等。

參考：《左泑地理師地道演歌》（1969），西貢：西貢出版社；高中（1974），《野談左泑》，西貢：家寶書櫃；阮國慶（2015），《左泑真傳地理文本學研究》，越南社會科學學院碩士論文。

785. 左溪（TẢ KHÊ）

阮衙（1750–?），字南文，號左溪，又號文甫。山南鎮青威縣左青威社（今河內市青池縣左青威社）人。景興三十六年（1775）乙未科第三甲同進士出身。曾任翰林院侍制、承正使、工部右侍郎等職。

作品：《易膚叢記》（VHv.458）、《阮衙詩文集》（A.579）、《左溪文集》（A.1466）、《西就阮氏家譜》（A.1038）、《重修碑記》（N⁰1174/1175）；另有詩文收錄於《理音通錄》。

786. 謝軒（TẠ HIÊN）

周允緻（1779–1850），又名朱緻，字遠夫，號謝軒。京北鎮東岸縣（今河內市東英縣育秀社）人。生平事跡未詳。師從范貴適，有才而不舉，紹治帝（1841–1847）因愛其才而欲提拔，然不願出仕。

作品：《朱謝軒先生原集》（A.2432, A.1110, VHv.1419/1）、《朱謝軒詩集》（VHv.1419/2）、《朱謝軒詩集三卷》（VHv.1419/3）等；另有詩文收錄於《朱允緻行狀》、《北寧朱處士行狀》。

787. 謝玉（TẠ NGỌC）

黃瑞（1882–?），號謝玉。北寧省東岸縣芙流社（今北寧省慈山縣新紅社）人。成泰十二年（1900）庚子科舉人。歷任寧平省嘉遠縣訓導、寧平金山、北江越安、河東青威等知縣、寧平儒關知府、北江巡撫，後升為總督、翰林院侍講學士等職。1906年隨團出使法國。

作品：《謝玉文聯集》（VHt.28），編輯《大南郡國志北圻各省》、《大南郡國志略》、《大法東洋地輿全圖》、《國朝體例摘要》、《對賦傳雜記》、《東洋該治十條略記》等。

788. 作霖（TÁC LÂM）

見第182條「淡軒」。

789. 三青（TAM THANH）

吳甲豆（1853–?），字孝廉，號三青、事事齋。河東省青威縣左青威社（今河內市青池縣青威社）人，是吳時仕、吳時任之後裔。成泰三年（1891）辛卯科舉人。歷任懷德府教授、南定督學。

作品：《大南國粹》（AB.178）、《現今北圻之地輿史》（A.398）、《皇越龍興志》（A.23）、《冊孟學塩高中學教科》（AB.290）、《中學越史撮要／中學越史撮要教科》（VHv.987/1-4, VHv.

157/1-4, A.770/1-2, VHv.258/I-II, VHv.992/1-3, VHv.986/1-2, VHv.1544/1-2, A.2984/1-2, VHv.1906, VHv.988/2-3, VHv.1557/2-4, VHv.989/2-4, VHb.120, VHv.1701, VHv.2025, VHv.1583, VHv.990/2, VHv.991/2, VHv.1908, VHv.2026, VHv.2694, VHv.1700, VHv.988/4, VHv.1701, VHv.1909, VHv.2027）；編輯《吳家世譜》（VHv.1345）。

790. 傘沱（TẢN ĐÀ）

阮克孝（1889–1939），號傘沱。山西省不拔縣溪上村（今河內市巴位縣山沱社）人。開立傘沱書店（後改名傘沱書局），擔任《有聲》、《安南》諸報的主筆，並與《東洋雜誌》、《南風雜誌》合作。

作品：《傘沱文集》（VNv.77）；另有詩作收錄於《嶺南群賢文詩演音集》、《詩抄》。

參考：黎思令、阮卓（主編）（2000），《越南文學總集》第 20 冊，河內：社會科學出版社。

791. 散翁（TẢN ÔNG）

見第 494 條「柳庵」。

792. 散仙居士（TẢN TIÊN CƯ SĨ）

見第 212 條「鼎齋」。

793. 掃悲（TẢO BI）

見第 63 條「芹江」。

794. 尋江（TẦM GIANG）

黎有聲（1815–?），號尋江，又號靜齋。山南下鎮青關縣上新社（今太平省東興縣東風社）人。嗣德三年（1850）庚戌科舉人，嗣德四年（1851）辛亥科第三甲進士出身。曾任寧平巡撫。

作品：《文湖亭碑記》（N⁰11863/11864）；參與編輯《格言雜錄》；另有詩作收錄於《諸題墨》、《看山亭詩文集》、《翠山詩集》等書中。

795. 新江（TÂN GIANG）

杜輝琬（1815–1882），字園珪，號新江。山南下鎮大安縣羅岸社人。杜輝瑮之父。明命二十一年（1840）庚子科舉人，紹治一年（1841）辛丑科副榜。歷任翰林院檢討、平江知府、監察御史、永隆督學、禮部郎中、戶部辦理，授銜太常少卿。

作品：《文公家禮存真》（VHv.272）；參與編輯《南定祝祜歌格》、《字學求精歌》；評點《仙橋記》；另有詩作收錄於《羅岸杜大家賦集》、《羅岸杜大家詩文》、《新江文集》等書中。另一說《祝祜歌》為其著作。

796. 新香（TÂN HƯƠNG）

陶公撰（1381–1458），字新香。山南鎮仙侶縣善片社（今興安省仙侶縣善片社）人。天慶元年（1426）丙午科甲等。歷任安撫使、入內行遣、戶部尚書等職。屢次出使中國。

作品：詩作收錄於《全越詩錄》（A.3200/1-4，A.1262，A.132/1-4，VHv.117/1-2，VHv.777/1-2，VHv.1450/1-2，VHv.116，A.1334，A.393，A.2743）、《詩抄》等書中。

參考：裴文原（主編）（2000），《越南文學總集》第4冊，河內：社會科學出版社。

797. 新橋（TÂN KIỀU）

阮孚先（?-?），號新橋。山南鎮快州府永東社（今興安省快州縣）人。約16世紀間人。生平事跡未詳。據記載，曾任翰林院承旨、審刑院等職。

作品：詩作收錄於《全越詩錄》（A.3200/1-4，A.1262，A.132/1-4，VHv.117/1-2，VHv.777/1-2，VHv.1450/1-2，VHv.116，A.1334，A.393，A.2743）。

參考：裴文原（主編）（2000），《越南文學總集》第4冊，河內：社會科學出版社。

798. 新川（TÂN XUYÊN）

杜輝瑮（1845–1891），字靜翁，號新川。南定省大安縣羅岸社（今南定省懿安縣安同社）人。杜輝琬之子。嗣德二十年（1867）丁卯科舉人，嗣德三十二年（1879）己卯科廷元、第二甲進士出身。歷任翰林院著作、安謨縣訓導、端雄、臨洮兩府知府、河內按察使、戶部辦理、參辦內閣事務、鴻臚寺少卿。

作品：參與編撰《羅岸杜大家詩文》（VHv.101）；另有作品收錄於《殿試制策》、《羅岸杜大家賦集》、《新江文集》等。

799. 晉齋（TẤN TRAI）

黎光定（1759–1813），字知止，號止山，又號晉齋。承天府富榮縣富茂社（今承天順化省）人。師從武長鑽（?–1792），同吳仁靜、鄭懷德創辦平陽詩社。歷任翰林院制誥、東宮侍講、刑部右參知、兵部尚書。曾任正使出使中國。

作品：《華原詩草》、《皇越一統輿地志》（藏於巴黎）、《一統輿地志》（A.67/1-3, VHv.176/1-3, VHv.2555），編輯《嘉定城通志》（VHv.1335/1-3, A.1561/1-2, A.708/1-2, A.94, A.1107, VHv.1490）。

參考：裴文原（主編）（2000），《越南文學總集》第4冊，河內：社會科學出版社。

800. 輯川（TẬP XUYÊN）

吳德繼（1878–1929），號輯川。河靜省石河縣爪牙社（今河靜省干祿鎮）人。成泰九年（1897）丁酉科舉人，成泰十三年（1901）辛丑科第三甲同進士出身，但不願出仕。因參與抗法維新運動，1908年被法國殖民政府拘捕，流放崑島。1921年重獲自由後回鄉，後到河內以寫作為業，成為《友聲雜誌》的著名作家。

作品：《官子村永福寺功德紀念後碑》（N⁰15449）、《天然學校記》、《太原七日光復記》、《楚音集》等。此外還有眾多漢、喃文詩作。

參考：章收（主編）（2000），《越南文學總集》第 19 冊，河內：社會科學出版社；《吳德繼：生平與作品》（2012），河靜：河靜文體旅遊廳。

801. 西湖（TÂY HỒ）

潘周楨（1872–1926），字希馬、子幹，號西湖。廣南省河東縣西祿社（今廣南省先福縣先期社）人。成泰十二年（1900）庚子科舉人，成泰十三年（1901）辛丑科副榜。官至禮部承辨。後辭官投身抗法愛國運動。1906 年赴日本，與潘佩珠會晤共謀救國之大計。1908 年被法國殖民政府拘捕，流放崑島。1911 年獲釋，但被監視居住。1915 年前往法定居。1925 年獲准返回越南，繼續其革命活動，翌年病逝於西貢。

作品：詩作收錄於《合群營生》、《新聞錄》、《輓聯雜草》、《文明新學策》等書中。

參考：潘周楨（1983），《潘周楨詩文》，河內：文學出版社；阮 Q. 勝（1987），《潘周楨：生平與作品》，胡志明：胡志明市出版社；章收（主編）（2000），《越南文學總集》第 19 冊，河內：社會科學出版社；黎氏經（2003），《從新資料認識潘周楨（1872–1926）》，峴港：峴港出版社；潘周楨（2005），《潘周楨全集》，峴港：峴港出版社。

802. 濟川（TẾ XUYÊN）

阮勝徵（?–?），號濟川。石室縣（今河內市）人。生平事跡未詳，約為 16 世紀間人。據記載，曾任國子監助教。

作品：詩作收錄於《全越詩錄》（A.3200/1-4, A.1262, A.132/1-4, VHv.117/1-2, VHv.777/1-2, VHv.1450/1-2, VHv.116, A.1334, A.393, A.2743）。

803. 濟川（TẾ XUYÊN）

陳如緝（?–?），號濟川。籍貫未詳。舉人，生平事跡未詳。

作品：《義鄉亭廟碑》（N⁰2536）。

804. 濟川（TẾ XUYÊN）

見第 163 條「融齋」。

805. 碩亭（THẠC ĐÌNH）

阮輝僅（1713–1789），字舒軒，號碩亭，諡文足。乂安鎮德光府羅山縣來石社長瑠村（今河靜省干祿縣長祿社）人。阮輝似之父。景興九年（1748）戊辰科第三甲進士第三名。歷任長慶知府、翰林院待制、乂安道協同、山南處贊治承正使、東閣大學士、入內侍講兼國子監司業、工部右侍郎、吏部左侍郎、僉都御史臺、戶部尚書等職。任正使出使中國。

作品：《北輿集覽》（A.2009）、《奉使燕京總歌並日記》（A.373）、《奉使燕臺總歌》（VHv.1182）、《碩亭遺稿》（A.3135）、《無題碑》（N⁰19308）、《後神碑記》（N⁰10101/10102）、《后神碑記》（N⁰10730/10731/10732/10733）、《后神碑記／乙卯年造》（N⁰7170/7171）；刪補《國史纂要》（A.1923）一書。

參考：裴維新（主編）（2000），《越南文學總集》第 6 冊，河內：社會科學出版社；阮輝僅（2005），《阮輝僅詩文總集》，河內：作協出版社。

806. 石庵（THẠCH AM）

陳輝積（1828–?），字居厚，號石庵，又號鸛山居士。壽昌縣勇壽坊（今河內市）人。陳文為之子。嗣德三年（1850）庚戌科舉人。嗣德四年（1851）辛亥科博學宏才科及第，吉士制科第三甲同吉士出身。曾任海陽督學，後辭官歸隱田園。

作品：《鸛山詩草》（A.1216）、《傳家錄》（VHt.5）；編輯《懶樵詩草》（VHv.2077）；校訂《黎朝纂要》；另有詩文收錄於《博學宏詞科文選》、《和平黎族世次譜記》等。

807. 石峒（THẠCH ĐỘNG）

范阮攸（1739–1786），又名范撝謙，字好德、養軒，號石峒。乂安鎮真福縣鄧田社（今乂安省宜祿縣宜春社）人。景興四十年

（1779）己亥科第三甲進士出身。歷任海陽監察御史道、僉差、東閣大學士、乂安督同等職。西山軍攻北時，入山隱居。

作品：《斷腸錄》（A.2826）、《讀史痴想》（A.2854）、《論語愚按》（VHv.349/1-2）、《南行記得集》（A.2939）、《乂安黃甲范石峒詠史集》（A.1620）、《石峒先生詩集》（VHv.1464）、《石峒詩抄》（A.577）、《石峒文抄》（VHv.84/1-2）、《鐫刊家訓碑》（N⁰14534）；另有詩文收錄於《碑記雜編》、《名言雜著》、《名賦合選》、《名詩合選》、《對聯帳文集》、《海學名詩選》、《華程詩集》、《立齋詩選》、《黎朝會試文集》、《黎朝會文選》、《乂安詩集》、《佛經摘字》、《存庵詩稿》、《詠史合集》等書中。

參考：鄧德超（主編）（2000），《越南文學總集》第14冊，河內：河內社會科學出版社；范阮攸（2001），《斷腸錄》，河內：社會科學出版社；裴維新（主編）（2000），《越南文學總集》第13冊，河內：社會科學出版社。

808. 石農（THẠCH NÔNG）

阮思僩（1823-1890），原名阮文富，御賜其名為阮思僩，字洵叔，號石農，又號雲麓。京北處東岸縣榆林社（今河內市東英縣梅林社）人。紹治三年（1843）癸卯科舉人，紹治四年（1844）甲辰科第二甲進士出身。歷任翰林院修撰、寧順知府、起註經筵、翰林院侍講學士、兵科給事中、光祿寺卿充編內閣事務、吏部侍郎、協政辦理堤政事務、海陽廣安參辦軍務、吏部尚書等職。後被謫為彰美山房使。後又升為寧平太原總督，直至致仕。曾出使中國。

作品：《阮洵叔詩集》（VHv.32）、《史林紀要》（A.2654）、《石農詩集》（VHv.28, VHv.700, VHv.1149/1-2）、《石農全集》（A.376/1-6）、《石農文集》（VHv.1389）、《雲恬榆林阮族合譜》（VHv.2416, A.1008）、《燕軺詩文集》（A.199）、《燕軺詩草》（VHv.1436）、《燕軺詩集》（A.1211）、《無題碑》（N⁰18072, N⁰20381）、《溫舍社文址碑》（N⁰5798/5799）、《重登浴翠山亭》（N⁰5658）等；參與編輯《柳堂

表草》、《如清日記》、《奉將武略隱逸神仙列女賞覽各冊撰成詩集》等書；另有詩文收錄於《沛陽吳世榮京回餞行詩集》、《庚子恩科文選》、《諸名家詩》、《諸題墨》、《遊香跡峒記》、《遊香跡山前集》、《條陳堤政事宜集》、《對聯詩文雜誌》、《海雲庵詩集》、《翰閣雜錄》、《杏市雙元黎藩侯詩文》、《皇家錦說》、《今朝詔旨》、《明鏡軒文抄》、《義溪詩集》、《月亭雜志》、《寧平事蹟》、《國朝名人詩採》、《雜文》、《雜文抄》、《太補地理遺局》、《探花文集》、《詩課集並表帳文》、《詩文類》、《宗溪阮永賴公年表》、《陳朝陵寢圖漫記》、《帳對及應制文》、《帳對雜錄》、《詞苑春花》、《嗣德時文》、《湘山行軍草錄》、《萬里行吟》、《文集》、《文選雜編詩啟》、《燕臺嬰話》等書中。

參考：黎志遠（主編）（2000），《越南文學總集》第15冊，河內：社會科學出版社；《黃甲阮思僩：生平與詩文》（2001），河內：東西語言文化中心。

809. 石堝 （THẠCH Ở）

見第367條「玄齋」。

810. 石甫 （THẠCH PHỦ）

裴楊歷（1757–1828），字存成，又字存齋，號石甫。乂安鎮德壽府羅山縣越安總安同社（今河靜省德壽縣松影社）人。景興三十五年（1774）甲午科鄉貢，昭統元年（1787）丁未科第二甲進士出身。歷任里仁府訓導、內韓供奉使，授銜員外郎。西山朝時，被請至順化崇政院任修書。阮朝時期，任乂安督學、國子監副督學。後辭官回鄉教書。

作品：《安會村志》、《裴家訓孩》、《裴存齋聯文》、《黎季逸史》（Hv.195）（史學院館藏）、《乂安記》、《屋漏話》；另有詩文收錄於《白馬祠三甲鄉例》、《朱先生行狀草》、《驩州風土記》、《黎朝會試文集》、《乂安河靖山水詠》、《拾英堂詩集》等。

參考：裴楊歷（1987），《黎季逸史》，河內：社會科學出版社；裴楊歷（1993），《乂安記》，河內：社會科學出版社；阮祿（主編）（2000），《越南文學總集》第 8 冊，河內：社會科學出版社；裴楊歷（2004），《乂安記》，河內：社會科學出版社。

811. 台山（THAI SƠN）

鄧元謹（1867–1923），原名鄧台認，號台山。乂安省清漳縣青春社（今乂安省清漳縣青春社）人。同慶三年（1888）戊子科舉人，成泰七年（1895）乙未科副榜。歷任興元縣教授、乂安督學、平順督學等職。參與維新運動。1908 年被法國殖民政府拘捕，流放崑島。後獲釋，回鄉。1923 年逝世。

作品：詩文收錄於《驪州風土話》、《輓聯雜草》等。

參考：章收（主編）（2000），《越南文學總集》第 19 冊，河內：社會科學出版社。

812. 太開（THÁI KHAI）

陳封（?–1485），一說其名為程封，字太開。山南鎮仙侶縣（今興安省仙侶縣）人。順天四年（1431）辛亥宏詞科及第。歷任戶部尚書兼太子習客、太保、御史臺都御史等職。

作品：詩作收錄於《全越詩錄》（A.3200/1-4, A.1262, A.132/1-4, VHv.117/1-2, VHv.777/1-2, VHv.1450/1-2, VHv.116, A.1334, A.393, A.2743）。

813. 太清（THÁI THANH）

見第 697 條「溫甫」。

814. 菜園主人（THÁI VIÊN CHỦ NHÂN）

武瑩（?–?），號菜園主人。籍貫未詳。生平事跡未詳。

作品：《孝告心經演音合編》。

815. 泰川（THÁI XUYÊN）

黃高啟（1850–1933），又名黃文啟，字東明，號泰川。河靜省羅山縣東泰社（今河靜省德壽縣松影社）人。嗣德二十一年（1868）戊辰科舉人。歷任壽昌縣訓導、懷德教授、諒山按察使、權興安巡撫、海安總督（即海陽、北寧、興安三省）、北圻經略使、兵部尚書等職，亦是成泰帝的輔政大臣，升太子少保、武顯殿大學士，被封延卯郡公。

作品：《南史演音》（AB.482）、《南史國音》（AB.346）、《忠孝神仙》（AB.460, VNb.26/2）、《越南史要補遺》（AB.462）、《無題碑》（N⁰121）、《真武觀石碑》（N⁰229）、《黎公廟碑》（N⁰13043）等；另有詩文收錄於《排外謬見列傳》、《筆華隨錄》、《錦語》、《諸題墨》、《大家寶文雜編》、《佳文集記》、《皇朝翰林院實錄》、《龍選試策》、《夢海文集》、《撫蠻雜錄》、《國朝鄉科錄》、《雜錄》、《西南𢖱進修孝歌演義》、《詩文對聯雜錄》、《省臣祝嘏歌文》等書中。

816. 清江（THANH GIANG）

見第 512 條「良軒」。

817. 青軒（THANH HIÊN）

阮攸（1766–1820），字素如，號青軒，又號鴻山獵戶。生於升龍（今河內市），原籍乂安鎮宜春縣仙田社（今河靜省宜春縣）。阮儼之子。景興四十四年（1783）癸卯科曾赴鄉試，後不復應舉。黎朝時，曾在太原鎮守軍效力。西山朝當政時期，隱居鄉下。阮朝當政時出仕，任興安省芙蓉知縣、常信知府、東閣大學士、勤政殿大學士、禮部參知等職。任正使出使中國。

作品：《北行雜錄》（A.1494）、《斷腸新聲》（AB.12）、《金雲翹廣集傳》（VNv.71, VNv.147, VNv.208）、《金雲翹新傳》（VNb.8, VNb.9, VNb.10, VNb.11, VNb.12, VNb.27, VNb.59, VNb.60）等；校閱《華程詩集》（A.2530）；另有詩作收錄於《志軒詩草》、《舊翰林段阮俊詩集》、《名人詩集》、《名

賦合選》、《對聯詩文雜誌》、《海翁詩集》、《海派詩集》、《國朝文選》、《山堂慶壽集》、《西浮詩草附諸家詩錄》等書中。

參考：阮攸（1959），《阮攸漢文詩》，河內：文化出版社；阮攸（1965），《阮攸漢文詩》，河內：文學出版社；阮攸（1988），《阮攸漢文詩》，河內：文學出版社；阮攸（1996），《阮攸全集》，河內：文學出版社；鄭伯挺（1998），《阮攸：作者、作品》，河內：教育出版社；裴維新（主編）（2000），《越南文學總集》第 13 冊，河內：社會科學出版社；鄧德超（主編）（2000），《越南文學總集》第 14 冊，河內：社會科學出版社；阮石江（2001），《阮攸年譜和作品》，河內：文化通訊出版社；陶太尊（2001），《《翹傳》版本：研究與討論》，河內：文學家出版社；安之（2002），《翹傳》（維明氏 1872 年版），河內：河內國家大學出版社；阮廣遵（2003），《翹傳》（嗣德經版），河內：文學出版社；阮廣遵（2006），《翹傳》（1866 年版），河內：文學出版社；阮攸（2007），《阮攸：翹傳》，河內：教育出版社。

818. 清溪（THANH KHÊ）

黎誠之（?–?），號清溪。籍貫未詳。生平事跡未詳。

作品：《清溪拙集》（A.1469）。

819. 青玉（THANH NGỌC）

見第 447 條「敬甫」。

820. 清甫（THANH PHỦ）

見第 482 條「禮齋」。

821. 清肅（THANH TÚC）

黎宗光（1802–1832），或云名黎光，號清肅。山南鎮上福縣平望社（今河內市常信縣文平社）人。明命二年（1821）辛巳科舉人，明命三年（1822）壬午科第三甲同進士出身。任平定省參協。

作品：《平望黎進士詩文集》（A.599）、《黎家詩集》（A.1284）。

822. 青川（THANH XUYÊN）

吳時佳（1818–1881），字彊甫，號青川，又號松窗。山南鎮青威縣左青威社（今河內市青池縣左青威社）人。生平事跡未詳。

作品：《吳家文派》（A.117 Đ）收錄的《青川居士彊甫公遺草》。

參考：吳氏（2010），《吳家文派選集》，河內：河內出版社。

823. 誠枝（THÀNH CHI）

見第 595 條「鄂亭」。

824. 成甫（THÀNH PHỦ）

見第 1086 條「筠齋」。

825. 誠思（THÀNH TƯ）

見第 326 條「懷東」。

826. 坦之（THẢN CHI）

魏克憻（1817–1873），字坦之。乂安鎮宜春縣春園社（今河靜省宜春縣春園社）人。紹治元年（1841）辛丑科舉人，嗣德九年（1856）丙辰科第一甲進士及第第三名。歷任干祿縣訓導、廣南按察使、乂安布政使、翰林院檢討、兵部尚書、工部尚書等職。曾隨從潘清簡出使法國。逝世後追封參辦大學士。

作品：《如西記》（A.764）；另有詩文收錄於《龍選試策》、《西浮日記》等。

827. 草堂（THẢO ĐƯỜNG）

見第 478 條「立齋」。

828. 升甫（THĂNG PHỦ）

見第 241 條「遜叟」。

829. 深山（THÂM SƠN）

姓名未詳，籍貫和生卒年未詳。深山為其號，又號冊翁居士。

作品：《暗室燈演歌》（AB.113）。

830. 慎軒（THẬN HIÊN）

阮廷讓（1652–?），又名阮廷袞，號慎軒。乂安處清漳縣碧朝社（今乂安省清漳縣清江社）人。永治元年（1676）丙辰科第三甲同進士出身。官至僉都御史。曾出使中國，然途中逝世，追封左侍郎、男爵。

作品：詩作收錄於《全越詩錄》（A.3200/1-4, A.1262, A.132/1-4, VHv.117/1-2, VHv.777/1-2, VHv.1450/1-2, VHv.116, A.1334, A.393, A.2743）。

參考：裴維新（主編）（2000），《越南文學總集》第6冊，河內：社會科學出版社。

831. 慎明（THẬN MINH）

見第898條「倉山」。

832. 慎齋（THẬN TRAI）

梁輝璧（?–?），字玄章，號慎齋。清化省弘化縣人。活動於19世紀間。明命年間（1820–1840），曾任翰林院待士，封吳江南爵。後辭官回鄉教書。

作品：《紀事新編》（VHv.95/1-2, VHv.865/1-2, A.684, VHv.57/1-2）、《造橋碑記》（N⁰2565）等。

833. 慎齋（THẬN TRAI）

潘懂（1733–1800），一說名潘輝懂，後改名為潘輝盎，號慎齋。乂安處天祿縣收穫社（今河靜省祿河縣石州社）人。潘輝益之父。景興十五年（1754）甲戌科第三甲同進士出身。歷任入侍陪訟、工部右侍郎、署兵士兼國子監講官、禮部左侍郎兼國史館總裁。

作品：潤色《嘉遠縣甘蔗社后神碑記》（N⁰5758/5759）；編輯《燕臺秋詠》等。

834. 慎微（THẬN VI）

武世營（?–?），字慎微。籍貫與生平事跡未詳。活動於19世紀間。

作品：《莫氏家譜》（A.1321, A.39）等。

835. 拾英（THẬP ANH）

見第 679 條「汝山」。

836. 世曆（THẾ LỊCH）

見第 174 條「養庵居士」。

837. 世祿（THẾ LỘC）

見第 620 條「午峰先生」。

838. 世載（THẾ TÁI）

見第 518 條「梅庵」。

839. 世叔（THẾ THÚC）

見第 724 條「復亭」。

840. 氏漢（THỊ HÁN）

見第 766 條「巢南」。

841. 適寮（THÍCH LIÊU）

阮脡（?–?），號適寮。籍貫與生平事跡未詳。活動於 14 世紀間。碧洞詩社之一員，與陳光朝、阮中岸為詩友。

作品：詩作收錄於《全越詩錄》（A.3200/1-4, A.1262, A.132/1-4, VHv.117/1-2, VHv.777/1-2, VHv.1450/1-2, VHv.116, A.1334, A.393, A.2743）、《越音詩集》（A.1925, A.3038）等。

參考：陳黎創（主編）（2000），《越南文學總集》第 3 冊，河內：社會科學出版社。

842. 天南洞主（THIÊN NAM ĐỘNG CHỦ）

黎思誠（1442–1497），號天南洞主，又號道庵主人。黎太宗之子。1460–1497 年在位，開創大越國之盛世。騷壇會之創始人，自稱騷壇都元帥。諡號聖宗純皇帝。

作品：《無題碑》（N⁰11766）、《古心百詠／黎聖宗純皇帝近體詩》（A.702）、《黎聖宗詩》（AB.411）、《聖宗遺草》（A.202）、

《題龍光洞》（N⁰297）、《天南洞主題》（N⁰12011）；主編《天南餘暇集》（A.334/1-10, VHv.1313/a-b）。另有詩文收錄於《安南地志》、《錦亭詩文全集》、《錦亭文集》、《諸興雜編》、《菊堂百詠詩集》、《名山勝水詩》、《浴翠山靈祭塔記》、《大南文集》、《地興志詩集》、《斷詞體式》、《隊山寺碑》、《翰閣叢談》、《皇閣遺文》、《皇越叢詠》、《奇觀詩》、《黎朝名人詩》、《黎朝官制》、《黎朝官制典例》、《嶺南群賢文詩演音集》、《明良錦繡集》、《明良錦繡詩集》、《明良錦繡瓊苑九歌》、《南音草》、《乂安河淨山水詠》、《寧平事蹟》、《廣義省女學場》、《國文叢記》、《使華叢詠》、《清化紀勝》、《清化永祿縣志》、《世說新語補》、《世次見聞叢記》、《詩抄》、《詩詞歌對策文雜抄》、《天南形勝明良遺墨錄》、《天南史略》、《天南四字》、《盛黎詩集》、《通國沿海渚》、《先正格言》、《全越詩錄》（A.3200/1-4, A.1262, A.132/1-4, VHv.116, VHv.117/1-2, VHv.777/1-2, VHv.1450/1-2, A.1334, A.393, A.2743）、《越興紀勝》、《越南山河海峒賞詠》、《越粹參考》、《永祿縣風志》等書中。

參考：黎聖宗（1986），《黎聖宗詩文》，河內：社會科學出版社；黎聖宗（1994），《黎聖宗漢文詩》，河內：社會科學出版社；《黎聖宗（1442–1497）其人其事》（1997），河內：河內國家大學出版社；梅春海（1998），《黎聖宗：詩歌與生平》，河內：作協出版社；裴文原（主編）（2000），《越南文學總集》第4冊，河內：社會科學出版社；黎聖宗（2000），《古心百詠》，河內：文學出版社。

843. 禪老（THIỀN LÃO）

原名未詳，是一位和尚的號。籍貫未詳。師從建初寺多寶禪師，後在慈山修行，成為當時著名高僧，深受李太宗（1028–1054）器重。

作品：詩作收錄於《禪苑集英》（VHv.1267, A.3144）。

參考：《禪苑集英》（1990），河內：文學出版社。

844. 禪智 （THIỀN TRÍ）

見第 564 條「明智」。

845. 善亭 （THIỆN ĐÌNH）

鄧春榜（1828–1919），字希龍，號善亭，又號文甫。山南鎮春長府行善社（今南定省春長縣春紅社）人。嗣德三年（1850）庚戌科舉人，嗣德九年（1856）丙辰科第三甲同進出身。歷任寧江教授、清化壽春知府、安平知府、監察御史、吏科長印、廣安按察使、清化布政使、興安巡撫、海陽巡撫、南定督學等職。為當時名士。

作品：《訓俗國音歌》（AB.287）、《南方名物備考》（VHb.288, A.155）、《史學備考》（A.1490, A.8）、《善亭謙齋文集》（VHv.1600）、《通鑑輯覽便讀》（AC.241/1-6）、《越史綱目節要》（VHv.1888, VHv.1889, A.1592/1-2, VHv.161/1 và 4-6）；將《二度梅傳》（AB.419）、《聖祖行實演音歌》（VHv.2388）改編成喃字；編輯《古人言行錄》、《居家勸戒則》、《越史正編節要》等；另有詩文收錄於《先嚴會庭試文》。

參考：鄧春榜（1997），《史學備考》，河內：社會科學出版社；鄧春榜（2000），《越史綱目節要》，河內：社會科學出版社。

846. 善甫 （THIỆN PHỦ）

魏克循（1799–1854），號善甫。乂安鎮宜春縣春園社（今河靜省宜春縣春園社）人。魏克成之兄。明命二年（1821）壬午科舉人，明命七年（1826）丙戌科第三甲同進士出身。歷任戶部郎中、寧平、清化兩省參協、北寧、山西、興化、南定等省布政使、工部右侍郎、北寧巡撫、山興宣總督、戶部尚書等職。曾出使法國。逝世後追封協辦大學士。

作品：《進士魏公善甫詩集》收錄於《外傳奇錄》（VHv.12）、《春園詩集》（VHv.148）等；檢閱《龍編百二詠》（A.1310）；另有詩文收錄於《博學宏詞科策文》、《硃批寶翰》、《詔表集》、《陽亭詩帳集》、《大南喜賀文集》、《南遊雜詠》、《南

郊樂章》、《御製詩集》、《國朝名表》、《國朝文選》、《三閭韻事》、《集美詩文》、《仙丹隨筆諸家詩集合訂》等書中。

847. 善齋（THIỆN TRAI）

阮有政（1829–1887），字熙塵，號善齋。乂安省英山府真祿縣鄧舍總東海社（今乂安省宜祿縣宜海社）人。嗣德二十六年（1873）癸酉科舉人，嗣德二十八年（1875）乙亥科第二甲進士出身。歷任乂安商辨、史館纂修等職。曾參與勤王抗法運動。

作品：《本邑文廟碑記》（N⁰2375/2383）。

848. 少游（THIẾU DU）

見第 775 條「雙瓊」。

849. 紹聞（THIỆU VĂN）

裴延（?–?），字紹聞。青池縣盛烈社（今河內市黃梅郡盛烈坊）人。活動於 19 世紀末 20 世紀初。秀才及第。

作品：《盛烈東邑裴氏甲支列祖行狀》（A.942）。

850. 壽卿（THỌ KHANH）

見第 527 條「梅理」。

851. 壽梅（THỌ MAI）

胡士賓（?–?），號壽梅。海陽鎮上洪府唐豪縣中立社（今興安省美豪縣）人。景興三十八年（1777）丁酉科鄉進。官銜鴻臚寺班。

作品：《壽梅家禮》（AB.312, VHb.117, VHb.192, VHb.116, VHb.110, VHb.109, VHb.114, AB.89, VHb.108, VHb.106, VHb.111, VHb.105, VHb.82, VHb.104, VHb.107）。

852. 壽昌居士（THỌ XƯƠNG CƯ SĨ）

見第 728 條「方亭」。

853. 退軒 (THOÁI HIÊN)

謝天樞（?–?），號退軒，又號退園。籍貫未詳。活動於陳朝年間。官至左政事參知，或云右政事參知。

作品：詩作收錄於《全越詩錄》（A.3200/1-4, A.1262, A.132/1-4, VHv. 117/1-2, VHv.777/1-2, VHv.1450/1-2, VHv.116, A.1334, A.393, A.2743）。

參考：陳黎創（主編）（2000），《越南文學總集》第 3 冊，河內：社會科學出版社。

854. 退園 (THOÁI VIÊN)

見第 853 條「退軒」。

855. 脫亭 (THOÁT ĐÌNH)

阮甫（?–?），號脫亭。籍貫與生平事跡未詳。

作品：《三禮輯要》（A.1915, A.1599, A.1281）等。

856. 脫軒 (THOÁT HIÊN)

鄧明謙（1456–1522），字貞響，號脫軒。原籍河靜省天祿縣，後移居山圍縣瑁埔社（今富壽省青波縣梁魯社）。洪德十八年（1478）戊戌科第二甲進士出身。歷任翰林院侍書、吏部左侍郎、禮部尚書、史館副總裁、知招文館、知秀林局等職。兩次出使中國。

作品：《脫軒先生詠史詩集／脫軒詠史詩集》（A.440, A.3193）、《詠史詩集》（上集）（VHv.1456, VHv.1782, VHv.1783, VHv.2268）、（下集）（VHv.2269, VHv.800/2）；另有詩作收錄於《全越詩錄》（A.3200/1-4, A.1262, A.132/1-4, VHv.117/1-2, VHv.777/1-2, VHv.1450/1-2, VHv.116, A.1334, A.393, A.2743）。

參考：裴維新（主編）（2000），《越南文學總集》第 5 冊，河內：社會科學出版社。

857. 土良居士 (THỔ LƯƠNG CƯ SĨ)

阮貞宏（?–?），號土良居士。乂安省宜祿縣人。生平事跡未詳。

作品：《勸善國語歌》、《君臣曲》、《士農耕槽》等（均已失傳）。

858. 通甫（THÔNG PHỦ）

見第 1002 條「竹軒」。

859. 通禪（THÔNG THIỀN）

見第 450 條「奇峰」。

860. 時叟（THỜI TẨU）

武公道（1629–1714），號時叟。海陽鎮唐安縣慕澤社（今海陽省平江縣新紅社）人。永壽二年（1659）己亥科第三甲同進士出身。歷任都御史、入侍經筵、吏部右侍郎、刑部右侍郎、工部尚書等職。曾出使中國。逝世後追封禮部尚書、伯爵。

作品：《重刊治所碑》（N°7814/7815）、《壺天寺後佽碑》（N°10406）；另有詩作收錄於《思鄉韻錄》（A.699）。

參考：裴維新（主編）（2000），《越南文學總集》第 6 冊，河內：社會科學出版社。

861. 秋花（THU HOA）

見第 997 條「竹亭」。

862. 秋元（THU NGUYÊN）

見第 750 條「橘亭」。

863. 守璞（THỦ PHÁC）

見第 217 條「篤齋」。

864. 純如（THUẦN NHƯ）

見第 107 條「拙齋」。

865. 純敷（THUẦN PHU）

阮德望（1644–1692），或云改名阮功望，號純敷。京北鎮東岸縣永橋社（今北寧省慈山縣同源社）人。陽德二年（1673）癸丑科第三甲同進士出身，永治元年（1676）參加丙辰年東閣科。歷任都御史、陪訟等職，爵壽岸子。曾出使中國。逝世後追封戶部尚書、伯爵。

作品：《昭儀神祠碑／皂隸祭田／歲時享祀／記功銘德》（N⁰714/715/716/717）、《報德後／神碑記》（N⁰3711/3712/3713/3714）、《祭田碑記／逐分有差／坐落處所》（N⁰1205/1206/1207）等；另有詩作收錄於《全越詩錄》（A.3200/1-4, A.1262, A.132/1-4, VHv.117/1-2, VHv.777/1-2, VHv.1450/1-2, VHv.116, A.1334, A.393, A.2743）。

866. 純敷（THUẦN PHU）

武瑾（1527–?），字純敷。京北處良才縣良舍社（今北寧省良才縣福良社）人。光寶二年（1556）丙辰科第三甲同進士出身。歷任戶部左侍郎、戶部尚書等職，封春江侯。

作品：詩文收錄於《養齋集》、《全越詩錄》（A.3200/1-4, A.1262, A.132/1-4, VHv.117/1-2, VHv.777/1-2, VHv.1450/1-2, VHv.116, A.1334, A.393, A.2743）等書中。

參考：裴維新（主編）（2000），《越南文學總集》第 5 冊，河內：社會科學出版社。

867. 純夫（THUẦN PHU）

見第 345 條「晦齋」。

868. 純甫（THUẦN PHỦ）

武方提（1697–?），字純甫。海陽鎮唐安縣慕澤社（今海陽省平江縣新紅社）人。永佑二年（1736）丙辰科第三甲同進士出身。歷任海陽督同、東閣校書等職。

作品：《公餘捷記》（A.44, VHv.1324/1-2, VHv.14, A.1893）、《公餘捷記摘錄》（A.2010）。

參考：武方提（1961–1962），《公餘捷記》，西貢：國家教育部；武方提（1972），《公餘捷記》，西貢：國家教育部；裴維新（主編）（2000），《越南文學總集》第 6 冊，河內：社會科學出版社。

869. 舜花（THUẤN HOA）

陳宗（1737–1808），字舜花。原籍山南鎮快州府，後移居慈廉縣雲耕社（今河內市懷德縣春芳社）。生平事跡未詳。

作品：編輯《陳家世譜》（A.664）。

870. 舜花氏（THUẤN HOA THỊ）

見第 713 條「膚亭老人」。

871. 舜臣（THUẤN THẦN）

阮克孝（?–?），字舜臣。山南處平陸縣（今河南平陸縣）人。順天二年（1429）己酉科明經及第。歷任翰林院值學士、入侍經筵等職。曾出使中國。

作品：詩作收錄於《嶺南群賢文詩演音集》、《詩抄》、《全越詩錄》（A.3200/1-4, A.1262, A.132/1-4, VHv.117/1-2, VHv.777/1-2, VHv.1450/1-2, VHv.116, A.1334, A.393, A.2743）等。

參考：裴文原（主編）（2000），《越南文學總集》第 4 冊，河內：社會科學出版社。

872. 舜韶（THUẤN THIỀU）

黃文美（1876–?），號舜韶。東安縣玉俶社（今興安省快州縣）人。維新三年（1909）己酉科舉人，不出仕。

作品：《舜韶詩文類》（A.2168），收錄於《伯多祿敕文並雜文詩抄錄》（A.2189）的《錢詩》等。

873. 順之（THUẬN CHI）

見第 937 條「靜齋」。

874. 順軒（THUẬN HIÊN）

丁嘉臻（?–?），號順軒。北寧省嘉林縣金關社（今河內市嘉林縣）人。嗣德二十一年（1868）戊辰科舉人。任河內督學。

作品：《順軒詩後集》（A.518）等作品。

875. 順軒（THUẬN HIÊN）

吳福臨（1722–1784），字洪錫，號順軒，或云號述軒。乂安鎮石河縣爪牙社（今河靜省干祿市鎮）人。吳福平之子。景興二十七年（1766）丙戌科第三甲同進士出身。歷任諒山省監察御史、山西督同、清化憲察使、知侍內書左兵番、山南處參政、順化軍營督侍等職。曾代表越南到諒山與清使交涉有關兩國邊境的問題。逝世後追封嘉幸大夫、工部右侍郎。

作品：《新輯驪石河爪牙州吳氏傳家集錄》（A.3077）、《山遊偶題》（N⁰2810, N⁰5655）等。

876. 順川（THUẬN XUYÊN）

鄧文啟（1784–?），號順川。京北鎮文江縣弄亭社（今興安省文江縣大同社）人。明命六年（1825）乙酉科舉人，明命七年（1826）丙戌科會元、第三甲同進士出身。任郎中。曾任副使出使中國。逝世後追封員外。

作品：《華程記詩畫集》（VHv.218）；另有詩文收錄於《仙丹隨筆諸家詩集合訂》。

877. 叔鉋（THÚC BÀO）

呂春威（1838–1891），號叔鉋。南定省豐盈縣上同村（今南定省懿安縣安進社）人。嗣德十七年（1864）甲子科舉人，嗣德十八年（1865）乙丑科副榜。歷任奇英知縣、儒冠知府、寧平按察使、山防正使、諒平巡撫等職。後被流放崑島直至逝世。

作品：《崑島詩集》。

參考：裴維新（主編）（2000），《越南文學總集》第 5 冊，河內：社會科學出版社；呂春威（2005），《崑島詩集》，河內：勞動出版社。

878. 叔野氏（THÚC DÃ THỊ）

阮膺苹（1877–1891），號叔野氏，綏理王之外甥，小草阮紅鐵之子，阮朝宗室後裔。1904 年順化國學學校畢業；1909 年漢學舉人畢業。

歷任員外侍郎、知府、按察使、戶部尚書、河靜巡撫、協佐大學士等職。後為中圻國語推廣會會長、中圻人民代表院院長等。

作品：《鹿鳴亭詩草》；參與校訂《連業軒集》（VHv.549）。

參考：張氏水（2003），《《鹿鳴亭詩草》研究》，河內國家大學人文社會科學大學碩士論文；《膺蘋叔野氏考論》（2005），順化：順化出版社、東西文化語言中心。

879. 叔卿（THÚC KHANH）

見第 517 條「梅庵」。

880. 叔明（THÚC MINH）

見第 258 條「蔗園」。

881. 叔玉（THÚC NGỌC）

陳文甲（1902–1973），字叔玉。海陽省青泂縣慈烏社人。曾在河內法國遠東學院工作，1945 年後在越南史學院工作。

作品：《北書南印版目錄》（VHv.2691）、《大南書目》（VHv.2689/1-2）、《南書目錄》（VHv.2692）等。

882. 叔青（THÚC THANH）

潘清廉（?–?），號叔青。籍貫未詳。

作品：參與考校《梁溪詩草》（VHv.151, A.2125, A.255）、《梁溪文草》（A.2125, VHv.856, VHv.857, VHv.91, A.292）等。

883. 叔全（THÚC TOÀN）

膺蓀（?–?），號叔全，是順化皇族後裔。生平事跡未詳。

作品：參與校訂《連業軒集》（VHv.549）。

884. 叔貞（THÚC TOÀN）

阮懷永（?–?），字叔貞。定祥省建河縣新化社（今前江省）人。明命二十一年（1840）庚子科舉人。任知縣、教授等職。

作品：《賦則新選》（A.129/1-2, A.2248/1-2, VHv.417）。

885. 睡軒（THỤY HIÊN）

梁世榮（1441–1496），字景誼，號睡軒。山南鎮天本縣高香社（今南定省務本縣蓮寶社高方村）人。光順四年（1463）癸未科第一甲進士及第第一名。歷任翰林院侍講長院事、入侍經筵、知崇文觀等職。專為本國朝廷與中國撰寫各種外交文件。

作品：《算法大成》（A.2931, VHv.1152）、《桂流芳之碑》（N⁰1921）；另有詩文收錄於《全越詩錄》（A.3200/1-4, A.1262, A.132/1-4, VHv.117/1-2, VHv.777/1-2, VHv.1450/1-2, VHv.116, A.1334, A.393, A.2743）。

參考：裴文原（主編）（2000），《越南文學總集》第4冊，河內：社會科學出版社。

886. 水軒（THUỶ HIÊN）

裴宗瓘（?–?），號水軒。籍貫未詳。生平事跡未詳。陳英宗（1293–1314）年間當官。

作品：〈江村秋望〉、〈丁未九月大水耽耽堤決〉、〈雨後新居即事〉等收錄於《全越詩錄》（A.3200/1-4, A.1262, A.393, A.2743, A.132/1-4, VHv.117/1-2, VHv.777/1-2, VHv.1450/1-2, VHv.116, A.1334）中。

887. 舒軒（THƯ HIÊN）

見第805條「碩亭」。

888. 舒軒（THƯ HIÊN）

阮宗窐（1692–1767），號舒軒。山南鎮御天縣福溪社（今太平省興河縣）人。寶泰二年（1721）辛丑科第二甲進士出身。歷任京北承正使、宣光督同、刑部左侍郎、戶部左侍郎等職，封午廷侯。曾兩次出使中國。後被貶為翰林侍講。

作品：《五倫敘》（AB.128）、《使程新傳》（AB.155）、《使華叢詠》（A.1552, A.2993, A.211, A.2123, A.2001, A.551, VHv.1896, VHv.1404/1, VHv.1404/2, VHv.1998, VHv.2481, VHv.2076,

VHv.2350, VHv.2476, VHv.1613, VHv.2251）、《重修聖廟碑記》（N⁰12162/12163）等；另有詩作收錄於《史文摘錦》、《華程偶筆錄》、《壬戌課使程詩集》等。

參考：裴維新（主編）（2000），《越南文學總集》第6冊，河內：社會科學出版社。

889. 舒齋（THƯ TRAI）

阮祥譜（1807–1856），字廣菽，又字熙仁，號舒齋。奠磐府延福縣占下總錦鋪社（今廣南省先福縣）人。紹治元年（1841）辛丑科舉人，紹治二年（1842）壬寅科第三甲同進士出身。歷任翰林院編修、黃安（檳椥）知府、新安（嘉定）知府、奠磐縣教授等職，為廣南督學。

作品：《舒齋詩集》（已失傳）。

890. 書齋（THƯ TRAI）

見第617條「業溪」。

891. 書齋（THƯ TRAI）

見第720條「福直」。

892. 書池（THƯ TRÌ）

武范咸（1864–1906），字夢海，又字夢湖，號書池。青威縣敦書社（今河內市青威縣金書社）人。建福元年（1884）甲申科解元，成泰四年（1892）壬辰科第一甲進士及第第三名。歷任建瑞教授、河內督學兼同文觀（封光祿寺少卿銜）、興化、海陽兩省按察使等職。

作品：《梂多省人丁風俗總冊》（A.713）、《興化省賦》（A.471, A.1055）、《經史詩集》（A.133/1-2）、《夢湖詩選》（VHv.1410）、《集唐述懷》（A.2354）、《金江相國阮公神道碑》（N⁰492/493）等；另有詩作收錄於《諸題墨》、《名家筆錄》、《名家策文集》、《登龍策選》、《對聯詩文雜誌》、《河東名家對聯詩文集》、《漢喃詩文雜錄集》、《孝古堂詩集》、《皇阮名家賀啟》、《龍選試策》、《國朝名人詩採》、《雜文抄》、《新江詞集》、《新江文集》、《探花文集》、《萃芳賦集》、

《宣光省賦》、《文帝實錄》、《輓金江阮相公帳文》、《圍江效顰集》等書中。

參考：《武范咸探花（1864-1906）》（2009），河內：文化通訊出版社。

893. 恕卿（THỨ KHANH）

見第 1036 條「松堂」。

894. 次齋（THỨ TRAI）

陳山立（1809-1878），字豐章，號次齋。慈廉縣雲耕社（今河內市懷德縣春芳社）人。陳伯堅次子。紹治六年（1845）乙巳科秀才，嗣德八年（1855）乙卯科舉人。歷任武江縣訓導、桂陽縣訓導、廣化府教授、松善知縣、禮科給事中等職。後辭官回鄉研究醫藥和理數。

作品：詩作收錄於《陳家詩譜存遺稿》（A.520）。

895. 式之（THỨC CHI）

陳世法（?-?），字式之。石室縣（今河內市）人。約活動於 14 世紀間。

作品：《嶺南摭怪》（A.1200, A.2107, A.2914, VHv.1473, A.33, A.1300, A.1752, VHv.1266, A.1516）。

896. 識可（THỨC KHẢ）

武邦傑（?-?），字陶浪，號識可。籍貫未詳。任禮部左侍郎，封蘇川伯。

作品：《趙皇神祠碑》（N^{0}2573）。

897. 商巖（THƯƠNG NHAM）

張文芝（?-?），號商巖。青池縣古典社（今河內市青池縣四俠社）人。嗣德二十三年（1870）庚午科舉人。曾任南定巡撫、布政使等職。

作品：《鳥探奇案》（A.2191）、〈宋溪阮永賴公奏議集序〉（VHv.331/1-2, A.165, VHv.1243）。

898. 倉山（THƯƠNG SƠN）

阮綿審（1819–1870），即從善王，字仲淵、慎明，號倉山，又號白毫子。阮聖祖第 10 子。

作品：《倉山外集》（VHv.1771/4 và 8, VHv.119/1-8, VHv.1030/1-8, VHv.1031/1-8, VHv.1032/1-8, A.781/1-6）、《倉山詩集》（A.1469/1-2, VHv.183/1-7, VHv.186/1-5, VHv.185/1-12, VHv.184/1-6, VHb.3/1-b, VHv.226, VHv.34/1-4）、《倉山詩話》、《無題碑》（N⁰13458）等；參與編撰《奉將武略隱逸神仙列女賞覽各冊撰成詩集》，編《高青邱詩集》並寫書評；檢閱《西浮詩草附諸家詩錄》；另有詩作收錄於《高周臣遺稿》、《錦語（對聯詩文雜編）》、《菊堂詩類附策文》、《名人詩集》、《妙蓮詩集》、《東溪詩集》、《蔗園別錄》、《蔗園全集》、《皇越風雅統編》、《梁溪詩草》、《雜文抄一集》、《詩奏合編》、《世說新語補》等書中。

參考：《白毫子阮綿審》（2000），河內：社會科學出版社；黎志遠（主編）（2000），《越南文學總集》第 15 冊，河內：社會科學出版社。

899. 常照禪師（THƯỜNG CHIẾU THIỀN SƯ）

姓范（?–1203），法號常照禪師，原名未詳。扶寧鄉（今河內市嘉林縣寧協社）人。黎高宗（1176–1210）年間任廣慈宮之令都曹，後辭官出家，師從靜果寺廣嚴禪師。之後在天德府奕榜鄉六祖寺當住持。

作品：《南宗嗣法圖》（已失傳）；有詩作收錄於《禪苑集英》（VHv.1267, A.3144）。

參考：《禪苑集英》（1990），河內：文學出版社；文新（主編）（2000），《越南文學總集》第 1 冊，河內：社會科學出版社。

900. 常桀（THƯỜNG KIỆT）

吳俊（1019–1105），賜王室李姓，字常桀，因而常稱為李常桀。

升龍城（今河內市）人。在李太宗、李聖宗、李仁宗三朝當官。曾任黃門祗候、太尉等職。李仁宗賜為義弟。逝世後追封檢校太尉平章軍國重事越國公。

作品：詩作收錄於《越甸幽靈集》（A.1919, A.47, VHv.1503）。

參考：阮惠之（1978），《李陳詩文》第 1 冊，河內：社會科學出版社；文新（主編）（2000），《越南文學總集》第 1 冊，河內：社會科學出版社。

901. 上陽洞主（THƯỢNG DƯƠNG ĐỘNG CHỦ）

黎鏳（1461–1504），即黎憲宗，號上陽洞主，年號景統（1498–1504），在位 7 年後逝世。

作品：〈御製題浴翠山〉（N⁰257a/257b, 2814, 5657）、〈御製題龍光洞〉（N⁰296）、〈光淑貞惠謙節和沖仁聖皇太后挽詩〉（N⁰13478）等；另有詩作收錄於《皇越文選》（A.203, A.3163/1-3, A.2683, A.1582, VHv.1452a, VHv.1452b, VHv.1452, VHv.93a）。

參考：裴文原（主編）（2000），《越南文學總集》第 4 冊，河內：社會科學出版社。

902. 僻庵（TÍCH AM）

莫挺之（1272–1346），字節夫，號僻庵。海陽處至靈縣龍洞社（今海陽省南策縣南新社）人。興隆十二年（1304）甲辰太學生科狀元。歷任入內行遣、右司郎中、左司郎中、左僕射等職。曾出使中國，受到元帝的賞識。

作品：詩文收錄於《本國記事》、《至靈風景》、《名賦合選》、《名臣傳記》、《河東名家對聯詩集》、《翰閣叢談》、《皇越文選》、《今文合選》、《黎紀續編》、《南天標表》、《日用常行》、《風俗史》、《群賢賦集》、《桂堂詩集》、《世說新語補》、《天南名跡詩集》、《世次見聞叢記》、《詩賦文集》、《詩文雜編》、《詩文祭文對聯雜詠》、《禪宗本行》、《酬世名書》、

《坐花摘豔上集》、《全越詩錄》、《蘇江志始》、《賞心雅集》、《越音詩集》、《詠阮氏金詩／莫挺之小史／朱文安小史》等書中。

參考：陳黎創（2000），《越南文學總集》第 2 冊，河內：社會科學出版社。

903. 僊金（TIÊN KIM）

武文立（1830–?），字中甫，號僊金。山南下鎮武僊縣金青社（今太平省武書縣）人。嗣德五年（1852）壬子科舉人。任按察使。

作品：《南史集編》（A.12/1-3, VHv.1588）一書。

904. 仙峰（TIÊN PHONG）

阮登選（1795–1880），號仙峰，又號夢蓮亭。京北鎮僊遊縣兌上社（今北寧省僊遊縣）人。明命十七年（1836）丙申科秀才。歷任國子監監生、戶部主事、史館編修、順成知府，後致仕。

作品：《國風詩集合採》（VNv.148, AB.182, VHv.2410）、《國風詩演歌》、《國風詩雜誌》（AB.335）、《史歌》（VHv.1810/1-3, VHv.1811/1-3, A.233, A.3042/1-2）、《燕臺嬰語演音》（AB.285）等。

905. 仙山（TIÊN SƠN）

阮天錫（1400?–1470?），又名阮永錫，字玄圭，號仙山。京北鎮僊遊縣內裔社（今北寧省慈山縣）人。黎太祖順天四年（1431）辛亥宏詞科及第。歷任御前學生、侍御史、翰林院侍讀、內密院副使、兵部尚書等職。曾三次出使中國。

作品：《仙山集》（已失傳）、《藍山祐陵碑》（N°13481）等書；另有詩作收錄於《全越詩錄》（A.3200/1-4, A.1262, A.132/1-4, VHv.117/1-2, VHv.777/1-2, VHv.1450/1-2, VHv.116, A.1334, A.393, A.2743）。

參考：裴文原（2000），《越南文學總集》第 4 冊，河內：社會科學出版社。

906. 仙山主人（TIÊN SƠN CHỦ NHÂN）

見第 392 條「希魯」。

907. 節夫（TIẾT PHU）

見第 902 條「僻庵」。

908. 節甫（TIẾT PHỦ）

見第 714 條「撫臺」。

909. 節齋（TIẾT TRAI）

甲海（1515–1585），後改名為甲征，號節齋。京北處鳳眼縣穎繼社（今北江省北江市）人。大正九年（1538）戊戌科第一甲進士及第一名。歷任東閣大學士、入侍經筵、太保、六部兼東閣尚書等職，爵策郡公。曾出使中國。

作品：詩作收錄於《舊翰林段阮俊詩集》、《野史雜編》、《海雲庵詩集》、《風俗史》、《詩抄》、《琵琶行演音歌》等書中。

參考：裴惟新（2000），《越南文學總集》第 5 冊，河內：社會科學出版社；臨江（2009），《甲海狀元》，河內：社會科學出版社。

910. 節齋（TIẾT TRAI）

黎少穎（?–?），字子奇，號節齋，又號澤村。海陽鎮唐安縣慕澤村（今海陽省平江縣新紅縣）人。黎景詢之第 4 子。黎太祖年間（1428–1433）曾任知審刑院事、安撫使等職。曾出使中國。

作品：《節齋詩集》（已失傳）；另有詩作收錄於《全越詩錄》（A.3200/1-4, A.1262, A.132/1-4, VHv.117/1-2, VHv.777/1-2, VHv.1450/1-2, VHv.116, A.1334, A.393, A.2743）。

參考：裴文原（2000），《越南文學總集》第 4 冊，河內：社會科學出版社。

911. 節齋（TIẾT TRAI）

阮輝玘（?–?），號節齋。清化省弘化縣安域社人。阮紹治元年（1841）辛丑科舉人。歷任興化巡撫、寧太總督等。

作品：《詩草》（VHv.239）。

912. 霄斗（TIÊU ĐẨU）

阮伯卓（1881–1945），字霄斗。延福縣保安社（今廣南省奠磐縣）人。阮成泰十八年（1906）丙午科舉人。歷任廣義巡撫、兵部侍郎、清化總督、平定總督等職。曾為《南風雜誌》漢文版主筆，後為法國殖民政府工作。

作品：檢閱《古學院書籍守冊》、《人物姓氏考》等書。

913. 樵隱（TIỀU ẨN）

朱文安（1292–1370），字靈徹，號樵隱、康節先生，諡文貞。青潭縣光烈社（今河內市青池縣青烈社）人。曾參加科舉考試，太學生及第，然不願出仕。開私塾，門生眾多。黎伯適、范師孟等均為其弟子。陳明宗時期（1314–1329），任國子監司業、太子太師。陳裕宗時期（1341–1369），君主昏庸無道、貪圖享樂，奸臣當道，政治極為敗壞。朱文安進諫無果，便辭官，歸隱海陽省至靈縣傑特社鳳凰山。

作品：《七斬疏》、《樵隱詩集》、《樵隱國語詩集》、《四書說約》（均已失傳）、《清池光烈朱氏遺書》（A.843, VHv.2391 [上冊], VHv.2712 [下冊]）等；另有詩作收錄於《全越詩錄》、《朱文安行狀》、《朱先生行狀草》、《鳳山詞誌略》等。

參考：陳黎創（1981），《朱文安生平與作品》，河內：河內出版社；陳黎創（2000），《越南文學總集》第 3 冊，河內：社會科學出版社。

914. 小皞（TIỂU CAO）

阮文邁（1858–1945），字小皞。承天省廣田縣粘扶社（今承天順化省廣田縣廣壽社）人。阮建福元年（1884）甲申科舉人，成泰元

年（1889）己丑科副榜。歷任安仁知府、機密院員外、廣南、慶和布政使等職，封禮部尚書、太子少保、協佐大學士等職。

作品：《越南風史》（AB.320）；參與編輯《蔗園全集》（VHv.8/1-8, VHv.74/1-8, VHv.1769/1-11, VHv.2233, VHv.2234, A.395/1-3, A.2692/1-4）。

915. 小軒（TIỂU HIÊN）

裴宗懽（?–?），號小軒。籍貫未詳，陳英宗（1294–1314）年間官員。

作品：〈江村秋望〉、〈丁未九月大水堤闕〉等收錄於《全越詩錄》（A.3200/1-4, A.1262, A.132/1-4, VHv.117/1-2, VHv.777/1-2, VHv.1450/1-2, VHv.116, A.1334, A.393, A.2743）。

916. 小玲夆梅僧（TIỂU LINH PHONG MAI TĂNG）

見第 572 條「夢梅」。

917. 小蘇林（TIỂU TÔ LÂM）

阮有立（1824–1874），字懦夫，號小蘇林。乂安鎮清漳縣忠勤社（今乂安省）人。阮嗣德十五年（1862）壬戌科第二甲進士出身。歷任永祥知府、山西按察使、兵部右參知、機密院大臣、商舶大臣、翰林院侍講等職。任正使出使中國。

作品：《使程類編》、《試法則例》、《本社學田碑誌》（N^{0}14359/14360）等；參與刪改阮攸1870版本的《翹傳》。

918. 井質（TỈNH CHẤT）

見第 932 條「靖山先生」。

919. 省之（TỈNH CHI）

朱三省（?–?），字省之。青潭縣（今河內市青池縣）人。黎順天四年（1431）辛亥宏詞科及第。任翰林院值學士。

作品：詩作收錄於《全越詩錄》（A.1262, A.3200/1-4, A.132/1-4, VHv.117/1-2, VHv.777/1-2, VHv.1450/1-2, VHv.116, A.1334, A.393, A.2743）、《詩抄》等。

參考：裴文原（2000），《越南文學總集》第4冊，河內：社會科學出版社。

920. 省養（TỈNH DƯỠNG）

陳黎紀（?–?），或云陳文紀，號省養。北寧省嘉林縣缽場社（今河內市嘉林縣缽場社）人。阮建福元年（1884）甲申科舉人。任永安督學。

作品：《省養陳黎紀先生詩文集》（VHv.2604）。

921. 靜翁（TỈNH ÔNG）

見第798條「新川」。

922. 靜甫（TỈNH PHỦ）

楊文安（1514–1591），號靜甫。麗水縣綏祿社（今廣平省麗水縣祿水社）人，後移至河內慈廉縣富演社。莫永定元年（1547）丁未科第三甲同進士出身。曾任吏科都給事中、尚書等職，封崇岩侯。逝世後追爵郡公。

作品：《烏州近錄》（A.263）。

參考：楊文安（1997），《烏州近錄》，河內：社會科學出版社；楊文安（2001），《烏州近錄》，順化：順化出版社。

923. 省甫（TỈNH PHỦ）

見第1113條「遠齋」。

924. 井橘（TỈNH QUẤT）

見第932條「靖山先生」。

925. 省齋（TỈNH TRAI）

黎景詢（1350–1416?），字子謀，號省齋。海陽處唐安縣慕澤社（今海陽省平江縣新紅社）人。陳昌符五年（1381）辛酉太學生科及第。陳朝末年，胡季犛篡奪王位時，曾赴中國向明朝求援以抗胡季犛。後得知明朝的侵略野心，則反抗明軍，被逮捕並押送燕京處置，死於獄中。

作品：《萬言書》（已失傳）。另有詩作收錄於《全越詩錄》（A.3200/1-4, A.1262, A.132/1-4, VHv.117/1-2, VHv.777/1-2, VHv.1450/1-2, VHv.116, A.1334, A.393, A.2743）。

參考：陳黎創（主編）（2000），《越南文學總集》第 3 冊，河內：社會科學出版社。

926. 靜齋（TỈNH TRAI）

范甫（?–?），號靜齋。籍貫未詳。

作品：《三禮輯要序》（A.1915, A.1599, A.1281）。

927. 靜齋（TỈNH TRAI）

見第 392 條「希魯」。

928. 靜庵（TĨNH AM）

見第 697 條「溫甫」。

929. 靖伯（TĨNH AM）

見第 513 條「梁溪」。

930. 淨戒（TỊNH GIỚI）

朱海顒（?–1207），法號淨戒，江卯人。自幼學儒，後從佛，在國清寺出家。李高宗重其才，屢請進京問道。

作品：詩作收錄於《禪苑集英》（VHv.1267, A.3144）。

參考：《禪苑集英》（1990），河內：文學出版社；文新（主編）（2000），《越南文學總集》第 1 冊，河內：社會科學出版社。

931. 靜圃（TĨNH PHỐ）

阮綿偵（1820–1897），字坤章，又字季仲，號靜圃，又號葦野。阮聖祖第 11 子。曾任宗室學院院長。

作品：《綏國公詩集》（VHv.35）、《先母黎捷予神道表》（N°13472）、《葦野合集》（VHv.1508, VHv.2355, VHb.138, VHv.2356, VHv.690/2-3, VHv.691/1-3, VHv.692/5, VHv.693/2, VHv.694, VHv.695/2-3/4-5, VHv.696/3-4）等；另有詩作收錄於《名公

詩草》、《名人詩集》、《皇陳廟坤範嗣音歌章合稿》、《蔗園別錄》、《皇越風雅統編》、《西浮詩草附諸家詩集》、《西查詩草》、《國朝名人詩採》、《書序摘錄》、《文選雜編詩啟》等書中。

參考：阮綿偵（1992），《綏理王綿偵詩集》，順化：順化通訊文化局。

932. 靖山先生（TĨNH SƠN TIÊN SINH）

阮攸（1799–1855），原名阮保，字定甫、井質，或云字井橘，號靖山先生，又號九真靖山。清化鎮農貢縣香溪社（今清化省趙山縣農場社芳溪村）人。明命二年（1821）壬午科舉人。曾任海陽鎮青河縣知縣、荊門知府、戶部右員外郎、翰林院侍讀，後充國史館編修等職。紹治年間（1841–1847），任鴻臚寺寺卿，充國史館纂修。嗣德年間（1848–1883），任戶部侍郎、平定、富安、慶和等省布政使等。

作品：《天南捷註外紀史略》（A.931）、《星軺隨筆》（VHv.1796）等；編輯《史局類編》（A.9）、《鳳山詞誌略》（A.195, VHv.1287, VHv.1740）；另有詩文收錄於《高平城陷事記》、《朱先生行狀草》、《朱文安行狀》、《大南文集》、《阮族家譜》、《詩抄》、《越詩續編》等。

933. 靜齋（TĨNH TRAI）

鄧輝烆（1825–1874），字黃中，號靜齋、望津。廣田縣北望社（今承天順化省廣田縣）人。阮紹治三年（1843）癸卯科舉人，紹治四年（1844）甲辰科會試第一名。歷任清化省布政司通判、廣昌知縣、南定天長知府、翰林院著作、御史、南定、廣南兩省布政使、戶部辦理等職。曾出使多國，包括中國、暹羅等。也是越南改革家。

作品：《鄧黃中五戒法帖》（A.1742）、《鄧黃中詩抄》（VHv.833/1-6, VHv.249/1-2-5-6）、《鄧黃中文抄》（VHv.834/1-4, VHv.250/1-4, A.1145/1-2）、《策學問津》（VHv.409, VHv.884）、《辭受要規》（A.491/1-3, VHv.252/1-4）、《四戒詩》（A.2867）、《四十八孝詩畫全集》（AC.16, A.3104/c）、《自治

煙賭方書》（A.2334）、《無題碑》（N⁰19319）等；編輯《柏悅集》、《東南盡美錄》、《珥湟遺愛錄》、《四書文選》等書；另有詩作收錄於《陽亭賦略》、《二味集》、《清康熙御題耕織圖副本》、《張廣溪詩文》等。

參考：茶嶺（1990），《鄧輝燡：生平與作品》，胡志明：胡志明市出版社；黎志遠（主編）（2000），《越南文學總集》第15冊，河內：社會科學出版社。

934. 靜齋（TĨNH TRAI）

見第794條「尋江」。

935. 崢齋（TĨNH TRAI）

黃金錫（1829–1882），又名黃耀，字光遠，號崢齋。延福縣春台社（今廣南省奠磐縣奠和社）人。阮嗣德元年（1848）戊申科舉人，嗣德六年（1853）癸丑科副榜。歷任綏福知縣、綏遠知府、香茶知縣、多福知府、諒江知府、南定按察使、北寧布政使、刑部參知、吏部參知、廣南巡撫、安靜總督（今乂安、河靜兩省）、河寧總督等職。法軍攻進河內城時，因守城失敗，在武廟自殺殉國。

作品：〈陳情表〉；另有詩文收錄於《錦語》、《諸題合選》、《大家寶文雜編》、《行吟錦錄》、《皇朝文集》、《廣覽名言集錄》、《國音詩歌雜錄》、《國朝文選》、《詩歌雜錄》等書中。

參考：黎志遠（主編）（2000），《越南文學總集》第15冊，河內：社會科學出版社。

936. 靖齋（TĨNH TRAI）

吳時典（?–?），字敬甫，號靖齋。山南鎮青威縣左青威社（今河內市青池縣左青威社）人。生平事跡未詳，為19世紀間人。

作品：《對聯集》收錄於《吳家文派選》（藏於巴黎）。

參考：阮祿（主編）（2000），《越南文學總集》第8冊，河內：社會科學出版社；吳氏（2010），《吳家文派選集》，河內：河內出版社。

937. 靜齋（TĨNH TRAI）

阮咸寧（1808–1867），字順之，號靜齋，又號王山。廣澤府忠愛社（今廣平省布澤縣）人。阮明命十二年（1831）辛卯科舉人。歷任流岸知縣、國學讀書、吏部郎中、慶和按察使、翰林院著作等職。

作品：《靜齋小草摘抄》（VHv.140, A.2820）；另有詩文收錄於《名編輯錄》。

參考：黎志遠（主編）（2000），《越南文學總集》第 15 冊，河內：社會科學出版社。

938. 靖齋（TĨNH TRAI）

陳岑（1771–1837），字俊彥，號靖齋。上福縣文甲社（今河內市常信縣）人。生平事跡未詳，阮嘉隆年間做官。

作品：《上福陳氏家譜》（A.643, A.1001）等。

939. 信學禪師（TÍN HỌC THIỀN SƯ）

姓蘇（?–1190），原名未詳，法號信學，為當時高僧，人稱信學禪師。天德府珠明社（今之所在未詳）人。師從清界禪師，後師從道惠禪師。空露山光嶺寺主持（今河內市）。

作品：偈詩一首收錄於《禪苑集英》（VHv.1267, A.3144）。

參考：《禪苑集英》（1990），河內：文學出版社。

940. 信臣（TÍN THẦN）

見第 547 條「墨軒」。

941. 全枝（TOÀN CHI）

見第 505 條「魯溪」。

942. 纂夫（TOẢN PHU）

阮登佳（?–1854），字纂夫。麗水縣扶政社（今廣平省麗水縣）人。阮明命六年（1825）乙酉科舉人。歷任署南定鎮參協、清化布政使、安靜總督、寧太總督、山興宣總督、刑部尚書充國史館總裁、協辦大學士、北圻經略使等職。逝世後追封少保。

作品：詩文收錄於《博學宏詞科策文》、《北圻河堤事跡》、《兵制表疏》、《硃批寶翰》、《養齋集》、《對帳集》、《河內城記》、《南郊樂章》、《在京留草》、《帳對雜錄》、《帳文對聯全集》、《輓文對聯集》、《聞見雜編》等書中。

943. 蘇江（TÔ GAING）

見第 572 條「夢梅」。

944. 蘇川（TÔ XUYÊN）

見第 418 條「克齋」。

945. 素庵（TỐ AM）

潘輝泂（1775–1844），字遠卿，號素庵。原籍乂安鎮天祿縣收穫社（今河靜省祿河縣石州社），後移居石室縣柴山社（今河內市石室縣），為潘輝益之子，潘輝值、潘輝注之兄。鄉試及第。

作品：《潘家世紀錄》（A.2691）、《歷代典要通論》（VHv.153/1-3, VHv.411/1-3, VHv.915/1-3, A.829/1-2, A.2211/1-2, A.1583, A.2398, A.2328）；另有詩文收錄於《山堂慶壽集》。

946. 素如（TỐ NHƯ）

見第 817 條「青軒」。

947. 存庵（TỒN AM）

裴輝璧（1744–1818），或名裴璧，字希章，又字黯章，號存庵，亦或存庵病叟，又號存翁。定功社人，後移居山南鎮青池縣盛烈社（今河內市黃梅郡盛烈坊）。師從阮伯守，後師從黎貴惇。黎景興三十年（1769）己丑科第二甲進士出身。任翰林院侍制、東閣校書等職。調任乂安督同，鞠躬盡瘁、親民愛民。後召回朝廷，任入侍陪訟、戶部左侍郎、國子監祭酒、入侍參訟等職，封繼烈侯。西山國變之後，不再出仕。

作品：《皇越詩選》（A.3162/1-12, A.608, A.2857, VHv.49/1-2, VHv.1780, VHv.1451, VHv.1477, VHv.2150, VHv.704）、《皇越文

選》（A.3163/1-3, A.2683, A.1582, VHv.1452a, A.203, VHv.1452b, VHv.1452, VHv.93a）、《旅中雜說》（A.151, VHv.1804）、《五經節要》（AC.422/1-10, AC.194/1-10）、《五經節要演義》（AB.539/1-12）、《清池裴氏家譜》（VHv.1343/1-3, A.640）、《書經節要》（VHv.4/1-4）、《性理節要／性理大全節要》（AC.5b/1-2, AC.5a/1-2）、《存庵詩稿》（A.2986）、《存庵文》（VHv.85）、《存庵文稿》（VHv.1414）、《存庵文草》（VHv.87）、《存庵散文類》（A.2118）、《存庵文集抄錄》（A.2339）、《四書節要》（AC.226/1-4）、《后神碑記》（N⁰3406）、《羅溪吳氏祠堂碑記／羅溪吳氏忌田碑記》（N⁰909/910）；潤色《神道碑記／書筆御賜》（N⁰4207/4208）；編輯《周禮節要》、《周禮註疏刪翼節要》、《立齋范先生詩集》等；另有詩文收錄於《陰騭文註》、《名言雜著》、《宣齋公詩集》、《道南齋初稿》、《翰閣叢談》、《行參官家訓演音》、《黎致仕詩集》、《龍編百二詠》、《乂安河靖山水詠》、《乂安詩集》、《方亭文類》、《雙青賦選》等書中。

參考：《皇越詩文選》（1960–1961），河內：文化出版社；鄧德超（主編）（2000），《越南文學總集》第 14 冊，河內：河內社會科學出版社。

948. 存質（TỒN CHẤT）

見第 627 條「悟齋」。

949. 存翁（TỒN ÔNG）

見第 947 條「存庵」。

950. 存成（TỒN THÀNH）

見第 810 條「石甫」。

951. 存齋（TỒN TRAI）

見第 810 條「石甫」。

952. 存齋 (TỒN TRAI)

杜子微（?–?），號存齋。籍貫未詳，為陳朝官員，任中書令。

參考：〈過越井岡〉、〈賀胡城中狀元〉等收錄於《全越詩錄》（A.3200/1-4, A.1262, A.132/1-4, VHv.117/1-2, VHv.777/1-2, VHv.1450/1-2, VHv.116, A.1334, A.393, A.2743）。

參考：陳黎創（主編）（2000），《越南文學總集》第 3 冊，河內：社會科學出版社。

953. 摶修 (TỒN TU)

見第 449 條「畸庵」。

954. 遜庵 (TỐN AM)

裴文禩（1833–1895），字殷年，號遜庵、海農、珠江、輶軒。里仁府金榜縣珠球社（今河南省府理市）人。阮嗣德八年（1855）乙卯科舉人，嗣德十八年（1865）乙丑科副榜。成泰二年（1890）庚寅科同進士出身。宦路長達 29 年，經 7 位皇帝，分別為嗣德、育德、協和、建福、咸宜、同慶、成泰等。歷任北寧省郎才、越安、安勇知縣、寧平按察使、副都御史、禮部尚書、吏部尚書、協辦大學士、國史館副總裁兼管國子監等職。1876 年任正使出使中國。

作品：《輶軒詩草／輶軒詩》（A.2554, VHv.1127, VHv.1128, VHv.1993, A.1441）、《輶軒詩序》（A.355）、《輶軒叢筆》（A.801）、《大珠使部唱酬》（VHv.1781）、《遜庵詩抄》（A.196）、《萬里行吟》（VHv.868, A.2840, VHv.868, VHv.867, VHv.251, VHv.868, VHv.869/1-2, A.2363, A.305）、《無題碑》（N^{0}15894）、《柴山感題》（N^{0}1220）等；參與編撰《雄舟酬唱集》、《中州酬應集》；參與點評《蔗園全集》；另有詩作收錄於《表詔賦合選》、《舉業詩集》、《諸名家詩》、《諸題墨》、《名臣筆錄》、《外國來文集》、《國朝名人墨痕》、《詩歌雜編》、《詩草雜編》等書中。

參考：黎志遠（主編）（2000），《越南文學總集》第 15 冊，河內：社會科學出版社。

955. 遜班（TỐN BAN）

見第 728 條「方亭」。

956. 巽甫（TỐN PHỦ）

見第 732 條「芳澤」。

957. 遜齋（TỐN TRAI）

黎有喬（1691–1760），號遜齋。海陽鎮唐豪縣遼舍社（今興安省安美縣遼舍社）人。黎永盛十四年（1718）戊戌科第三甲同進士出身。歷任戶部司務、權京北憲察使、翰林院承旨兼工部右侍郎，後晉升工部左侍郎等職，封寮亭伯。後任都臺、工部尚書、參訟、兵部尚書、禮部尚書等職，封寮亭侯。曾任副使出使中國。

作品：《北使效顰集》（已失傳）；參與編撰《國師大王廟宇碑記》（N⁰671/735/736/737）、《黃甲黎公祠堂記》（N⁰10801/10802）；潤色《斯文祠址碑》（N⁰5794/5795/5796/5797）。

958. 巽齋（TỐN TRAI）

武權（?–?），號巽齋。京北鎮良才縣中關社（今北寧省良才縣）人。阮嘉隆十八年（1819）己卯科舉人。任美良知縣，後辭官奉母，在家鄉事親教書。

作品：《巽齋學詠》。

959. 宋溪（TỐNG KHÊ）

阮友度（1813–1888），字希裴，號宋溪。清化鎮弘化縣月圓社（今清化省弘化縣）人。阮明命十八年（1837）丁酉科舉人，明命十九年（1838）戊戌科副榜。任勤政殿大學士、北圻經略使，封永賴郡公等。後被法國殖民調回順化，秘密監督、反抗咸宜帝的活動，後又調到北部。最後調回順化協助同慶帝。

作品：《奏議前集》（VHv.43/1-2）、《宋溪阮永賴公年表》（VHv.44）、《宋溪年表初集》（VHv.333）、《宋溪阮永賴公生祠文詩集／宋溪生祠詩集》（VHv.334）、《宋溪生祠文集》（VHv.332）；參與編撰《大南疆界彙編》、《大南國疆界彙》；另

有詩作收錄於《伯多祿敕文並雜文詩抄錄》、《大家寶文雜編》、《牒疏賀文》、《國朝文選》、《續彙大南文苑統編》等書中。

960. 卓如甫（TRÁC NHƯ PHỦ）

黎某（?–?），號卓如甫。籍貫未詳。

作品：《灸法精微摘要便覽》（VHv.2946）。

961. 卓峰（TRÁC PHONG）

見第 1006 條「竹峰」。

962. 宅卿（TRẠCH KHANH）

武文俊（1803–?），號白山，又號宅卿。京北鎮嘉林縣鉢場社（今河內市嘉林縣）人。阮明命十八年（1837）丁酉科舉人，紹治三年（1843）癸卯科第三甲同進士出身。歷任翰林院編修、河中知府、侍講、史館纂修等職，封侍讀銜，曾被任命出使中國。

作品：《周原學步集》（A.2934）。

963. 澤塢（TRẠCH Ổ）

見第 217 條「篤齋」。

964. 擇善（TRẠCH THIỆN）

見第 172 條「陽山」。

965. 澤村（TRẠCH THÔN）

見第 910 條「節齋」。

966. 澤園（TRẠCH VIÊN）

阮訓（?–?），號澤園。福安省春澤社（今永福省）人。生平事跡未詳。

作品：註釋《澤園門傳輯要醫書祕傳》（VHv.2324, A.1879, VHv.535, VHv.1666, VHv.2364, A.2783, VNb.49, VNv.247, VNv.141, AB.152）。

967. 湛溪（TRẠM KHÊ）

黎僖（1646–1702），號湛溪，東山縣石溪社（今清化省東山縣）人。黎景治二年（1664）甲辰科第三甲同進士出身。歷任參訟、兵部尚書、知中書監等職，封來山伯。逝世後追封吏部尚書，追爵來郡公。

作品：《鄧家奉祀碑記／萬世奉祀券文／祭物儀節事例／祀田逐分處所》（N⁰5867/5868/5869/5870）；參與整理、送印政和十八年（1659）第一版《大越史記全書》。

968. 壯子無逸（TRÁNG TỬ VÔ DẬT）

見第 1033 條「慧靜」。

969. 鎮安（TRẤN AN）

吳靖（1514–?），字文靖，號鎮安。山南鎮慈廉縣雲耕社（今河內市懷德縣春芳社）人。生平事跡未詳。

作品：《萬方集驗》（A.1287/1-8）等。

970. 知止（TRI CHỈ）

見第 799 條「晉齋」。

971. 知津（TRI TÂN）

嚴士敦（?–?），號知津，富川縣知止社（今河內市富川縣）人。生平事跡未詳。阮嗣德三十一年（1878）戊寅科舉人。任知縣。

作品：《知止阮族家譜》（A.806）；另有詩文收錄於《百戰妝臺》、《妝臺百詠》等書中。

972. 智寶（TRÍ BẢO）

姓阮（?–1190），原名未詳，法號智寶。永康郡烏延鄉人（今之所在未詳）。在長樂吉利村遊熙山青雀寺（今之所在未詳）出家，後師從道惠。為當時高僧，開講佛法，弟子眾多。

作品：詩作收錄於《禪苑集英》（VHv.1267, A.3144）。

參考：《禪苑集英》（1990），河內：文學出版社；文新（2000），《越南文學總集》第 1 冊，河內：社會科學出版社。

973. 致軒（TRÍ HIÊN）

楊寵（1804–?），又名楊燈用，字登用，號致軒。慈廉縣倚羅社（今河內市懷德縣楊內社）人。阮明命九年（1828）戊子科舉人，明命十年（1829）己丑科副榜。任御史。

作品：《楊先生履歷詩文集》（A.759）、《倚羅社楊氏家譜》（A.760）；另有詩文收錄於《名人詩集》。

974. 智禪（TRÍ THIỀN）

黎鑠（?–?），法號智禪，周峰（今之所在未詳）人。師從界空禪師，去慈山出家修行。為李朝高僧。李朝李英宗（1138–1175）、李高宗（1176–1210）屢次請為國師，均予以拒絕。

作品：詩作收錄於《禪苑集英》（VHv.1267, A.3144）。

參考：《禪苑集英》（1990），河內：文學出版社；文新（2000），《越南文學總集》第 1 冊，河內：社會科學出版社。

975. 溳溪（TRIỀN KHÊ）

阮慎（?–?），字敬之，號蛤川，又號溳溪。國威府應天社（今河內市國威縣）人。生平事跡未詳，活動於 16 世紀間，曾任國子監教授。

作品：詩作收錄於《全越詩錄》（A.3200/1-4, A.1262, A.132/1-4, VHv.117/1-2, VHv.777/1-2, VHv.1450/1-2, VHv.116, A.1334, A.393, A.2743）。

976. 朝甫（TRIÊU PHỦ）

見第 610 條「義山」。

977. 朝南（TRIÊU NAM）

見第 1119 條「無悶叟」。

978. 貞伯（TRINH BÁ）

見第 733 條「鳳崗」。

979. 貞譽（TRINH DỰ）

見第 856 條「脫軒」。

980. 仲恭（TRỌNG CUNG）

見第 392 條「希魯」。

981. 仲延（TRỌNG DIÊN）

見第 647 條「雅莊」。

982. 仲翼（TRỌNG DỰC）

見第 1000 條「竹堂」。

983. 仲洋（TRỌNG DƯƠNG）

見第 83 條「止庵」。

984. 仲匡（TRỌNG KHUÔNG）

見第 649 條「岩溪」。

985. 仲玉（TRỌNG NGỌC）

陳瑷（?–?），字仲玉。乂安省瓊瑠縣瓊梅社人。阮明命十五年（1834）甲午科舉人。曾任升平知縣，後被革職，回鄉教書。嗣德年間被任命為訓導。

作品：散文收錄於《東晹文集》。

986. 仲讓（TRỌNG NHƯỢNG）

見第 1000 條「竹堂」。

987. 仲敷（TRỌNG PHU）

見第 1000 條「竹堂」。

988. 仲夫（TRỌNG PHỦ）

阮廷炤（1822–1888），字孟擇，號仲夫、晦齋。平陽縣新慶社，或云新泰社（今胡志明市）人。阮紹治三年（1843）癸卯科秀才，

因患眼疾而雙目失明，留在家鄉教書。國難之時，幾經輾轉，到吒知（今檳椥省）隱居。曾為抗法戰爭中犧牲的烈士書寫祭文。

作品：《蓼雲仙傳》（AB.62, AB.470, VN.43, VNb.30）、《楊慈何茂》。

參考：《阮廷炤》（1984），檳椥：檳椥出版社；阮廷炤（1989），《楊慈何茂》，隆安：隆安出版社；阮廷炤（1994），《蓼雲仙》，河內：社會科學出版社；《阮廷炤：作者和作品》（1998），河內：教育出版社；黎志遠（主編）（2000），《越南文學總集》第15冊，河內：社會科學出版社；潘文閣、鄧德超（主編）（2000），《越南文學總集》第16冊，河內：社會科學出版社。

989. 仲升（TRỌNG THĂNG）

潘叔卿（?–?），號仲升。籍貫未詳。

作品：參與考訂《梁溪詩草》（VHv.151, A.2125, A.255）、《梁溪文草》（A.2125, VHv.856, VHv.857, VHv.91, A.292）等。

990. 仲升（TRỌNG THĂNG）

見第472條「懶樵」。

991. 仲佇（TRỌNG TRỮ）

阮綿居（1830–1854），號仲佇。阮聖祖第47子，封廣澤郡公。早逝。

參考：《貢草園詩》（已失傳）。

992. 仲淵（TRỌNG UYÊN）

見第898條「倉山」。

993. 仲羽（TRỌNG VŨ）

見第187條「琰齋」。

994. 竹庵（TRÚC AM）

黎富庶（1693–1783），又名黎仲庶，黎貴惇之父，號竹庵。延河縣延河社（今太平省興河縣獨立社）人。黎寶泰五年（1724）甲辰

科第三甲同進士出身。歷任刑部給事中、海陽監察御史、入侍陪訟左政言、遷都御史、東閣校書，封伯爵，又任京北憲察使、東閣大學士、副都御史、戶部左侍郎，封延鳳伯，及刑部左侍郎、工部左侍郎、刑部尚書，封演派侯，贈太保、河郡公爵。

作品：《竹庵詩文集》（已失傳）、《後神碑記／事神依例》（N⁰5501/5502）；另有詩文收錄於《百僚詩文集》、《翰閣叢談》等書中。

995. 竹隱（TRÚC ẨN）

見第 258 條「蔗園」。

996. 竹潭（TRÚC ĐÀM）

梁文料（1879–1908），又叫梁竹潭，梁文玕之子，號竹潭。常信縣蕊溪社（今河內市）人。阮成泰十五年（1903）癸卯科舉人，曾參與東京義塾運動。

作品：《南國地輿》（VHv.173, VHv.1725, A.75, VHv.2102）等。

997. 竹亭（TRÚC ĐÌNH）

阮師璜（1852–1925），又名阮季算，字慶馬，又字秋花，號竹亭。上福縣平望社（今河內市常信縣）人。生平事跡未詳，阮成泰十八年（1906）丙午科舉人。

作品：《大越鼎元佛錄》（A.771, A.1205）、《欽定越史綱目輯要》（A.2890/1-8, VHv.162/1-11, VHv.1579/1-9）、《竹亭文集》（A.914）、《雲齋阮氏家譜》（A.796）；編輯《越史集要》；校訂《平望阮族乙派庶支譜》。

998. 竹亭（TRÚC ĐÌNH）

阮俊（1562–?），號竹亭。青池縣仁睦社（今河內市青春郡）人。黎弘定十四年（1613）癸丑科第三甲同進士出身。歷任左理功臣、吏部右侍郎等職。曾出使中國。逝世後追封兵部右侍郎，追爵郡公。

作品：《越史三字新約全編序》（VHv.1697, VHv.1820, VHv.235）。

999. 竹亭（TRÚC ĐÌNH）

陳震甫（?–?），號竹亭。籍貫未詳，活動於 19 世紀間。

作品：參與編輯《凌雲氣賦集》（A.1440）等。

1000. 竹堂（TRÚC ĐÌNH）

吳世榮（1802–1856），字仲讓、仲翼、仲敷，號竹堂、陽亭、曲江。山南下鎮南真縣沛陽社（今南定省南直縣南陽社）人。阮明命九年（1828）戊子科舉人，明命十年（1829）己丑科第三甲同進士出身。曾任禮部郎中。因當考官犯錯而被革職，取消其進士身分。回鄉後開私塾，學生眾多，不少賢達之人。嗣德帝惜其才，恢復其進士身分。

作品：《沛陽吳世榮京回餞行詩集》（A.2639）、《沛陽進士吳先生詩集》（A.2449, VHv.142）、《沛陽書集》（VHv.139）、《皇閣遺文》（A.2137）、《考尺度步法》（VHv.2556）、《曲江吳陽亭文集》（A.803）、《吳陽亭文集》（A.322）、《宋史略》（VHv.94）、《竹堂周易隨筆》（A.1153）、《竹堂賦選》（A.128, VHv.182/1-2, VHb.188/1-2, VHb.189/1-2, VHv.428/1-2, VHv.835/1- 2, VHv.1481/1-2, VHv.227, VHb.237, VHv.187/1, VHb.190, VHb.193, VHv.238, VHb.11, VHb.191）、《竹堂詩文集》（VHv.143/1-3）、《竹堂詩文集隨筆》（VHv.2329）、《竹堂隨筆》（VHv.150/1-6）、《陳廟碑記》（N[0]13516）等；參與編撰《準定鄉會試法》、《上諭訓條》；評點《巽甫詩集》；檢閱《皇越策選》、《矯大王上等神記錄》、《隆翹靈應聖昭矯大王上等神記錄》。另有詩文收錄於《百官謝表》、《沛陽吳先生詩集》、《裴家北使賀文詩集》、《歌籌體格》、《高平記略》、《朱先生行狀草》、《諸題墨》、《名編輯錄》、《陽亭賦略》、《陽亭賦譜》、《陽亭喪事詩帳對聯集》、《陽亭詩帳集》、《洋夢集》、《大南碑記詩帳寶集》、《對聯抄集》、《佳文雜記》、《皇越太傅劉君墓志》、《南行集》、《山堂慶壽集》、《集

美詩文》、《臣民表錄附裴家北使賀文詩集》、《詩賦雜抄》、《翠山詩集》、《仙丹隨筆諸家詩集合訂》、《竹堂先生詩集附雜聯帳》、《竹堂場文策》、《帳對及應制文》、《帳對雜錄》、《松竹蓮梅四友》、《抑齋遺集》、《皇朝文集》、《燕行曲》等。

參考：阮廣遵（主編）（2000），《越南文學總集》第 13 冊，河內：社會科學出版社。

1001. 竹堂 （TRÚC ĐÌNH）

見第 258 條「蔗園」。

1002. 竹軒 （TRÚC HIÊN）

胡士棟（1739–1785），又名胡士全，字隆甫，又字通甫，號瑤亭，又號竹軒。乂安鎮瓊瑠縣完厚社（今乂安省瓊瑠縣瓊堆社）人。黎景興三十三年（1772）壬辰科第二甲進士出身。曾任京北布政使、海陽按察使、戶部左侍郎、同參訟、參督權府事，封經陽侯等職。曾任副使出使中國。逝世後追封工部尚書，追爵郡公。

作品：《華程遺興》（A.515）等；另有詩作收錄於《瑤亭詩集》、《黎朝景興監文》、《使華叢詠》（A.1552, A.2993, A.211, A.2123, A.2001, A.551, VHv.1896, VHv.1404/1, VHv.1404/2, VHv.1998, VHv.2481, VHv.2076, VHv.2350, VHv.2476, VHv.1613, VHv.2251）等書中。

1003. 竹林 （TRÚC LÂM）

陳昑（1258–1308），即陳仁宗之道號。陳聖宗和天感皇后之子。原籍天長路即墨村（今南定省南定市）。陳仁宗在位十五年（1278–1293），退位後當太上皇（1293–1299）。後於安子山（今地處廣寧省）出家修行，以竹林安子為道號。越南佛教竹林派創始者，又被世人稱為覺皇調御。

作品：《中興實錄》、《禪林鐵嘴語錄》、《大香海印詩集》、《僧伽碎事》、《石室寐語》、《陳仁宗詩集》等（均已失傳）；另有詩作收錄於《全越詩錄》（A.3200/1-4, A.1262, A.132/1-

4, VHv.117/1-2, VHv.777/1-2, VHv.1450/1-2, VHv.116, A.1334, A.393, A.274）、《陳朝世譜行狀》（A.663）、《禪宗本行》（AB.562）等書中。

參考：陳黎創（主編）（2000），《越南文學總集》第 2 冊，河內：社會科學出版社；《佛皇陳仁宗（1258–1308）——生平與事業》（2013），河內：社會科學出版社；釋清決（2018），《佛教竹林安子叢書》，河內：社會科學出版社。

1004. 竹溪（TRÚC KHÊ）

程清（1413–1463），本姓陳，字直卿，號竹溪。原籍山南鎮應和府良舍社（今河內市應和縣），後移居青威縣青威中村（今河內市河東郡）。黎順天四年（1431）辛亥宏詞科及第。歷任翰林院侍讀、內密院正長翰林院、知制誥門下省、右侍郎中、海西參知道軍民簿籍等職。1443 年任副使出使中國。

作品：《竹溪詩集》（已失傳）；另有詩作收錄於《全越詩錄》（A.3200/1-4, A.1262, A.132/1-4, VHv.117/1-2, VHv.777/1-2, VHv.1450/1-2, VHv.116, A.1334, A.393, A.2743）。

參考：裴文原（主編）（2000），《越南文學總集》第 4 冊，河內：社會科學出版社。

1005. 竹翁（TRÚC ÔNG）

見第 101 條「拙夫」。

1006. 竹峰（TRÚC PHONG）

阮季膺（?–?），號竹峰，又號卓峰。籍貫未詳。活動於陳朝間（1225–1400），曾出使中國。

作品：〈題吾溪〉收錄於《全越詩錄》（A.3200/1-4, A.1262, A.132/1-4, VHv.117/1-2, VHv.777/1-2, VHv.1450/1-2, VHv.116, A.1334, A.393, A.2743）。

1007. 竹甫（TRÚC PHỦ）

阮明哲（1578–1672），號竹甫，後改名為阮后眷，後又得到皇帝

親筆將其名改為阮壽春。海陽處至靈縣落山社（今海陽省至靈縣安樂社）人。黎德隆三年（1631）探花。曾任工部尚書、少保，封錦郡公。

作品：《無題碑》（N⁰4917/4918）、《後神碑記》（N⁰12276/12277/12278/12279）、《立國老夫人碑》（N⁰1855/1856）、《福巖寺三寶市碑／功德信施》（N⁰7178/7179）、《修造法雨寺碑／十方信施記》（N⁰7850/7851）；另有詩作收錄於《全越詩錄》（A.3200/1-4, A.1262, A.132/1-4, VHv.117/1-2, VHv.777/1-2, VHv.1450/1-2, VHv.116, A.1334, A.393, A.2743）。

1008. 竹村（TRÚC THÔN）

武序（?–?），字繼之，號竹村。南定省美祿縣渭川社人。生平事跡未詳。

作品：《籟鳴詩草》（A.519, VHv.107）、《南定武竹村詩》等。

1009. 竹齋仙翁（TRÚC TRAI TIÊN ÔNG）

見第 101 條「拙夫」。

1010. 竹雲（TRÚC VÂN）

朱孟楨（1862–1905），字幹臣，號竹雲。興安省快州府東安縣米所總富市社（今興安省文江縣米所社）人。阮同慶元年（1886）丙戌科舉人，成泰四年（1892）壬辰科第三甲同進士出身。歷任里仁知府、河南、興安、北寧、太原等省按察使等職。

作品：《清心才人詩集》（AB.412）；另有詩作收錄於《百戰妝臺》、《百家詩集》、《諸題墨》、《榆軒詩草》、《遊香跡峒記》、《賀言登錄》、《經略衙文集》、《龍選試策》、《國文叢記》、《詩文雜錄》、《越粹參考》等書中。

參考：鄧德超（主編）（2000），《越南文學總集》第 14 冊，河內：河內社會科學出版社。

1011. 竹雲（TRÚC VÂN）

慧覺（?–?），號竹雲。籍貫未詳。

作品：《柴山勝跡雜記》（A.923）等。

1012. 中可（TRUNG KHẢ）

見第 594 條「泥江」。

1013. 忠良（TRUNG LƯƠNG）

見第 108 條「拙齋」。

1014. 忠亮（TRUNG LƯỢNG）

見第 497 條「類庵」。

1015. 衷邁（TRUNG MẠI）

黎梧吉（1827–1875），字伯亨，號衷邁。彰德縣香郎社（今河內市彰美縣）人。阮嗣德元年（1848）戊申科舉人。歷任高平按察使、國史館編修、國史館總裁等職。

作品：《大南國史演歌》（AB.1, VNv.3, VNv.117, VNv.118, VNv.165, AB.328, VNv.1, VNv.4, VNv.5, VNv.207）等。

參考：鄧德超（主編）（2000），《越南文學總集》第 14 冊，河內：河內社會科學出版社；阮朝國史館（2008），《大南國史演歌》，河內：文學出版社。

1016. 中甫（TRUNG PHỦ）

見第 903 條「僞金」。

1017. 中齋（TRUNG TRAI）

鄧玉鑽（?–?），號中齋。南定省春長縣行善社人。鄧春榜之弟。活動於 19 世紀間，阮嗣德二十一年（1868）戊辰科舉人。曾任建昌府教授。

作品：《迪吉寶錄》（A.1888）、《國朝歷科鄉策》（A.486, A.1256/1-2, VHb.49/2, VHb.45）、《造福寶書》（A.1864, VHb.141/1-2）等；並將《文昌帝君陰騭文演音歌》譯成喃文。

1018. 直卿（TRỰC KHANH）

見第 1004 條「竹溪」。

1019. 直甫 (TRỰC PHỦ)

裴駢（?–?），字直甫。籍貫與生平事跡未詳。生活於 19 世紀末 20 世紀初。

作品：《裴氏略編》（A.773）。

1020. 直信 (TRỰC TÍN)

見第 634 條「月江」。

1021. 徵甫 (TRƯNG PHỦ)

見第 1088 條「文博」。

1022. 澂江 (TRỪNG GIANG)

陳善政（1822–1874），字子敏，號澂江。平龍縣新泰社（今胡志明市旭門縣）人。阮紹治二年（1842）壬寅科舉人。歷任龍川訓導、龍川知縣、知府、翰林院侍讀，負責福安副管道、寧平巡撫等職。

作品：《子敏詩集》（A.2418）、《大光禪寺陳子敏公詩集》（A.1533）；參與評點《蔗園全集》（A.2692/1-4, VHv.8/1-8, VHv.2233, VHv.74/1-8, VHv.1769/1-11, VHv.2234, A.395/1-3）；另有詩作收錄於《國朝名人墨痕》、《文選雜編詩啟》等書中。

參考：黎志遠（主編）（2000），《越南文學總集》第 15 冊，河內：社會科學出版社。

1023. 澄溪 (TRỪNG KHÊ)

見第 624 條「玉夆」。

1024. 澂甫 (TRỪNG PHỦ)

見第 45 條「蓬州」。

1025. 脩賢 (TU HIỀN)

黎文休（1230–1322），號脩賢。清化處東山縣紹中社府理中村（今

清化省紹化縣紹中社）人。資質聰明，上學時被老師稱為有才智的人。陳天應政平（1247）太學生科榜眼。24歲任翰林院侍讀，為陳光啟的老師。後來任檢法官，負責刑律，後晉升翰林院學士兼國史院監修，並被任命負責編撰大越國第一部史書。

作品：《大越史記》（已失傳）、《黎皇玉譜》（A.678）；另有詩文收錄於《南史撮要》、《欽定越史》等。

參考：陳黎創（主編）（2000），《越南文學總集》第2冊，河內：社會科學出版社。

1026. 脩善允（TU THIỆN DOÃN）

見第15條「幼敏」。

1027. 洵叔（TUÂN THÚC）

見第808條「石農」。

1028. 循甫（TUẦN PHỦ）

見第91條「志軒」。

1029. 俊彥（TUẤN NGẠN）

見第938條「靖齋」。

1030. 肅齋（TÚC TRAI）

裴昌嗣（1656–1681），字嘉樂，號肅齋。山南鎮青池縣盛烈社（今河內市黃梅郡盛烈坊）人。生平事跡未詳。

作品：《清池裴氏家譜》。

1031. 慧登（TUỆ ĐĂNG）

見第68條「真原」。

1032. 慧綿妙（TUỆ MIÊN DIỆU）

姓名未詳（?–?），號逸道慈潤，又號慧綿妙。生平事跡未詳。

作品：《頂峰菘茱新撰鍐梓心囊大集》（A.887）等。

1033. 慧靜 (TUỆ TĨNH)

阮伯靜（1330–1440），法號慧靜，又號蕙靜、慎齋、洪義、壯子無逸等。海陽處錦江縣義富社（今海陽省錦江縣錦武社）人。陳裕宗年間（1341–1369）曾參加科舉考試，太學生科及第，然不從仕，而出家為僧。當時名醫，善用草藥。

作品：《洪義覺斯醫書》（A.162, AB.306）、《南藥神效》（VHv.1664/1-7, VHv.1665/1-4, VHv.1664/6, VHv.520, VHv.1017/1, VHv.1124, A.2727, A.2728, VHv.1664/1-2, A.2850, A.3024, A.1270/1-3, VNv.136, A.163, VHv.228/1-2）、《慧靜醫書》（AB.288）等；註解《課虛錄》（AB.268）裡面的喃字。

參考：慧靜（1998），《慧靜其全集》，河內：醫學出版社；陳黎創（主編）（2000），《越南文學總集》第 3 冊，河內：社會科學出版社。

1034. 慧忠上士 (TUỆ TRUNG THƯỢNG SĨ)

陳嵩（1230–1291），號慧忠上士。天長路即墨村（今南定省南定市）人。為陳柳之子，陳國俊之胞兄。曾師從逍遙禪師，精通佛學，然不出家為僧。陳聖宗（1258–1278）尊為師兄，陳仁宗（1279–1293）尊為師，對竹林安子佛教發展有巨大貢獻。元朝蒙古軍侵占大越時，陳嵩分別於 1285 年和 1287 年兩次率兵抗元。

作品：《上士語錄》（A.1932）。

參考：阮維馨（1998），《慧忠：人士，上士，詩士》，河內：社會科學出版社；陳黎創（主編）（2000），《越南文學總集》第 2 冊，河內：社會科學出版社；李越勇（2003），《慧忠上士語錄翻譯與註釋》，金甌：金甌出版社。

1035. 叢安 (TÙNG AN)

黃繼炎（1820–1909），字日長，號叢安。廣寧府文蘿社（今廣平省廣寧縣）人。阮紹治三年（1843）癸卯科舉人。歷任吏部郎中、寧平按察使、清化布政使、興安布政使兼巡撫、安靜總督、諒平寧太等四省統督、北部軍務節制、太子少保、機密院大臣等職。

作品：《神機要語》（VHv.128）、《籌設山防事宜奏》（A.2561）、《無題碑》（N⁰16.027）等；另有詩文收錄於《皇朝鄉會文武試則例》等書中。

1036. 松堂（TÙNG ĐƯỜNG）

杜登弟（1814–1888），字恕卿，號松堂。平山縣州沙社（今廣義省山靜縣靜州社）人。阮紹治元年（1841）辛丑科舉人，紹治二年（1842）壬寅科副榜。歷任翰林院檢討充內閣行走、順安知府、義興知府、監察御史、兵部郎中、平順按察使、定祥布政使，後晉升刑部辦理、兵部侍郎等職。致仕後頭銜為禮部署尚書。

作品：《松堂詩草》（已失傳）；另有詩文收錄於《東暘文集》、《天池武東暘文集》、《皇朝文集》、《文集》等書中。

1037. 松軒（TÙNG HIÊN）

吳廷太（?–?），原名吳世美，字寶光，號松軒、陽岳、浩夫。山南下鎮南直縣拜陽社（今南定省南直縣南陽社）人。嗣德十八年（1819）己卯科舉人。任常信知府，後辭官回鄉教書。

作品：《陽岳松軒吳子文集》（A.2131）、《南行詩記》（A.1946）、《松軒集》（VHv.1469）、《松軒寶光子文集》（A.2144）、《松軒場策文》（A.530）、《唱曲集詩附唱曲集編》（AB.195）；參與編輯《南風解嘲》、《矯大王上等神記錄》等書。

1038. 松軒（TÙNG HIÊN）

阮子成（?–?），籍貫未詳。生活於陳朝年間（1225–1400）。

作品：詩作收錄於《全越詩錄》（A.3200/1-4、A.1262、A.132/1-4、VHv.117/1-2、VHv.777/1-2、VHv.1450/1-2、VHv.116、A.1334、A.393、A.2743）。

參考：陳黎創（主編）（2000），《越南文學總集》第3冊，河內：社會科學出版社。

1039. 松軒（TÙNG HIÊN）

武幹（1475–?），號松軒。海陽處唐安縣慕澤社（今海陽省平江縣新紅社）人。為武瓊之子，黎聖宗時期史學家、文學家。黎景統五年（1502）壬戌科第一甲進士出身。歷任刑部尚書、禮部尚書、掌翰林院事、入侍經筵等職，被任命出使中國。是阮秉謙之詩友。

作品：《松軒詩集》（已失傳）、《松軒文集》（已失傳）、《四六備覽》（已失傳）、《重修陽岩寺石碑》（N°12007）等。

參考：裴維新（主編）（2000），《越南文學總集》第5冊，河內：社會科學出版社。

1040. 松溪（TÙNG KHÊ）

阮堯咨（1383–1471），字君疇，號松溪。京北處武江縣扶良社（今北寧省桂武縣富良社）人。黎太和六年（1448）戊辰科第一甲進士及第第二名。歷任翰林院值學士、安撫使等職。黎宜民篡位後，被任命出使中國求封。後官至吏部尚書掌管六部。

作品：詩作收錄於《全越詩錄》（A.3200/1-4, A.1262, A.132/1-4, VHv.117/1-2, VHv.777/1-2, VHv.1450/1-2, VHv.116, A.1334, A.393, A.2743）。

1041. 松年（TÙNG NIÊN）

見第225條「東野樵」。

1042. 松坡（TÙNG PHA）

鄧提（?–?），字悔卿，號松坡。海陽鎮青河縣翁上村（今海陽省）人。莫純福四年（1565）乙丑科進士。官至尚書，封松嶺伯。曾出使中國。

作品：《松坡詩集》（已失傳）；另有詩作收錄於《全越詩錄》（A.3200/1-4, A.1262, A.132/1-4, VHv.117/1-2, VHv.777/1-2, VHv.1450/1-2, VHv.116, A.1334, A.393, A.2743）。

參考：裴維新（主編）（2000），《越南文學總集》第5冊，河內：社會科學出版社。

1043. 松窗（TÙNG SONG）

見第 822 條「青川」。

1044. 從善（TÙNG THIỆN）

見第 30 條「榜林」。

1045. 叢雲（TÙNG VÂN）

阮敦復（1878–1954），字希庵，號叢雲。慈廉縣羅內社（今河內市懷德縣）人。原籍清化省，後移居北寧省慈山府威弩上村。阮成泰十八年（1906）丙午科秀才。

作品：喃文《傳翁徒巴尾》（AB.493）等。

1046. 松園（TÙNG VIÊN）

見第 647 條「雅莊」。

1047. 雪堂（TUYẾT ĐƯỜNG）

阮禮（1543–1619），號雪堂，至靈縣傑特村（今海陽省至靈縣文安社）人。莫崇康三年（1568）戊辰科第三甲同進士出身。官至尚書，封選郡公。

作品：《福田碑記》（N⁰11391/11392）、《瓊華靈春福蔭萬寧／祿溪南無等之橋碑》（N⁰3217/3218）、《前朝丁先皇帝廟／功德碑記并銘》（N⁰15853/15854, N⁰15870/15871）、《重修靈應寺閣鐘碑》（N⁰2786）。

1048. 雪江夫子（TUYẾT GIANG PHU TỬ）

見第 26 條「白雲庵」。

1049. 雪齋居士（TUYẾT TRAI CƯ SĨ）

吳時億（1709–1736），號雪齋居士。山南鎮青威縣左青威社（今河內市清楚縣左青威社）人。黎朝時曾參加科舉考試，然不願出仕，在家教書。吳時仕之父，吳時任之祖父。

作品：《雪齋詩集》（A.1854）、《宜詠詩集》收錄於《吳家文派選》（藏於巴黎）。

參考：裴惟新（主編）（2000），《越南文學總集》第 5 冊，河內：社會科學出版社；吳氏（2010），《吳家文派選集》，河內：河內出版社。

1050. 慈安老夫（TỪ AN LÃO PHU）

見第 174 條「養庵居士」。

1051. 子幹（TỬ CÁN）

見第 801 條「西湖」。

1052. 子幹（TỬ CÁN）

見第 191 條「澹齋」。

1053. 子敬（TỬ KÍNH）

見第 586 條「南甫」。

1054. 子奇（TỬ KỲ）

見第 910 條「節齋」。

1055. 子敏（TỬ MẪN）

見第 1022 條「澂江」。

1056. 子勉（TỬ MIỄN）

見第 380 條「友善」。

1057. 子明（TỬ MINH）

見第 124 條「菊溪」。

1058. 子謀（TỬ MƯU）

見第 925 條「省齋」。

1059. 子發（TỬ PHÁT）

見第 500 條「龍崗」。

1060. 子季（TỬ QUÝ）

見第 24 條「白茅庵」。

1061. 子晉（TỬ TẤN）

胡仲挺（?–?），字子晉。乂安省瓊瑠縣瓊堆社人。阮紹治七年（1847）丁未科舉人。歷任寧平經歷、廣安巡撫、工部尚書等職。

作品：《公暇詩草》（已失傳）；有文章收錄於《可庵文集》（VHv. 2457, VHv.243）。

1062. 子瑨（TỬ TẤN）

見第 100 條「拙庵」。

1063. 子石（TỬ THẠCH）

何文關（1827–1888），字子石。風祿縣永綏社（今廣平省廣寧縣永寧社）人。阮嗣德八年（1855）乙卯科舉人，嗣德十八年（1865）乙丑科副榜。歷任內閣檢討、嘉祿知縣、平江知府、侍讀、河靜管道、侍講學士、兵部辦理、寧平按察使、兵部參知、海安總督、兵部右侍郎、刑部尚書等職。曾出使中國。

作品：《燕行牙語詩稿》（已失傳）。

1064. 子昇（TỬ THĂNG）

見第 520 條「梅峒臥者」。

1065. 子盛（TỬ THỊNH）

見第 576 條「夢寂」。

1066. 子肇（TỬ TRIỆU）

黎叔顯（?–?），字子肇。海陽處唐安縣慕澤社（今海陽省平江縣新紅社）人。生平事跡未詳，活動於 15 世紀間。

作品：詩作收錄於《全越詩錄》（A.3200/1-4, A.1262, A.132/1-4, VHv.117/1-2, VHv.777/1-2, VHv.1450/1-2, VHv.116, A.1334, A.393, A.2743）。

參考：裴文原（主編）（2000），《越南文學總集》第 4 冊，河內：社會科學出版社。

1067. 子駿 （TỬ TUẤN）

見第 522 條「梅軒」。

1068. 子雲 （TỬ VÂN）

見第 687 條「溫溪」。

1069. 子晏 （TỬ YẾN）

見第 257 條「蔗山」。

1070. 自新 （TỰ TÂN）

見第 215 條「定齋」。

1071. 翔甫 （TƯỜNG PHỦ）

見第 95 條「正軒」。

1072. 翔甫 （TƯỜNG PHỦ）

梁如鵠（?–?），字翔甫。嘉祿縣紅柳社（今海陽省嘉祿縣新興社）人。黎大寶三年（1442）壬戌科第一甲進士及第第三名。歷任安撫副使、翰林院值學士、禮部侍郎、都御史、家中書令兼監學生秘書等職。曾兩次出使中國。

作品：評《精選諸家詩集》（A.2657, A.574）；另有詩作收錄於《全越詩錄》（A.3200/1-4, A.1262, A.132/1-4, VHv.117/1-2, VHv.777/1-2, VHv.1450/1-2, VHv.116, A.1334, A.393, A.2743）、《詩抄》等書中。

參考：裴文原（主編）（2000），《越南文學總集》第 4 冊，河內：社會科學出版社。

U

1073. 崴岳 (UY NHẠC)

潘輝勇（1842–1912），號崴岳。山西省安山縣瑞圭社（今河內市國威縣）人。嗣德二十七年（1874）甲戌科舉人。歷任山西按察使、兵部辦理等職。

作品：《潘族公譜》（A.2963）。

1074. 畏齋 (ÚY TRAI)

見第 313 條「峽石」。

1075. 淵密 (UYÊN MẬT)

吳時志（1753–1788），字學遜，號淵密。山南鎮青威縣左青威社（今河內市青池縣左青威社）人。生平事跡未詳，官至僉署平章事。

作品：《平章學遜公遺草》收錄於《吳家文派》（A.117, A/16-17）；參與編撰《皇黎一統志／安南一統志》（A.883, VHv.1296, VHv.1534/1-2, VHv.1534/B, VHv.1452/1-2）；另有詩文收錄於《諸題墨》、《吳家文派選》等書中。

參考：吳氏（1964），《皇黎一統志》，河內：社會科學出版社；阮祿（2000），《越南文學總集》第 8 冊，河內：社會科學出版社；吳氏（2010），《吳家文派選集》，河內：河內出版社。

1076. 抑齋 (ỨC TRAI)

阮廌（1380–1442），號抑齋。原籍鳳山縣支礙社（今海陽省至靈縣共和社），後移居上福縣蕊溪社（今河內市常信縣蕊溪社）。阮飛卿之子，陳元旦之外孫。胡聖元元年（1400）太學生科及第，

任御史臺正長。明軍於1407年大舉入越後,被明軍軟禁在東關城（今河內市）。1418年投奔黎利參加藍山起義,輔佐黎利成功脫離中國明朝的統治,使越南再度獨立,是後黎朝的主要開國功臣,因此被賜予皇室黎姓,故又名黎廌。曾任入侍行遣、承旨等職,封冠服侯。黎利駕崩之後,受佞臣陷害,便辭官到崑山。後又被黎太宗重新啟用,任翰林院兼國子監承旨。後因弒君罪（史稱荔枝園案）被處死,株連三族。黎光順五年（1464）為其昭雪,恢復舊爵,在世子孫均被重用。

作品:《抑齋遺集》(VHv.1772/2 và3, VHv.1498/2, VHv.697/1, A.131, A.140, A.206, A.3198, VHv.1498/1-3, A.2232, A.1753, VNv.143, A.139) 收錄於《南越輿地志》、《國音詩集》、《軍中詞命集》（ A.2815, A.1900, A.830, A.2251, A.53) ; 另有詩作收錄於《越音詩集》、《阮飛卿詩文集》、《皇越叢詠》、《皇越地輿志》等書中。

參考:阮廌（1927）,《軍中詞命集》,南定:南定出版社;阮廌（1945）,《抑齋詩集》,河內:黎強出版社;阮廌（1956）,《阮廌國音詩集》,河內:文史地出版社;阮廌（1960）,《輿地志》,河內:史學出版社;阮廌（1962）,《阮廌漢文詩》,河內:文學出版社;阮廌（1969）,《阮廌全集》,河內:社會科學出版社;阮廌（1971）,《抑齋詩集》,西貢:負責文化國務卿;阮廌（1973）,《抑齋詩集》,西貢:負責文化國務卿;阮廌（1976）,《阮廌全集》,河內:社會科學出版社;阮廌（1980）,《阮廌詩文選集》,河內:社會科學出版社;《阮廌:其人其文》（1999）,河內:教育出版社;《阮廌:詩歌與生平》（1999）,河內:文學出版社;阮廌（2000）,《抑齋詩集》,河內:文學出版社;阮廌（2000）,《新編阮廌全集》,河內:文學出版社;裴文原（主編）（2000）,《越南文學總集》第4冊,河內:社會科學出版社;阮廌（2009）,《抑齋詩集》,河內:文化通訊出版社;阮廌（2009）,《阮廌詩合選》,河內:文學家出版社;陳仲洋（2012）,《阮廌國音字典》,河內:百科辭典出版社。

1077. 應和（ỨNG HÒA）

見第 134 條「狂士」。

1078. 應溪（ỨNG KHÊ）

段仲誼（1808–1885），或云段誼，字春韶，號應溪。山南鎮青威縣友州社（今河內市青池縣友和社）人。阮明命十二年（1831）辛卯科舉人。曾任兵部行走、國史館編修、興仁知縣、禮部主事、北寧督學等職。

作品：《應溪文集》（VHv.2662）、《應溪文選》（A.288/1-2）。

參考：段誼（1996），《應溪詩文集選譯》，河內：社會科學出版社。

1079. 應龍（ỨNG LONG）

阮布澤（?–?），號應龍，安川社（今地屬河內市）人。

作品：《詠史演音》（AB.586）。

1080. 約亭（ƯỚC ĐÌNH）

阮綿篆（1833–1905），字郡公，號約亭。阮聖祖之子，女史淡芳之父。阮朝詩人，曾出使法國。

作品：《約亭詩抄》（A.778）。

1081. 約夫（ƯỚC PHU）

見第 513 條「梁溪」。

1082. 約甫（ƯỚC PHỦ）

見第 244 條「德江」。

1083. 約甫（ƯỚC PHỦ）

阮文勝（1803–?），號約甫。北城鎮奉天府永順縣安泰坊（今河內市）人。阮明命六年（1825）乙酉科舉人，明命七年（1826）丙戌科第三甲同進士出身。官至參協。

作品：《約甫詩集》（A.1206）；另有詩作收錄於《歌籌》、《歌籌體格》、《詔表集》、《書齋詩文國音集》等。

1084. 約齋 (ƯỚC TRAI)

裴春沂（?–?），又名裴春勛，或作裴春塤，字浴沂，又字浴曾，號耕亭，又號約齋。河東省慈廉縣雲耕社（今河內市懷德縣春芳社）人。嗣德二十年（1867）丁卯科舉人。曾任侍讀。

作品：《裴氏譜編／雲耕裴氏譜編》（A.1047, A.1048）、《慈廉縣登科誌》（A.2869, A.507）、《約齋文雜錄》（A.1070/1-2）、《約齋文集》（A.124）。

參考：裴春沂（2010），《慈廉縣登科志》，河內：民智出版社。

1085. 約齋 (ƯỚC TRAI)

武有（1443–1530），號約齋。海陽處唐安縣慕澤社（今海陽省平江縣新紅社）人。黎光順四年（1463）癸未科第二甲進士出身。歷任欽刑院郎中、戶部尚書、禮部尚書，封太保。後於莫朝當官。

作品：《立成算法》（已失傳）。

1086. 箹齋 (ƯỚC TRAI)

吳時位（?–?），又名吳時香，字成甫，號箹齋。山南鎮青威縣左青威社（今河內市青池縣左青威社）人。曾任正使出使中國，途中逝世。

作品：《梅驛諏餘文集》（VHv.1417, A.1280）。

參考：吳氏（2010），《吳家文派選集》，河內：河內出版社。

V

1087. 萬行禪師（VẠN HẠNH THIỀN SƯ）

姓阮（938–1018），原名未詳，法號萬行禪師。古法州（今北寧省）人。出家於六祖寺。曾幫助黎大行（980–1005）抗外敵入侵。後輔佐李公蘊登基。李太祖（1010–1028）封為國師。

作品：詩作收錄於《禪苑集英》（VHv.1267, A.3144）。

參考：《禪苑集英》（1990），河內：文學出版社；文新（2000），《越南文學總集》第 1 冊，河內：社會科學出版社。

1088. 文博（VĂN BÁC）

吳時攸（1772–1840），字徵甫，號文博。山南鎮青威縣左青威社（今河內市青池縣左青威社）人。為吳時仕之孫，吳時道之子。生平事跡未詳，曾任海陽督學。

作品：《徵甫公詩文》收錄於《吳家文派》（A.117A/14）；參與編撰《皇黎一統志／安南一統志》（A.883, VHv.1296, VHv.1534/1-2, VHv.1534/B, VHv.1452/1-2）；另有詩文收錄於《吳家文派選》。

參考：吳氏（1964），《皇黎一統志》，河內：社會科學出版社；吳氏（2010），《吳家文派選集》，河內：河內出版社。

1089. 文機（VĂN CƠ）

見第 546 條「卯軒」。

1090. 文愚（VĂN NGU）

高伯達（1809–1854），京北鎮嘉林縣富市社（今河內市嘉林縣富市社）人，是高伯适的孿生兄。阮明命十五年（1834）甲午科舉人。任農貢知縣。

作品：《高伯達詩集》（A.955）；另有詩文收錄於《大南文集》、《磬輓集》等。

1091. 文若（VĂN NHƯỢC）

第 130 條「菊坡」。

1092. 文甫（VĂN PHỦ）

見第 845 條「善亭」。

1093. 文甫（VĂN PHỦ）

見第 785 條「左溪」。

1094. 文山（VĂN SƠN）

見第 280 條「海珠子」。

1095. 文靖（VĂN TĨNH）

見第 969 條「鎮安」。

1096. 文齋（VĂN TRAI）

阮藻（?–?），字法言，號文齋。籍貫未詳。

作品：《內道場》（A.2975）。

1097. 文肅（VĂN TÚC）

吳時道（1732–1802），號文肅，又號溫毅。山南鎮青威縣左青威社（今河內市青池縣左青威社）人。黎景興十八年（1757）丁丑科解元。任京北憲察使。

作品：《文肅公詩文》收錄於《吳家文派》（A.117A/1-6）。

參考：吳氏（2010），《吳家文派選集》，河內：河內出版社。

1098. 雲蓬（VÂN BỒNG）

見第 45 條「蓬州」。

1099. 雲亭（VÂN ĐÌNH）

姓楊（?-?），原名未詳，常稱楊大人，號雲亭。籍貫未詳。

作品：《推衍易書立成卷》（藏於巴黎）。

1100. 雲亭（VÂN ĐÌNH）

阮迪（?-?），字惠甫，號雲亭。河東省慈廉縣雲耕社（今河內市懷德縣春芳社）人。阮嗣德二十九年（1876）丙子科秀才。

作品：《雲亭詩錄》（A.600）；抄錄《保嬰良方》、《萬方集驗》；另有詩文收錄於《杜氏世譜》。

1101. 雲麓（VÂN LỘC）

見第 808 條「石農」。

1102. 雲岩（VÂN NHAM）

陳棐（1479–1554），號雲岩。山南處彰德縣芝泥社（今河內市彰美縣中和社）人。黎端慶元年（1505）第一甲進士及第第三名。黎初時期（1428–1527），曾任右侍郎、安邦處承政等職。後於莫朝當官，官至吏部尚書兼都御史，封來郡公。

作品：有詩文收錄於《全越詩錄》（A.3200/1-4, A.1262, A.132/1-4, VHv.117/1-2, VHv.777/1-2, VHv.1450/1-2, VHv.116, A.1334, A.393, A.2743）。

1103. 雲齋（VÂN TRAI）

朱克讓（?-?），號雲齋，上洪府柴莊社（今海陽省平江縣）人。活動於陳朝（1225–1400）末年。任戶部左侍郎。

作品：〈題柴莊永興寺〉收錄於《全越詩錄》（A.3200/1-4, A.1262, A.132/1-4, VHv.117/1-2, VHv.777/1-2, VHv.1450/1-2, VHv.116, A.1334, A.393, A.2743）。

參考：陳黎創（主編）（2000），《越南文學總集》第 3 冊，河內：社會科學出版社。

1104. 雲池 （VÂN TRÌ）

楊珪（1839–1902），字戒需，號雲池。河東省應和府山明縣方亭總方亭社雲亭村（今河內市應和縣雲亭社）人。阮嗣德十七年（1864）甲子科舉人，嗣德二十一年（1868）戊辰科第三甲同進士出身。歷任海防按察使、南定督學、南定、寧平總督等，後充北圻經略衙參佐。致仕後贈兵部尚書。與阮勸同科。

作品：《雲池楊大人先生對聯並詩文》（A.3007）、《雲池詩草附燕軺集詩抄》（VHv.2482）、《雲亭進士楊珪尚書先生》（A.2185）；另有詩文收錄於《賀高副榜對聯帳文》、《賀言登錄》、《龍選試策》、《琵琶國音新傳》、《文集》等。

參考：鄧德超（主編）（2000），《越南文學總集》第 14 冊，河內：河內社會科學出版社。

1105. 微溪 （VI KHÊ）

見第 474 條「爛柯」。

1106. 渭沚 （VỊ CHỈ）

見第 1129 條「春卿」。

1107. 圓照禪師 （VIÊN CHIẾU THIỀN SƯ）

梅直（999–1091），法號圓照禪師。龍潭縣福堂村（今河內市青池縣）人。師從標山寺（今北寧省僊山縣）定香和尚。後赴京都開講佛法，弟子眾多。曾出使中國。

作品：《藥師十二願文》、《讚圓覺經》、《十二菩薩行修證道場》（均已失傳），《參徒顯訣》收錄於《禪苑集英》（VHv.1267, A.3144）。

參考：《禪苑集英》（1990），河內：文學出版社；文新（主編）（2000），《越南文學總集》第 1 冊，河內：社會科學出版社。

1108. 園珪（VIÊN KHUÊ）

見第 795 條「新江」。

1109. 圓通國師（VIÊN THÔNG QUỐC SƯ）

阮元億（1080–1151），法號圓通國師，古賢鄉人，後移居升龍城太白坊（今河內市）。保覺禪師之子。屢次參加科舉考試，如李仁宗時期（1072–1128）會豐六年（1097）丁丑三教科、龍符八年（1108）戊子天下全才科等，均居榜首。曾任大文、左右階僧統、內宮奉、知教門公事、傳講三藏文章應制、護國事等職。李仁宗、李神宗（1128–1138）、李英宗（1138–1175）時期均受重用。

作品：《壽寺碑記》、《諸佛跡緣事》、《洪鐘文碑記》、《僧家雜錄》等（均已失傳）；另有詩文收錄於《禪苑集英》（VHv.1267, A.3144）。

參考：《禪苑集英》（1990），河內：文學出版社；文新（主編）（2000），《越南文學總集》第 1 冊，河內：社會科學出版社。

1110. 圓齋（VIÊN TRAI）

黎高朗（?–?），又名吳高朗、高叟，字令甫，號圓齋。清化省弘化縣月圓社人。阮嘉隆六年（1807）丁卯科舉人。任懷德府知府。

作品：《黎朝歷科進士題名記》（A.109/1-2）、《歷朝雜紀》（VHv. 1322/1-2, A.15/4 và 6）、《國朝處置萬象事宜錄》（A.949）。

參考：黎高朗（1975），《歷朝雜記》，河內：社會科學出版社；黎高朗（1995），《歷朝雜記》，河內：社會科學出版社。

1111. 遠卿（VIỄN KHANH）

見第 945 條「素庵」。

1112. 遠夫（VIỄN PHU）

見第 786 條「謝軒」。

1113. 遠齋（VIỄN TRAI）

陳伯覽（1757–1815），字省甫，或云字省夫，號遠齋。山南鎮慈

廉縣雲耕社（今河內市懷德縣春芳社）人。黎昭統元年（1787）丁未年同制科出身。黎朝時期歷任督事中、海陽督同等職。阮朝時期任北城督同，授東閣大學士。

作品：《羅城古蹟詠》（A.1941）、《後佛碑記》（N⁰1603/1604）、《范公祠碑記》（N⁰40434/40435/40436/40437）、《廣嚴古寺》（N⁰33496）、《從祀先賢碑記》（N⁰11404/11405）、《雲耕陳制科文集》；另有詩文收錄於《對聯帳文集》、《先祖槐軒先生遺文》、《槐軒先生集》、《陳家詩譜存遺稿》等書中。

1114. 永益堂（VĨNH ÍCH ĐƯỜNG）

阮嘉正（?–?），號永益堂。青池縣古典社（今河內市青池縣四俠社）人。

作品：《香山靈感觀音事跡》（AB.111）。

1115. 望橋居士（VỌNG KIỀU CƯ SĨ）

蘇芽（1863–1936），原名蘇菊，字玄童，號望橋居士。北寧省文江縣春球社（今興安省文江縣義柱社）人。阮成泰十二年（1900）庚子科舉人，不仕，在家教書。

作品：《祭文全集》（A.2284）。

1116. 望儀（VỌNG NGHI）

見第 529 條「梅岩」。

1117. 望山（VỌNG SƠN）

范慎遹（1825–1885），字觀成，號望山。青平道安謨縣安謨社（今寧平省安謨縣）人。阮嗣德三年（1850）庚戌科舉人。歷任端雄府教授、巡教知州、桂陽知縣、諒江知府、北寧按察使和布政使、河內、北寧巡撫、北寧太原總督護理、吏部左參知兼副都御史、欽差河堤使、刑部尚書、國史館副總裁兼管國子監、機密院大臣、刑部尚書、戶部尚書、協辦大學士兼工部參知等職。任正使出使

中國。是撰寫《勤王詔》的作家之一,並積極參與抗法活動。後被法軍俘虜並放逐,路上不幸身亡。

作品:《興化記略》(A.91, A.1429, A.620)、《建福元年如清日程》(A.929)、《觀成文集》(A.1095)、《往使天津日記》(A.1471)、《本縣祠誌》(N⁰9528)、《安謨山川人物碑誌/嗣德癸酉四月立》(N⁰9526/9527);參與編輯《欽定越史通鑑綱目》;校檢《欽定越史通鑑綱目》、《愚山詩文全集》;另有詩文收錄於《條陳堤政事宜集》、《河堤奏集》、《河堤奏諮集》、《皇家錦說》、《皇朝文集》、《越史節要》等書中。

參考:《范慎遹生平與著作》(1989),河內:社會科學出版社;《范慎遹之文化事業——勤王使命》(1997),河內:歷史科學會;范慎遹(2000),《范慎遹全集》,河內:文化通訊出版社;黎志遠(主編)(2000),《越南文學總集》第 15 冊,河內:社會科學出版社。

1118. 望津 (VỌNG TÂN)

見第 933 條「靜齋」。

1119. 無悶叟 (VÔ MUỘN TẨU)

陳侃(?–?),字朝南,號無悶叟。京北處桂陽縣(今北寧省桂武縣)人。生平事跡未詳,活動於 16 世紀間。任政事同參院等職。

作品:詩作收錄於《全越詩錄》(A.3200/1-4, A.1262, A.132/1-4, VHv.117/1-2, VHv.777/1-2, VHv.1450/1-2, VHv.116, A.1334, A.393, A.2743)。

參考:裴文原(主編)(2000),《越南文學總集》第 4 冊,河內:社會科學出版社。

1120. 無雙 (VÔ SONG)

見第 351 條「洪桂軒」。

1121. 無山翁（VÔ SƠN ÔNG）

　　見第 121 條「菊堂主人」。

1122. 迂叟（VU TẨU）

　　見第 149 條「頤齋」。

1123. 王植（VƯƠNG THỰC）

　　見第 111 條「古林」。

1124. 韋野（VY DÃ）

　　見第 931 條「靜圃」。

X

1125. 射夫（XẠ PHU）
見第 522 條「梅軒」。

1126. 椿庵（XUÂN AM）
黎有名（1642–?），號椿庵。海陽鎮唐豪縣遼舍社（今興安省安美縣遼舍社）人。黎景治八年（1670）庚戌科第二甲進士出身，任山西省憲察使。逝世後追封左侍郎，追爵文淵伯。

作品：詩作收錄於《全越詩錄》（A.3200/1-4, A.1262, A.132/1-4, VHv. 117/1-2, VHv.777/1-2, VHv.1450/1-2, VHv.116, A.1334, A. 393, A.2743）。

1127. 春亭（XUÂN ĐÌNH）
阮幹如（?–?），號春亭。籍貫未詳。

作品：《三魁備錄》（A.3078）。

1128. 春軒（XUÂN HIÊN）
見第 223 條「鈍甫」。

1129. 春卿（XUÂN KHANH）
潘輝湜（1778–1844），字渭沚，號春卿，又號圭岳。原籍乂安鎮天祿縣收穫社（今河靜省祿河縣石州社），後移居山西省國威府安山縣瑞圭社（今河內市國威縣柴山社）。潘輝益之子，潘輝注之弟。曾任諒山協鎮、禮部尚書。1817 年任副使出使中國。

作品：《使程雜詠》（A.2791）；參與編撰《皇越會典撮要》、《上諭訓條》；另有詩文收錄於《詔表集》、《名臣章疏》、《名

臣奏策》、《佛蹟山天福寺鐘磬碑字銘記》、《使程雜詠》、《盛世雄文集》、《祀典附碑記》等書中。

1130. 春如（XUÂN NHƯ）

見第 491 條「連峰」。

1131. 春韶（XUÂN THIỀU）

見第 1078 條「應溪」。

Y

1132. 倚蘭夫人（Ỷ LAN PHU NHÂN）

黎氏燕（1044–1117），號倚蘭夫人。土壘鄉（今北寧省順成縣）人。相傳，李聖宗（1023–1072）某次出巡，經過土壘鄉，鄉民均來觀看，僅黎氏仍倚立桑樹唱歌。黎聖宗深覺奇怪，請來詢問，見其有姿色便帶回宮中，封倚蘭夫人。黎聖宗於 1069 年攻打占城，她留下主持朝政。平常多做善事，受到人民的愛戴。

作品：偈文〈色空〉收錄於《禪苑集英》（VHv.1267, A.3144）。

參考：《禪苑集英》（1990），河內：文學出版社。

1133. 意齋（Ý TRAI）

阮有慎（1757–1831），字真原，號意齋。兆豐府海陵縣安野總大和村（今廣治省兆豐縣兆大社）人。西山朝當政時，官至戶部右侍郎。阮朝時任吏部參知、北城護曹、吏部尚書、戶部尚書。

作品：《意齋算法一得錄》（A.1336, VHv.1184, A.1336/a, A.1336）；註釋《三千字歷代文註》（AC.252）；編抄《明命公文》（A.2528, A.908）。

1134. 晏溫（YẾN ÔN）

見第 217 條「篤齋」。

參考資料

一、漢喃文資料

1. 馮克寬，《使華筆手澤詩》（A.555, A.2128, A.431, VHb.264, A.597, VHv.2155, VHv.2156, A.2011, A.241, A.2557, VHv.1915, VHv.1442, A.1364）。
2. 黎貴惇，《全越詩錄》（A.3200/1-4, A.1262, A.132/1-4, VHv.117/1-2, VHv.777/1-2, VHv.1450/1-2, VHv.116, A.1334, A.393, A.2743）。
3. 黎貴惇，《大越通史》（A.1389, A.2759/1-2, A.18, VHv.1555, VHv.1685, VHv.1330/1-2）。
4. 黎貴惇，《見聞小錄》（VHv.1322）。
5. 黎貴惇，《桂堂詩集》（A.576, VHv.2341）。
6. 黎貴惇，《群書考辨》（A.1872, A.252, VHv.90/1-2）。
7. 陶公正、阮公沆，《北使詩集》（VHv.2166）。
8. 裴輝璧，《皇越詩選》（A.3162/1-12, A.608, A.2857, VHv.49/1-2, VHv.1780, VHv.1451, VHv.1477, VHv.2150, VHv.704）。
9. 阮翹、阮宗窐，《使華叢詠》（A.1552, A.2993, A.211, A.2123, A.2001, A.551, VHv.1896, VHv.1404/1, VHv.1404/2, VHv.1998, VHv.2481, VHv.2076, VHv.2350, VHv.2476, VHv.1613, VHv.2251）。
10. 阮宗窐，《華程詩集》（A.2797）。
11. 武輝珽，《華程詩集》（A.446）。
12. 阮偍，《華程消遣》（A.1361, VHv.149）。
13. 陳公憲，《名詩合選》（A.1416, A.1352, VHv.799/1-2, VHv.1866, VHv.1596, A.212, VHv.1596）。
14. 段阮俊，《海煙詩集》（A.1167）。
15. 段阮俊，《海翁詩集》（A.2603）。
16. 段阮俊，《海派詩集》（A.310）。

17. 阮思僩，《燕軺詩草》（VHv.1436）。
18. 無名氏，《大越歷代進士登科錄》（A.2040）。
19. 武綿等，《大越歷朝登科錄》（VHv.650/1-2, VHv.651/1-2, VHv.2140/1-3, A.2752/1-2, A.1387, VHv.293, VHv.1651, A.379）。
20. 吳士連等,《大越史記全書》（A.3/1-4, A.2694/1-7, VHv.179/1-9, VHv.1499/1-9, VHv.2330-2336）。
21. 吳氏，《吳家文派》（VHv.1743/1-36, VHv.1743/1-2, VHv.1743/3-5, VHv.1743/7, VHv.1743/8, VHv.1743/9-10, VHv.1743/12, VHv.1743/11, VHv.1743/13-19, VHv.1743/20-23, VHv.1743/3132, VHv.1743/33, VHv.1743/34-35, VHv.1743/36, A.117A/1-30, A.117A/1-6, A.117A/14, A.117A/15, A.117A/16-7）。
22. 潘輝注，《歷朝憲章類志》（A.1551/1-8, A.50/1-4, A.1358/1-10, VHv.1502/1-16, A.2124/1-8, A.2061/1-3, VHv.181/1-12, VHv.1262/1-9, VHv.1541/1-3, VHv.982/1-4, VHv.983, A.1883, A.2445, VHv.2666-2671, VHv.2666-2667, VHv.1668-1671）。
23. 高春育，《國朝鄉科錄》（VHv.635/1-4, VHv.636/1-4, VHv.637/1-7, VHv.638/1-4, VHv.639, VHv.827/1-4, VHv.1264/1-2, VHv.1652/1-3, A.36/103, VHb.140/1,2,4, VHv.2700）。
24. 裴輝璧，《皇越文選》（A.3163/1-3, A.2683, A.1582, VHv.1452a, VHv.1452b, VHv.1452, VHv.93a, A.203）。

二、越南語資料

1. 裴幸謹、明義、越英（2002），《越南狀元進士鄉貢》（Trạng nguyên Tiến sĩ Hương cống Việt Nam），河內：文化通訊出版社。
2. 吳德壽主編（1993），《越南科榜名錄》（Các nhà khoa bảng Việt Nam），河內：文學出版社。
3. 陳義、François Gros 主編（1993），《越南漢喃遺產：書目提要》（Di sản Hán Nôm Việt Nam—Thư mục đề yếu），河內：社會科學出版社。
4. 楊泰明（1977），《漢喃書目：作者篇》（Thư mục Hán Nôm—Mục lục tác giả），河內：漢喃處。
5. 鄭克孟主編（2018），《越南家禮》（Gia lễ Việt Nam），河內：社會科學出版社。

6. 黎偵（2006），《碧風遺草》（Bích Phong di thảo），順化：順化出版社。
7. 陳文甲主編（1971–1972），《越南作家略傳》（Lược truyện các tác gia Việt Nam）（2冊），河內：社會科學出版社。
8. 阮有鋼（2002），《梅湖詩草》（Mai Hồ thi thảo），河內：教育出版社。
9. 阮光勝、阮伯世（1997），《越南歷史人物譜》（Từ điển nhân vật lịch sử Việt Nam），河內：文化出版社。
10. 阮惠之（1977），《李陳詩文》（Thơ văn Lý-Trần）（第1冊），河內：社會科學出版社。
11. 陳義主編（1978），《李陳詩文》（Thơ văn Lý-Trần）（第3冊），河內：社會科學出版社。
12. 阮惠之主編（1989），《李陳詩文》（Thơ văn Lý-Trần）（第2冊上），河內：社會科學出版社。
13. 丁家慶主編（2000），《越南文學總集》（Tổng tập văn học Việt Nam）（共42冊），河內：社會科學出版社。
14. 陳文甲（1984），《漢喃書庫研究》（Tìm hiểu kho sách Hán Nôm）（第1冊），河內：文化出版社。
15. 陳文甲（1990），《漢喃書庫研究》（Tìm hiểu kho sách Hán Nôm）（第2冊），河內：文化出版社。
16. 鄭克孟主編（2007–2010），《越南漢喃銘文拓本目錄》（Thư mục thác bản văn khắc Hán Nôm Việt Nam）（共8冊），河內：文化通訊出版社。
17. 杜德曉主編（2004），《文學詞典（新版）》（Từ điển văn học [Bộ mới]），河內：世界出版社。
18. 鄭克孟搜集（2006），《越南進士碑》（Văn bia đề danh Tiến sĩ Việt Nam），河內：教育出版社。

作家字號索引

一畫

一心 144
一忠 2, 144

二畫

力甫 24, 108
二青居士 135, 145
人海洞甫 142
九真靖山 30, 212

三畫

女之 111, 149
子石 237
子季 5, 237
子明 27, 236
子昇 112, 237
子奇 207, 236
子勉 80, 236
子晏 55, 238
子晉 237
子盛 124, 237
子敏 230, 236
子發 105, 236
子雲 150, 238
子幹 41, 182, 236

子敬 126, 236
子瑨 21, 237
子肇 237
子謀 210, 236
子駿 112, 238
山老 174
士伯 126, 173
士奉 173
士南 124, 175
士載 176
士麟 175
土良居士 195
三青 178
小玲夅梅僧 123, 209
小軒 209
小皞 208
小蘇林 209
上陽洞主 205

四畫

止山 14, 18, 181
止叔 18, 123
止庵 18
止齋 18
文山 62, 244
文甫 177, 193, 244

文若 28, 244	方庭主人 107, 161
文博 243	方庵 160
文肅 244	午南 126, 135
文靖 220, 244	午峰先生 135
文愚 244	午潭 135
文機 118, 243	仁亭 142, 165
文齋 244	仁齊 143
壬山 142, 214	天南洞主 191
壬玉 139, 142	公挺 25, 74
元立 39, 138	公銓 25, 119
元齋 138	丹峰 41
中可 127, 229	斗峰居士 44
中甫 206, 229	介軒 58
中齋 229	介庵 58
友竹 63, 80	水軒 201
友善 80	太清 151, 186
六年夫子 95, 108	太開 186
月江 139	王植 24, 250
月亭 138, 139	少游 174, 194
月舫 139	孔漫 90
月圓 139	氏漢 171, 191
月樵 139	井賓 209, 212
牛江 140	井橘 210, 212
升甫 51, 189	
之和 17, 34	**五畫**
之福 17, 86	白山 5, 219
日長 144, 232	白茅庵 5
日南 126, 144	白庵 4
允厚 33, 168	白毫子 5, 204
允齋 33	白雲庵 5
方亭 113, 160, 161	古山 24

古林	24
古源	24
古溪	24
古愚	24, 61
仙山	206
仙山主人	81, 207
仙峰	206
台山	186
用之	35, 62
用忠	35
弘夫	71, 130
弘甫	71
弘敬	15, 71
史平子	121, 175
平如	9, 173
以行	32, 156
玄圭	77, 206
玄同子	77, 125
玄光尊者	77
玄章	76, 190
玄童	77, 248
玄溪	77
玄齋	77
令甫	102, 247
玉夆	137
玉軒	115, 136
玉堂	136
石甫	185
石峒	183
石庵	183
石塢	77, 185

石農	184
世叔	159, 191
世載	111, 191
世祿	135, 191
世曆	36, 191
左泓	177
左溪	177
正拜	20
正軒	20
可致	84
可庵主人	84, 126
可齋	84
卯軒	118
永益堂	248
幼專	2, 125
幼敏	2
幼通	3, 36
主婆金岡	20, 156
北溪	8
立齋	100

六畫

安山	2, 27, 159
安之	1, 97, 146
安江	1
安溪	2
吉川	12
吉甫	12
汝山	147
仲升	99, 223
仲夫	222

仲玉	222	竹堂	56, 225, 226
仲羽	40, 223	竹庵	223
仲匡	141, 222	竹雲	228
仲佇	223	竹溪	227
仲延	141, 222	竹潭	224
仲洋	18, 222	竹隱	56, 224
仲恭	81, 222	竹齋仙翁	21, 228
仲淵	204, 223	圭岳	90, 251
仲敷	222, 225	如松	147
仲翼	222, 225	如意禪	67, 147
仲讓	222, 225	如愚居士	147
式之	203	如齋	147
同江	50, 123	全枝	107, 214
同圍	50	艮亭	13
向光	79	艮齋	14
曲江	90, 225	有恪	80, 157
存成	185, 216	有懇	80
存翁	215, 216	朽圃	75
存庵	215	光浹	95, 165
存質	137, 216	光遠	165, 213
存齋	185, 216, 217	宅卿	219
朴甫	153	冰壺	8
朴齋	154	西湖	182
成甫	189, 242	匡越大師	90
竹甫	227	自新	45, 238
竹村	228	行道	65, 148
竹林	226	汗漫子	65, 171
竹亭	224, 225	好德	69, 183
竹翁	21, 227	好禮	69, 148
竹軒	226	守璞	46, 196
竹峰	227	江樵	57

作家字號索引　261

件齋	91
次齋	203

七畫

狂士	29
狂隱	29, 95
酉山	31
汭川	146
壯子無逸	220, 232
伯升	4, 83
伯亨	4, 229
伯貞	4, 37
伯适	4
伯溫	4
体仁	6, 53
希尹	43, 81
希志	22, 81
希汾	82, 94
希明	82
希孟	82, 159
希思	83, 130
希馬	82, 182
希庵	80, 235
希章	81, 215
希常	83
希張	83
希道	81
希誠齋	83
希裴	80, 218
希僧	82
希遠	83
希魯	81
希龍	81, 193
希覺	81
良夫	110
良江	108, 136
良軒	108
孝生	60, 69
孝廉	69, 174, 178
妙因	33
妙蓮	33, 111
亨甫	5, 65
含甫	64, 171
宏甫	72, 158
邦直	6, 58
戒空	59
戒需	59, 246
志亭	19
志軒	19
志庵	19
廷相	21, 45
均亭	166
迂叟	32, 250
沔海	120, 139
君接	57, 166
君博	165
君疇	166, 234
杏莊居士	65
玖照	30, 74
呂塘	95, 108
吟痴	129
宋溪	218

岑樓	172	和談	2, 70
作霖	38, 178	居正氏	30, 94
甫興	158, 177	居厚	30, 183
址齋	18	東白派	48
克齋	86	東池	50
克齋居士	86	東汾	49
忍齋	143	東明	49, 187
抑齋	239	東軒	49, 113
		東野樵	48

八畫

杲川	11	東溪	19, 49
青川	189	東暘	49, 163
青玉	93, 188	東曦	49, 129
青軒	187	朋江	8, 134
拙山居士	22	芹江	13
拙夫	21, 22, 27	周臣	20, 25
拙庵	21, 22	松年	48, 234
拙齋	23, 24	松坡	234
知止	181, 220	松軒	233, 234
知津	220	松堂	233
坦之	189	松窗	189, 235
叔玉	200	松園	141, 235
叔全	200	松溪	234
叔明	56, 200	金江	91, 92
叔青	200	金星	92
叔貞	200	金亭居士	91, 92
叔卿	111, 200	孟臣	8, 117
叔野氏	199	孟安	89, 117
叔鉋	199	孟后	117
和正子	22, 70	孟明	117
和甫	18, 70, 117	孟源	117, 126
		孟擇	117, 222

泥江	127
芳江	161
芳澤	162
季仲	170, 211
季卿	75, 170
季湘	170
卓如甫	219
卓峰	219, 227
刷竹道人	41, 105
忠良	23, 89, 229
忠亮	105, 229
定甫	45, 212
定齋	45
法言	155, 244
法性	156
法螺尊者	155
法寶	155
直甫	230
直信	139, 230
直卿	227, 229
秉直	9, 48
延芳	33, 46
延嗣山人	33
明空	121
明復	34, 121
明智	121
明睿	120
明靜	50, 121
明謙	120
事事齋	175, 178
函貞	54, 64

函輝	64, 140
拔卿	8, 65
虎紋	73, 139
奇峰	94
奈軒	125
宜軒	130
幸庵	65, 95
坤章	90, 211
岩溪	141
岩覺夫	141
空路禪師	90
怡齋	32

九畫

英川	2
怡川	12
香山	79
香池	41, 79
香亭	78
香派	79
香海禪師	78
香畦	78
香園	79
香齋	79, 111
炯川	110, 170
南山主人	126
南山養叟	126
南中	123, 127
南文	127, 177
南史氏	123, 127
南旦	125

南甫	126	美甫	122, 124
南亞餘夫	123, 125	貞伯	163, 221
南叔	126, 127	貞聲	195, 222
南城居士	127	昭明	20, 95
南軒	125	昭陽	19
南翁	126	勉兒	120
約夫	109, 241	勉軒	120
約甫	52, 241	勉齋	62, 120
約亭	241	彥叔	129, 141
約齋	242	彥桓	128
柔中	145, 156	复波	159
秋元	166, 196	洵叔	184, 231
秋花	196, 224	洲津居士	17, 37
省之	209	洲豐	16, 37
省甫	210, 247	拾英	147, 191
省養	210	俊彥	214, 231
省齋	210	保根	7
侯六年	66, 95	保軒	7
柄池	9	迪軒	44, 69
厚如	23, 66	洪桂軒	74
厚甫	12, 66, 67	洪義	74, 232
柬仲	58, 166	洪錫	74, 199
春如	103, 252	飛卿	144, 156
春亭	251	致軒	221
春軒	47, 251	洞庵	52, 92
春卿	251	柳庵	104
春韶	241, 252	柳堂	104, 162
信臣	118, 214	耐庵	125
信學禪師	214	韋野	211, 250
奐甫	71, 106	紅霞女士	66, 73
契甫	87	畏齋	68, 239

亮齋 110

十畫

唐川 53, 106
唐臣 1, 53
家川 55
夏川 61
泰川 187
倉山 204
珠川子 17
珠江 16, 217
珠峰 16, 17, 48
珠溪 16
珠樹子 17
海上懶翁 64
海杏 62
海南 62
海派 63
海秋 64, 171
海珠子 62
海翁 63, 162
海量 62
海農 63, 217
浩夫 66, 233
浩軒 66
純夫 73, 197
純如 23, 196
純甫 197
純敷 196, 197
祐之 80
射夫 112, 251

郡公 166, 241
峽石 68
殷年 2, 217
殷輅 2, 45
格如 11, 103
振江 15
桐江 50
涔江 172
素如 187, 215
素庵 215
書池 202
書齋 134, 159, 202
悟印禪師 137
悟齋 137
祝里子 20
浴沂 34, 242
浴曾 34, 242
師汾 175
桂林洞主 169
桂玶子 91, 168
桂軒 169
桂庵 167
桂堂 168
真空禪師 14
真原 14, 253
真齋 15
耕亭 11, 242
珥南 144
宮恕 25, 38
悔卿 73, 234
柴峰 171

退軒	195	梅庵	111
退園	195	梅理	113
時叟	196	梅湖	112, 113
恕卿	203, 233	梅圍	116
馬峰子	111	梅齋	116
草堂	100, 189	深山	189
容溪	34	望山	248
晏溫	46, 253	望津	212, 249
茗園	121	望儀	113, 248
晉齋	181	望橋居士	248
衷邁	229	梧山居士	96, 137
倚蘭夫人	253	教之	56, 58
		淡如	39, 109
		淡軒	38

十一畫

軒人	142	淡庵	38
堂川	54	現光	68
堂軒	53	清江	108, 187
堂雲	53, 127	清甫	101, 188
淇川	94	清肅	188
梅川	109, 116, 122	清溪	188
梅山	115	雪江夫子	5, 235
梅元	79, 113	雪堂	235
梅夆	114	雪齋居士	235
梅岩	113	基甫	25, 151
梅花堂	113	通甫	196, 226
梅亭	111	通禪	94, 196
梅峒臥者	112	淨戒	211
梅峰	4, 114	晦叔	73, 139
梅軒	53, 112, 113	晦齋	73, 222
梅圃	115	荷亭	60

巢南	171
脫亭	195
脫軒	195
敏軒	22, 25, 119
陶浪	42, 203
連峰	103
陸卿	107
魚峰	140
魚堂	139
莘軒	172
常桀	204
常照禪師	68, 204
笠峰居士	95, 99
豚庵	51, 94
疏通	128, 174
淵密	239
從善	6, 235
掃悲	13, 179
啟雲	85
啟顒	85, 95
脩善允	2, 231
脩賢	230
翏溪	102, 108
梁溪	109
康節先生	85, 208
國寧	123, 170
紹聞	194
密寮	119
勖齋	75
琅環	98

商巖	203

十二畫

菊人	28
菊林	27
菊坡	28
菊香	27
菊侶	28
菊軒	26
菊堂	25
菊堂主人	26
菊莊	29
菊園	27, 29
菊溪	27
菊農	28
菊隱	25
菊靈	26, 28
筆山	10, 23
筆溪	10
蛤川	12, 221
陽山	36
陽岳	36, 233
陽巖	36, 68
萊山	97, 98
隆才	106
隆甫	106, 226
鄙川	124
普山	157
普照禪師	157
普慧	155, 157

順川	199	華江	69
順之	198, 214	華城道士	41, 70
順軒	198, 199	華堂	69, 100
無山翁	26, 250	鄂池	128
無悶叟	249	鄂亭	128
無雙	74, 249	尋江	179
郵文	10	雲池	246
敦仁	47, 131	雲岩	245
敦甫	23, 47	雲亭	245
敦厚	47	雲蓬	9, 245
敦政	47, 132	雲齋	245
鈍夫	51	雲麓	184, 245
黃中	71, 212	循甫	19, 231
鈍甫	47	翔甫	20, 238
欽文	87	朝甫	132, 221
雅之	141	朝南	221, 249
雅勁	141	閏甫	146
雅亮	141	巽甫	162, 218
雅軒	18	巽齋	218
雅淡	141	善甫	193
雅莊	141	善亭	193
舜花	198	善齋	194
舜花氏	157, 198	渭汕	246, 251
舜臣	198	傘沱	179
舜韶	198	崴岳	239
登用	44, 221	復亭	159
惠生	76	復庵	158, 159
惠甫	76, 245	復齋	92, 160
散仙居士	45, 179	琰軒	38
散翁	104, 179	琰齋	40
喬年	48, 91	舒軒	183, 201

舒齋	202	敬之	92, 221
閒雲亭	142	敬甫	93, 213
硯農	134, 139	敬庵	92
湛溪	220	敬齋	87, 93
滙溪	221	節夫	205, 207
菜園主人	186	節甫	158, 207
蛟溪處士	58	節齋	207, 208
景誼	11, 201	廉平	72, 102
雄齋	78	幹臣	11, 228
智禪	221	鼎臣	45, 115
智寶	220	鼎南	45, 115
肅齋	231	鼎齋	45
		溫玉	146, 150

十三畫

		溫如	151, 174
義山	132	溫甫	31, 151
義川	134	溫奇	31, 150
義夫	68, 132	溫雅	150
義和	108, 131	溫溪	150
義溪	131	溫毅	150, 244
義園	134	慈安老夫	36, 236
義齋	132, 133	愛竹齋	1
農山	148	愛菊子	1
農河	148	愛蘭處士	1
新川	181	道行禪師	42
新江	180	道軒	36, 42
新香	180	道庵主人	42, 191
新橋	180	道惠禪師	42, 121 214
靖山先生	212	道源	42
靖伯	109, 211	道齋	15, 43
靖齋	213, 214	萬行禪師	243
董夫	50	較甫	69, 139

誠枝	128, 189	寧山	148
誠思	70, 189	寧靜主人	148
慎明	190, 204	熙仁	67, 202
慎軒	190	熙文	83, 137
慎微	190	熙碩	42, 82
慎齋	190, 232	熙塵	83, 194
僁金	206	遠夫	178, 247
愚胡	93, 138	遠卿	215, 247
園珪	180, 247	遠齋	247
裕庵	34	夢石	123, 166
達軒	43	夢洋	122, 162
畸庵	93	夢珠	122
椿庵	251	夢海	122, 202
圓通國師	247	夢捧	41, 123
圓照禪師	246	夢梅	110, 123
圓齋	247	夢寂	124
微溪	99, 246	夢湖	122, 202
業溪	134	夢蓮亭	123, 206
椰墅老友	72, 98	鳳池	163
亶齋	42	鳳林	75, 163
廈齋	60	鳳亭	163
溪齋	87	鳳崗	163
崢齋	213	嘉甫	27, 55
意齋	253	嘉會	55, 122
		嘉樂	55, 231
		榜林	6
		維周	35, 98

十四畫

福	158	壽昌居士	160, 194
福江	158	壽卿	113, 194
福直	159	壽梅	194
福齋	158	瑤亭	31, 226
豪川	65, 85		

碩亭	183
碧峰	8
槐軒	72
漁海	140
遜班	160, 218
遜庵	217
遜齋	218
睡軒	201
與道	35, 100
裴溪居士	10, 95
賓賓	29, 32
端齋	46
認齋	139, 143, 144
墓韓	122
滿覺大師	117

十五畫

蔗山	55
蔗園	56
樂山	96
樂天	96
樂亭	96
樂善	96, 158
樂道	95
質夫	15
質齋	16
養之	37, 75
養浩	12, 37
養軒	37, 183
養庵	36
養庵居士	36

養皓	37
遯夫	51
遯叟	51
霄斗	208
蓬州	9
德江	52
德明	52
德軒	34, 52
德誠	53
輝吉	76
澂江	230
澂甫	9, 230
潤甫	145
潤亭	145
撲甫	153, 154
徵甫	230, 243
稽岩	84
鄰芝	86, 100
蓮坡	103
蓮花洞主人	102, 133
蓮溪	102
蓮溪居士	102, 151
儀芝	129
廣居	165
廣菽	165, 202
廣溪叟	46, 165
慧忠上士	232
慧圃	75
慧登	14, 231
慧綿妙	231
慧靜	232

膚亭老人	157
敵軒	44
樓圃	75, 101
慶馬	86, 224
慶喜	85
慶譽堂	85
撙修	93, 217
墨軒	118
魯庵	106
魯溪	107
魯寶	107
僻庵	205
寮溪	103
澄溪	137, 230
銳溪	146
撫臺	158
樗寮	74
適寮	191
毅齋	130
篛齋	242

十六畫

橫山	71
橫海	13, 71
輯川	181
嶧山峒士	33
遼水	103
澹如	39
澹齋	39, 40, 41, 130
穆如	45, 124

彊甫	30, 189
彊柢	30
器甫	88
縈甫	150
澤村	207, 219
澤塢	46, 219
澤園	219
靜甫	210
靜翁	181, 210
靜圃	211
靜庵	151, 211
靜齋	81, 179, 211–214
橘林	39, 167
橘林散卿	167
橘亭	166
橘叟	166, 167
錦亭	12
錦堂逸士	13
遺軒	31
頤軒	31
頤卿	31, 130
頤齋	32
輶軒	34, 217
翰軒	65
霖卿	100, 114
默翁	118
默齋	119
龍崗	105
擇善	36, 219
縈溪	144

學遜	72, 239
學齋	72
獨醒子	47, 171
蕙靜	76, 232
融齋	35
篤齋	46
樵隱	208

十七畫

濟川	35, 182, 183
鴻山獵戶	74, 187
鴻魚居士	74, 130
禧文	67
禧之	81
禧琮	67
懦夫	148, 209
戴生	52, 121
謝玉	178
謝軒	178
謙如	22, 88
謙甫	88
謙受甫	34, 89
謙齋	12, 89
豁如	90, 126
禪老	192
禪智	121, 193
彌甫	32, 78
應和	29, 241
應溪	241
應龍	241

懋軒	120
孺黃	145
檀園	41, 48
環璞	1, 71

十八畫

藍山洞主	97
藍紅異人	95, 97
鎮安	220
叢安	232
叢雲	235
雙安居士	22, 173
雙亭	84, 174
雙碧	173
雙瓊	174
禮岩正	101
禮軒	101
禮齋	101, 102
豐章	156, 203
豐溪	156
謾諼	117
簡齋	57, 58, 97

十九畫

懶士	29, 98
懶夫	98
懶翁	64, 98
懶樵	99
懶齋	99
羅山夫子	95

羅江夫子	95	鶴峰	61, 77
藝田	129	鶴路	61
識可	203	蘭池漁者	98
類甫	105	蘭齋	97
類庵	105	爛柯	99
懷東	70	黯章	1, 215
懷德甫	70	覽漢	97
瓊香	170		
鏡溪	92		
鏡臺	92		
願學禪師	138		
龐靈	6, 144		

二十二畫

鑑湖	57

二十畫

蘇川	86, 215
蘇江	123, 215
繼之	84, 228
纂夫	214
寶光	7, 233
寶原	7, 143
寶覺禪師	7
寶鑑禪師	7
獻亭	68, 136
覺海	56
覺齋	57
警糕	11

二十三畫

顯名	68

二十四畫

靈徹	104, 208
癲隱	45, 95

二十五畫

觀成	165, 248

二十九畫

鸛山居士	71, 165, 183

二十一畫

鶴人	24, 61
鶴亭	61
鶴客	61, 128

作家姓名索引

二畫

丁日慎 5
丁世顯 7
丁辰中 120
丁時中 120
丁嘉臻 198
丁儒光 7
丁儒完 118
丁鴻翻 20

四畫

王有平 83
王師霸 141
王海蟾 14
王維楨 41
尹芝 7
尹著 141
尹衡 119
文德佳 122
文德奎 122

五畫

申仁忠 66
申文權 35
甲征 207
甲海 207

六畫

朱三省 209
朱文安 114, 208
朱車 88
朱阮琳 24
朱克讓 245
朱孟楨 228
朱唐英 103
朱唐常 103
朱海顯 211
朱緻 178
汝伯仕 39
同堅剛 155
同善來 155

七畫

阮 7, 85, 138, 220, 243
阮子 127
阮子成 233
阮文交 39
阮文珊 62
阮文桃 134
阮文理 19
阮文章 54
阮文彬 135
阮文評 125

阮文超	160	阮仲就	101
阮文富	184	阮有立	209
阮文勝	241	阮有孚	68
阮文瑄	91	阮有政	194
阮文樂	172	阮有剛	112
阮文邁	208	阮有造	128
阮文顯	33	阮有登	141
阮公沆	151	阮有貴	17
阮公基	132	阮有慎	253
阮公著	137	阮有祿	79
阮公縉	150	阮后眷	227
阮公寶	92	阮光碧	140
阮友度	218	阮名儒	172
阮友貴	50	阮名譽	16
阮元億	247	阮汪	77
阮天錫	206	阮沆	125
阮天縱	52	阮攸	169, 187
阮日舉	153	阮甫	195
阮必直	92	阮克宅	146
阮永貞	138	阮克孝	179, 198
阮永錫	206	阮孚先	180
阮功望	196	阮廷完	50
阮布澤	241	阮廷柬	23
阮旭	29	阮廷炤	222
阮吉	69	阮廷美	132
阮伊	81	阮廷袞	190
阮如	146	阮廷俅	158
阮如堵	89	阮廷陽	134
阮仲永	163	阮廷會	13
阮仲合	91	阮廷瑤	143
阮仲迴	36	阮廷濬	120

阮廷讓 190	阮茂盛 32
阮伯卓 208	阮貞宏 195
阮伯儀 175	阮貞慎 111
阮伯靜 232	阮洪依 165
阮志誠 121	阮洪慍 30
阮玕夢 148	阮思恭 57
阮希韓 158	阮思僩 184
阮佺 36	阮春溫 136
阮直 74, 147	阮咸寧 214
阮俶 212	阮冠儒 57
阮知方 54	阮倩 11
阮知遠 128	阮珣 59
阮居貞 38	阮案 93
阮忠彥 58, 93	阮浹 95
阮忠懋 38	阮涎 191
阮和香 111	阮訓 219
阮明哲 227	阮時中 147
阮宗窒 66, 201	阮時通 94
阮季算 224	阮益遜 2
阮季膺 227	阮能靜 113
阮尚賢 115, 144	阮師瑱 224
阮尚顱 144	阮通 94
阮秉謙 5, 130, 234	阮敏 120
阮保 16, 212	阮偍 169
阮述 60	阮國伊 56
阮香 158	阮梅軒 163
阮俊 224	阮祥譜 202
阮迪 245	阮逸 1
阮若氏碧 98	阮棹 4
阮茂見 92	阮彭 113
阮茂盎 32	阮敦仁 96

阮敦復	235	阮綿居	223
阮黃中	165	阮綿青	166
阮循甫	78	阮綿偵	211
阮登佳	214	阮綿隅	117
阮登香	24	阮綿寯	141
阮登盛	24	阮綿審	138, 204
阮登揚	75	阮綿篆	241
阮登貺	80	阮夢筍	28
阮登進	120	阮碩德	22
阮登道	15	阮福德	22
阮登選	206	阮榮鏨	20
阮善計	127	阮億	97
阮萃珍	140	阮德玄	177
阮堯咨	234	阮德望	196
阮賀惠	170	阮德敦	153
阮貴新	45	阮德達	126
阮貴德	53	阮輝任	103
阮勝徵	182	阮輝玘	208
阮鷹	8, 239	阮輝虎	103
阮瑄	91	阮輝胤	58
阮偫	177	阮輝理	96
阮慎	221	阮輝懂	160
阮園伊	56	阮輝歷	150
阮幹如	251	阮輝瑩	183
阮經濟	87	阮養浩	129, 159
阮實	153	阮潘堂	79
阮嘉正	248	阮儔	105
阮嘉吉	44	阮衡	126
阮嘉韶	67	阮靜	148
阮嘉璠	36	阮靜和	75
阮綿定	50	阮繪	150

阮學樂	172	杜輝琬	180, 181
阮膺苹	199	杜輝璙	180, 181
阮應龍	144	杜覵	157
阮翹	66, 73	李子瑨	21
阮謹	78	李子構	60
阮禮	235	李文馥	86, 91
阮寵	42	李玉嬌	33
阮懷永	200	李長	117
阮嚴	14	李陳	47
阮勸	80, 246	李常桀	204
阮藻	244	李道載	77
阮顒	144	何文關	237
阮露澤	93	何任大	71
阮儼	130, 169, 187	何宗穆	23
阮鷹恩	166, 173	何宗權	162
杜子微	217	何維藩	52
杜文愛	55	何權	162
杜光	76	吳仁澈	53
杜汪	51	吳仁靜	147, 181
杜克終	25	吳甲豆	178
杜岳	132	吳世美	233
杜宗光	76	吳世榮	2, 225
杜俊	61	吳世璘	1
杜俊大	57	吳仲珪	31
杜春吉	37	吳忱	72
杜惟堤	161	吳廷太	233
杜發	112	吳廷碩	143
杜絪	132	吳季同	125
杜登弟	233	吳俊	204
杜義達	116	吳時仕	135, 178, 235, 243
杜遠	157	吳時任	43, 178, 235

吳時志 239	武世營 190
吳時位 242	武汝 49
吳時攸 243	武有 242
吳時佳 189	武仲恭 31
吳時典 213	武序 228
吳時香 242	武邦傑 203
吳時智 37	武征 12
吳時黃 77	武宗璠 106
吳時道 243, 244	武范咸 202
吳時億 235	武范啟 163
吳真流 90	武晟 154
吳高朗 247	武惟匡 4, 167
吳惟垣 31	武惟清 9
吳惟澂 31	武惟斷 167
吳敦 117	武欽慎 32
吳慎 24	武欽璘 32
吳靖 220	武幹 234
吳碩甫 137	武煉 148
吳福臨 199	武綁衡 102
吳德繼 181	武禎 98
吳穎 12	武夢元 99
呂春威 199	武瑩 186
宋儒 65	武瑾 197
	武輝珽 31
八畫	武輝椊 57
	武輝肅 31
武文川 1	武輝瑨 41
武文立 206	武德勳 138
武文俊 219	武瑤 106
武公道 196	武濟 143
武方提 197	武瓊 46, 234
武永禎 80	

武權	218
周允緻	178
周鎌	112
林樞	76
林樞武	76

九畫

范	204
范士愛	131
范仁卿	24
范文算	159
范文誼	133
范文樹	48
范世忠	18
范世歷	18
范光賁	73
范光燦	128
范有儀	40
范有鍾	158
范汝翼	8
范李	141
范甫	211
范阮攸	183
范廷琥	48
范廷煜	41
范廷粹	174
范廷權	65
范廷瓊	145
范芝香	124
范宗遇	103
范宗邁	92

范洪儀	40
范師孟	68, 114, 208
范望	92
范清	130
范彩	157
范富庶	56
范貴適	100, 178
范撝謙	183
范會	36
范遇	92, 103
范鈃天	58
范道甫	133
范慎遹	248
范熙亮	139
范輝濟	97
范邁	92, 103
范謙益	87
范蘭瑛	129
范鳳生	157
胡士仝	226
胡士揚	84
胡士棟	226
胡士賓	194
胡元澄	126
胡玉	84
胡仲挺	237
姜公輔	87
段氏點	66, 73
段仲誼	241
段如圭	62
段阮俊	63

段展	116	陳元旦	8, 239
貞柉	79	陳元熙	12
洪藬	107	陳元濤	26
		陳元藻	10

十畫

高圭	19	陳文甲	200
高伯适	25, 244	陳文近	139
高伯達	244	陳文為	70, 183
高春育	105	陳文紀	210
高叟	247	陳公意	81
高輝耀	74	陳世法	203
徐淡	28	陳世榮	143
徐路	42	陳光	145
徐演同	106	陳光啓	8, 95, 231
祖球	78	陳光朝	26, 97, 191
		陳仲炳	139
		陳仲宰	39
		陳仲寮	51

十一畫

張	83	陳名案	89, 104
張文芝	203	陳名琳	89
張永記	176	陳如緝	182
張老夫	83	陳岑	214
張好合	110	陳伯堅	78, 203
張光禮	27	陳伯璋	151
張明言	111	陳伯質	45
張明記	111	陳伯覽	247
張國用	156	陳廷琛	75
張登桂	46	陳廷肅	81
張漢超	51	陳希曾	113
張嘉模	28	陳侃	249
陳	98	陳宗	198
陳山立	203	陳放可	167

陳明甫	72	陶文邁	13
陳封	186	陶泰亨	122
陳春榮	102	陶進	123
陳茂騰	99	陶登進	123
陳效可	167	陶嚴	134
陳高昌	124	麻文高	33
陳清	227	梁文玝	174, 224
陳國遂	172	梁文料	224
陳進	12, 150	梁世榮	201
陳棐	245	梁竹潭	224
陳舜俞	119	梁如鵠	238
陳善政	230	梁宜	101
陳敦復	102	梁逢辰	51
陳嵩	232	梁輝璧	190
陳賓	157	梁璒	6
陳瑑	226	莫天錫	175
陳碧珊	113	莫宗	175
陳維龕	142	莫挺之	205
陳賢	72	莫錫	175
陳震甫	225	符叔橫	142, 170
陳黎紀	210	梅直	246
陳輝璉	35	梅英俊	110
陳輝樸	40	閉祐仁	96
陳輝積	183	通詩	147
陳璟	150		
陳璦	222	**十二畫**	
陳濟昌	124	黃公志	47
陳璹	146, 150	黃文美	198
陳贊平	145	黃文啟	187
陶元溥	13	黃文槐	24
陶公撰	180	黃平政	103

黃仕愷	99
黃仲政	103
黃有稱	173
黃阮署	129, 159
黃叔抗	121
黃叔會	27
黃金錫	213
黃迥	91
黃高啟	187
黃瑞	178
黃道成	28
黃道達	1
黃道德	33
黃濟美	159
黃耀	213
黃繼炎	232
喬允恭	55
喬浮	7
喬富	148
喬瑩懋	55
喬翼	55
覃文禮	15
覃棄	137
馮克寬	130
馮碩	158
程封	186
程師孟	20
程清	227
程舜俞	119
巽峰氏	141

十三畫

楊	90, 245
楊大人	245
楊文安	210
楊光	151
楊伯恭	13
楊叔洽	136
楊叔玲	136
楊明嚴	90
楊珪	246
楊琳	166
楊廣函	62
楊燈用	221
楊龐	221

十四畫

裴子樂	17
裴文禩	217
裴仕暹	88
裴玉櫃	63
裴光義	129
裴有義	129
裴汝錫	86
裴廷軸	42
裴秀嶺	147
裴杼	118
裴延	194
裴叔貞	2
裴昌嗣	231
裴宗懽	209
裴宗瓘	201

作家姓名索引　285

裴春沂	242
裴春勛	242
裴春塤	242
裴彥基	86, 151
裴基肅	102
裴軸	42
裴植	85
裴溥	118
裴楊歷	185
裴慕	23
裴輝珆	115
裴輝璧	215
裴駢	230
裴謙	82
裴璧	215
裴艷	2
寧遜	22

十五畫

歐	42
潘三省	82
潘文山	171
潘文心	50
潘文愛	50
潘日省	82
潘公蕙	34
潘玉簪	139
潘仲藩	70
潘孚先	118
潘廷逢	16
潘廷評	139
潘叔直	12
潘叔卿	223
潘叔蓀	170
潘佩珠	171, 182
潘周楨	182
潘惋	107
潘清廉	200
潘清簡	56, 109, 162, 189
潘填	120
潘裔	34
潘懂	190
潘輝注	114, 171, 215, 251
潘輝迥	215
潘輝勇	239
潘輝益	18, 34, 114, 171, 190, 215, 251
潘輝浩	114
潘輝詠	171
潘輝湜	251
潘輝溫	18, 101
潘輝渼	101
潘輝懂	190
潘黎藩	70
潘繼柄	10
黎大剛	94
黎文仍	85
黎文休	118, 230
黎文敫	29
黎文碩	90
黎允伸	44
黎元忠	18

黎元龍	169	黎高朗	247
黎少穎	207	黎敆	29
黎氏燕	253	黎梧吉	229
黎光	188	黎卨	11
黎光定	147, 181	黎黃汪	143
黎光賁	73	黎黃艷	143
黎有名	154, 251	黎貴惇	120, 168, 215, 223
黎有度	141	黎富庶	223
黎有喬	218	黎景詢	207, 210
黎有晫	64	黎景綽	67
黎有謀	154, 155	黎廉	112
黎有聲	179	黎誠之	188
黎成周	61	黎僖	220
黎名芳	168	黎適	114
黎仲咸	123	黎鼐	125
黎仲庶	223	黎澄	126
黎仲譜	65	黎廣志	71
黎利	97, 240	黎德敏	83
黎廷延	26	黎璜	22
黎克瑾	62	黎縈	142
黎克誼	62	黎蘇	34
黎直	61	黎鏳	205
黎宗光	188	黎嚴敬	20
黎叔獲	84	黎鑠	221
黎叔顯	237	鄭氏玉竺	156
黎貞	8	鄭春泳	35
黎某	219	鄭春澍	38
黎英俊	44, 73	鄭輝涑	96
黎思誠	191	鄭輝垣	161
黎純	68	鄭穗	27
黎适	4	鄭瀠	38

鄭懷德 14, 147, 181
鄧文佐 108
鄧文啟 199
鄧文堪 83
鄧文瑞 111
鄧文端 15
鄧元謹 186
鄧台認 186
鄧玉鑽 229
鄧佐 108
鄧金算 158
鄧明謙 195
鄧明璧 128
鄧春瑗 159
鄧春榜 159, 193, 229
鄧泰申 140
鄧陳琨 9
鄧提 234
鄧惠蓮 107
鄧瑞 21
鄧輝㷫 212
蔣承禧 81
劉啶 84
劉揆 139
蔡順 108
慧覺 228

十六畫

靜和公主 75

十七畫

濟丹鸞 48

鷹蓀 200
謝天樞 195

十八畫

魏克循 193
魏克誠 45
魏克憻 189

十九畫

譚慎徽 119

二十畫

蘇 121, 214
蘇芽 248
蘇菊 248
嚴士敦 220
嚴原朗 79
寶答 166, 173

二十四畫

鷹福 144
鷹馨 117

作品索引

一畫

乙未進士阮先生撰 40
一統輿地志 45, 147, 181
一蹟天文家傳 6

二畫

二十四孝演歌 86
二社／造立／奉祀／後神 146
二社碑記 133
二味集 213
二度梅傳 193
十二菩薩行修證道場 246
十二頭陀行歌吟草 144
丁未九月大水耽耽堤決 201
丁未九月大水堤闕 209
丁酉歸田集 115, 144
丁保軒詩集 7
丁族家譜 128
人世須知 106
人物姓氏考 208
乂安人物志 92
乂安人物誌 61
乂安河淨山水詠 192
乂安河靖山水詠 136, 185, 216
乂安記 185
乂安黃甲范石峒詠史集 98, 184

乂安道宜春縣左泑社先生地理 177
乂安道宜春縣左泑社先生地理地理訣法 177
乂安詩集 184, 216
乂靖雜記 18
乂靜義勇遺文 164
乂靜雜記 101
入俗戀青山 155
九章立成算法 158
七斬疏 208
八韻賦 100
八韻賦合選 100

三畫

己巳年正月覆諮公文日記 176
己亥盛科進士題名碑記 70
三千字解音 43
三千字歷代文註 253
三之粵雜草／克齋三之粵詩／克齋粵行詩 86
三光范大人家訓詩 116
三光范大人家訓歌 133
三字經 92
三字經解音演歌 92
三字經撮要 9
三教一原說 27

作品索引

三教像銘碑 5
三登黃甲場賦 133, 146
三魁備錄 39, 251
三閹韻事 194
三禮輯要 195
三禮輯要序 211
上士語錄 25, 232
上福陳氏家譜 51, 214
上諭訓條 35, 225, 251
上諭訓條 162
上龍崗高大人書附對聯吊文詩文 . 172
大化神經 159
大丞相事業碑 85
大光禪寺陳子敏公詩集 230
大法東洋地輿全圖 178
大南一統志 106
大南文苑統編 40
大南文集 .. 70, 104, 107, 126, 132, 139, 161, 192, 212, 244
大南正編列傳二集 106
大南正編列傳初集 27, 91, 173
大南名山勝水詩題集 101
大南列傳 166
大南列傳前編 40, 46, 52
大南行義列女傳 28
大南地輿約編 105
大南典例撮要新編 55
大南英雅前編 ... 9, 14, 46, 74, 101, 161
大南書目 200
大南郡國志北圻各省 178
大南郡國志略 178

大南高僧傳 142
大南國史演歌 174, 229
大南國史館藏書目 60, 173
大南國史館藏書目錄 27, 106
大南國音歌曲 137
大南國語 62
大南國粹 178
大南國疆界彙 218
大南國疆界彙編 60, 173
大南喜賀文集 63, 82, 162, 193
大南會典撮要 46
大南碑記詩帳寶集 19, 63, 109, 162, 225
大南實錄正編 106
大南實錄前編 . 38, 46, 52, 76, 124, 133
大南疆界彙編 60, 139, 173, 218
大香海印詩集 226
大珠使部唱酬 217
大家寶文雜編 17, 50, 91, 106, 115, 171, 187, 213, 219
大越三字史附大越史記本紀 48
大越古今沿革地志考 140
大越世紀續編 85
大越史記 118, 231
大越史記全書 46, 53, 90, 114, 118, 220
大越史記前編 135
大越地輿全編 91
大越地輿全編／方亭地誌類 160
大越通史 168
大越通鑑通考 46

大越解元 101, 138
大越鼎元佛錄 224
大越黎朝帝王中興功業實錄序 85
大越歷朝登科錄 70
大越藍山昭陵碑 67
大越藍山敬陵碑 15
大慶寺候佛碑 57
大學晰義 29
大寶三年壬戌科進士題名記 67
口史記 17
凡功德碑 131
山西登科考 101
山西誌 73
山居雜述 136
山南歷朝登科考 101
山南歷朝登科備考 18
山堂慶壽集 188, 215, 225
山勝跡雜記 16
山遊偶題 199
小兒科 36
小學四書節略 116
小學本國風策 116
小學私塾節略 55
小學國史略編 55
小讀樂賦 99
士林寨碑記 133
士農耕櫝 195
女訓傳 48, 96
千家詩集 6
子敏詩集 230

四畫

太乙易簡錄 168
太平風物賦 62
太平省通志 48
太保勤政殿大學士德國公范忠雅公墓碑銘 109
太原七日光復記 181
太補地理遺局 145, 185
天下大勢論 93
天仙傳考 142
天池武東暘文集 233
天依廟碑 109
天南四字 192
天南四字經註解 120
天南史略 192
天南地理格言全集 22
天南地勢正法 177
天南地鑑寶書地理正宗左泑訂輯 . 177
天南名跡詩集 205
天南形勝明良遺墨錄 16, 192
天南洞主題 192
天南捷註外紀史略 212
天南國語錄記 124
天南語錄外紀 6
天南餘暇集 75, 192
天南歷科會選 158
天南歷朝列縣登科備考 18, 101
天南龍首錄 100
天然學校記 181
中山賦草 26
中外群英會集 91

作品索引

中外群英會錄 40, 87
中外群英會錄集 91
中州酬應集 217
中軍對歌 61
中軍聯詠集 130
中國各報章摘錄 93, 172
中庸說約 30
中庸演歌 106, 174
中學五經撮要 55, 167
中學越史撮要 48, 106, 116
中學越史撮要／中學越史撮要教科
 178
中興實錄 226
元火 90
水厄火災記 20
水雲閒詠詩集 43
今文合選 156, 205
今朝詔旨 13, 50, 185
壬午恩科會試 133, 156
壬戌課使程詩集 66, 202
壬辰科進士題名碑記 70
文公家禮存真 180
文武二帝救劫真經譯歌 174
文明古吹 71
文明新學策 172, 182
文昌帝君陰騭文演音歌 229
文貞公祠碑記 161
文帝實錄 203
文策 5
文集 56, 60, 91, 109, 167, 185, 233, 246

文肅公詩文 244
文湖亭碑記 179
文選對聯 116
文選雜編詩啟 ... 26, 167, 185, 212, 230
尹氏家譜 141
公文集 77
公臣阮案撫使傳 101
公暇記聞／退食記聞 156
公暇詩草 237
公餘捷記 197
公餘捷記摘錄 197
日本見聞錄 46
日用常行 205
日用常談 48
日南風雅統編 63
日程東洋旅懷吟 5
日程演歌 106
友竹先生詩集 63
月江行狀 139
月東阮家世譜 128
月亭詩草 138
月亭雜志 185
月亭雜誌 50, 139
月盎劉氏家譜 84
月貧菊諸詩／詠月詩貧女嘆詠菊集
 108
五老碑記／祭文体式 47
五社村福神碑 34
五倫記 147
五倫敘 201
五經節要 216

五經節要演義 216
方亭文類 49, 161, 216
方亭平日治命囑詞 134, 160
方亭先生場文選 161
方亭場策略 161
方亭詩集 160
方亭詩類 160
方亭隨筆錄 49, 161
方庵先生詩文集 160
方庵阮先生傳 74, 160
少保相公祠堂碑記 89
介軒詩稿 58
王族家譜 41
丹鄉券例 32
丹鸞券例 49
仁愛神祠錄 115, 136, 168
內道場 244
升龍城懷古十四首 19, 107
升龍懷古 106
止齋文詩集 18

五畫

四十八孝詩畫全集 212
四六備覽 234
四六撰集 161
四戒詩 212
四書文選 213
四書約解 168
四書節要 216
四書說約 208
四時曲 99

四國來王 123
四禮略集 147
古人言行錄 193
古今詩文歌曲雜抄 26
古今詩文歌曲雜編 5
古今論體 162
古心百詠／黎聖宗純皇帝近體詩 . 191
古文合選 107
古法殿造碑 131
古城 123
古墨名公傳記演音 131
古賦詩文抄 135
古賦詩文集 9
古學院書籍守冊 208
永久不刊 58
永盛十一年乙未科進士題名記 88
永盛八年壬辰科進士題名記 66
永報碑 22
永報碑記 22
永祿縣風志 192
永福寺碑／信施 131
永福寺碑記／十方功德記／禮儀／供田 22
玉山帝君祠記／合賫姓氏碑記 107
玉林全社／興功造亭／始立石碑／奉祀綿延 154
玉軒廬墓後集 19, 115
玉嬌梨新傳 86
玉歷至寶演歌 158
玉鞭集 77
平山祠／永信碑 167

平定省雜編 94	北圻地輿國音歌 65, 72, 100
平望阮族乙派庶支譜 224	北圻河堤事跡 161, 215
平望阮族丁派譜 80	北使效顰集 218
平望阮族丙派譜 40	北使通錄 168
平望陳氏家譜 81	北使詩集 85, 143, 151
平望黎進士詩文集 188	北城地輿誌錄 19
平望黎朝進士詩文集 162	北書南印版目錄 200
平章學遜公遺草 239	北國封啟 26
仙山集 206	北溟雛羽偶錄 140
仙山詩集 82	北寧朱處士行狀 178
仙丹家寶 148	北寧寺廟碑文 131
仙丹隨筆諸家詩集合訂 148, 160, 162, 194, 199, 226	北輿集覽 183
仙江三友志 26, 162	世次見文叢記 143
仙扶鄧家醫治撮要 15	世次見聞叢記 169, 192, 205
仙城侶話 57, 87	世傳寶訓 62
仙橋記 180	世說新語補 192, 204, 205
仙懷阮族家譜 80	本庄奉祀約文／奉祀後神碑記／奉祀儀節／惠田處所 154
仙懷阮族譜 10, 15	本村文約／天地長久／造立文碑／後神惠田 53
仙譜譯錄 56	本邑文廟碑記 194
占天參考 92	本社端言共記 57
史文摘錦 66, 202	本社銘約 57
史局類編 212	本社學田碑誌 209
史林紀要 39, 184	本草食物 92
史略總論 79	本家賀壽帳文 122
史歌 206	本國記事 27, 205
史學備考 193	本國海程合採 34, 115
北史歷代文策 39, 128	本朝叛逆列傳 56
北行叢記 104	本縣祠誌 249
北行雜錄 26, 187	甲戌科進士題名記 168
北圻州郡更換分合賦 62, 166	

甲辰會科詩文對聯賀集 106
立成算法 158, 242
立國老夫人碑 228
立齋文集 100
立齋先生行狀 100
立齋先生遺文正筆集 100
立齋先生遺詩續集 100, 161
立齋范先生詩集 31, 216
立齋范先生遺詩續集 100
立齋詩集 100, 132
立齋詩選 100, 184
功臣錄附武舉規程 46
正和十八年丁丑科進士題名記 66
正和四年癸亥科進士題名記 66
正和貳十一年庚辰科進士題名記 88
正和進士題名碑記 53
正法殿石碑／戶兒姓名 21
正軒文集 20
正軒詩集 20
左泑先生秘傳家寶珍藏 177
左泑地理 177
左泑社先師書傳祕密各局 177
左泑真傳地理 177
左泑真傳遺書 177
左溪文集 178
冊孟學塪高中學教科 178
石峒文抄 104, 184
石峒先生詩集 184
石峒詩抄 184
石室寐語 226
石農文集 184

石農全集 184
石農詩集 134, 184
石塢遺草 77
石橋碑記 153
石橋碑記／功德碑記 88
白茅庵詩類 5, 135
白馬祠三甲鄉例 100, 107, 185
白雲先生詩集 5
白雲庵程國公詩集 5, 32
白雲庵程國公錄記 5
白雲庵詩文集 5
白雲照春海賦 87
卯軒文集 118
卯軒行狀 118
卯軒拙筆 118
右神左佛碑記／本社奉事券文／奉祀儀節祭文／祀田逐分處所 143
仕妮書集 38
台峰鄧氏家譜 106
可庵文集 127, 237
外國來文集 217
外傳奇錄 107, 160, 193
示寂 137, 155
民間古調曲 9
幼學越史四字 28
幼學普通說約 128
幼學漢字新書 55, 116, 167

六畫

名人文集 26, 62, 106
名人詩集 17, 19, 26, 56, 161, 171, 187, 204, 212, 221

名山勝水詩	60, 80, 101, 192
名公詩草	60, 127, 162
名臣名儒傳記	32
名臣奏冊	87, 160
名臣奏集	91
名臣奏策	175
名臣章疏	46, 160, 251
名臣筆錄	91, 144, 217
名臣傳記	205
名臣遺稿	162
名言詩草	101
名言雜著	9, 23, 184, 216
名家國音	9, 67, 73
名家策文集	202
名家筆錄	202
名家詩選	115, 163
名家詩雜詠	45, 130
名家聯敘	2, 109, 115, 167
名筆叢書	100
名詩合選	6, 184
名詩抄集	104
名編輯錄	87, 109, 162, 214, 225
名編雜錄	38
名賦合選	9, 101, 160, 184, 205
名賦抄集	101
名賦集	101
名賢登科致仕帳文	53
安山范相公世譜並遺稿	159
安延陳氏家譜	145
安南地志	67, 192
安南志略	11

安南河仙十詠	175
安南初學史略	48
安南風俗冊	116
安南雜誌	40
安春男高春育履歷	105
安陽王祠碑記	140
安會村志	185
安樂縣文廟石碑	106
安謨山川人物碑誌／嗣德癸酉四月立	249
安隴參知阮相公年譜	36
吉川捷筆	12
吉川詩集	12
仰山靈稱寺碑銘	155
汝元立粵行集草	40
汝澹齋先生場詩法	40
考尺度步法	225
考古臆說	127
地方誌	12
地理	177
地理平陽精要	33
地理貴機真傳	177
地學摘英	6, 177
地輿志詩集	168, 192
吊文對帳文	62
朱文安行狀	115, 171, 208, 212
朱允緻行狀	160, 178
朱古源先生詩集	24
朱先生行狀草	185, 208, 212, 225
朱謝軒先生原集	19, 161, 178
朱謝軒詩集	178

朱謝軒詩集三卷 178
有功村內碑記 58
臣民表錄附裴家北使賀文詩集 87, 133, 164, 226
先正格言 6, 101, 192
先母黎捷予神道表 211
先祖槐軒先生遺文 248
先賢祠址碑 50
先嚴會庭試文 106, 193
曲江吳陽亭文集 225
西行日記 56
西行見聞紀略 87
西行詩記／西行詩記 87
西南衽進慘孝歌演義 187
西查詩草 60, 91, 212
西浮日記 56, 109, 189
西浮詩草附諸家詩集 212
西浮詩草附諸家詩錄 109, 136, 162, 188, 204
西浮詩草諸家詩錄 56
西就阮氏家譜 178
西湖詩集 67
如西日程 111
如西記 189
如清日記 185
如清使部潘輝詠詩 171
江村秋望 201, 209
江亭十二詠 107, 133
行吟歌詞詩奏 26
行吟錦錄 213
行南面對記 48

行參官家訓演音 216
行蜀歌 98
色空 253
回京日記 86
回京日程詩 100
宇宙以來 135
光明寺事跡 51
光淑貞惠謙節和沖仁聖皇太后挽詩
 205
竹林宗旨元聲 43
竹亭文集 224
竹翁奉使集 21
竹堂先生詩集附雜聯帳 226
竹堂周易隨筆 225
竹堂述古詩集 9, 56
竹堂場文策 226
竹堂詩文集 225
竹堂詩文集隨筆 225
竹堂賦選 82, 225
竹堂隨筆 225
竹庵詩文集 224
竹溪詩集 227
在京留草 87, 215
全社碑記 133
全越史約 136
全越詩錄 3, 4, 6–8, 11, 12, 15, 16, 20, 21, 23, 25, 26, 29, 32, 34, 44, 47, 50–53, 57, 58, 60, 65, 67–69, 71, 72, 75, 79–81, 85, 88, 89, 93, 96, 97, 99, 102, 103, 107, 108, 112–114, 118, 119, 121, 129, 131–133, 137, 142, 146, 147, 153, 154, 157, 158,

167–169, 173, 180, 182, 186, 190–192, 195, 197, 198, 201, 206–209, 211, 217, 221, 226–228, 233, 234, 237, 238, 245, 249, 251
吏治新編 176
自治煙賭方書 213
百官謝表 18, 46, 87, 162, 225
百家酬世珠璣撰 161
百家詩集 228
百僚詩文集 50, 224
百戰妝臺 41, 220, 228
列省風物賦 40
休亭集 105
刑書 52, 58
后神官碑記 23
后神碑記 21, 88, 104, 183, 216
后神碑記／乙卯年造 183
后神碑記／本社后神 135
后神碑記／附後諸例額 51
后神碑記／祭文田記 47
后陳逸史 171
存庵文 216
存庵文草 216
存庵文集抄錄 216
存庵文稿 216
存庵散文類 216
存庵詩稿 184, 216
再造鎮北寺碑／集福本坊十方功德 100
冰壺玉壑集 8
合群營生 115, 171, 182

字學四言詩 61
字學求精歌 180
字學訓蒙 61
艮齋詩集 14, 74
年譜錄 12
至靈風景 205

七畫

汭川文集／汭川帳集 146
汭川白筆詩集 146
汭川阮安之詩集 146
汭川集 146
汭川剩筆文集 146
汭川詩集 39, 104, 146
汭川隨筆詩集 146
汭川隨筆詩編全集卷之二 146
辛巳恩科各場文抄 162
辛亥科進士題名記 88
見山巢詩文集 125
見性成佛 15
見聞小錄 168
見聞錄 98
希尹公遺草 43
希明詩集 82
希張文集 83
希常先生世紀／魏陽詩草 83
阮氏世譜 57
阮氏家訓 163
阮氏族譜 37
阮公著家庭藏稿 138
阮廷族家譜世系集 13

阮長祚條陳集 56	吳家文派選 37, 43, 135, 136, 213, 235, 239, 243
阮忠勸賦 146	吳家世譜 77, 135, 179
阮洵叔詩集 134, 184	吳時仕傳神像 135
阮飛卿詩文 145	吳族追遠壇譜 41, 58, 98, 104
阮飛卿詩文集 240	吳族家譜記 31
阮飛卿詩集 96	吳陽亭文集 225
阮郎歸・祥光風好錦帆張 90	李氏家譜 86
阮唐臣傳家規範 1	宋史略 225
阮家祠址安樂筒／奉祀姓名券文／祭物儀節事例／奉祀各社逐分 154	宋溪生祠文集 218
	宋溪年表初集 218
阮家祠址碑記／祭物議節事例／祠址祭田處所／祠址立券文事 173	宋溪阮永賴公生祠文詩集／宋溪生祠詩集 218
阮探花淡如甫史論十三經集句 39	宋溪阮永賴公年表 167, 218
阮族家譜 120, 130, 212	宋溪阮永賴公奏議集 167
阮黃中詩雜集 165	宋溪阮永賴公奏議集序 151, 203
阮愛國寄書諸縣親愛諸父老 115	孝古堂詩集 202
阮衕詩文集 178	孝告心經演音合編 186
杜氏世譜 245	孝順約語 57, 104, 112
杜安仁事狀並襄事對聯 61	孝順約語序 133
杜家碑／譜系記 21	孝經立本 14, 40, 141
杜族家譜 76	孝經國音演歌 40, 141
吳公訓子文 31	杏市雙元黎藩侯詩文 62, 185
吳午峰文 135	君臣曲 195
吳午峰遺草 135	邦交好話 43
吳氏家譜 24, 31	伯多祿敕文並雜文詩抄錄 198, 219
吳世家觀德之碑／德林石與銳江水 43	言志詩集 131
	即事 167
吳家文派 37, 43, 136, 189, 239, 243, 244	即墨場文策 102
吳家文派希允公集 43	

兵制表疏 46, 87, 215
改定試法奏集 175
改建靈山古寺碑記 162
劫泊萬靈祠引跡 135
灸法精微摘要便覽 219
坐花摘艷上集 67, 206
良舍鄧氏譜 43
均亭詩草 166
沉香閣 123
告疾示眾 117
志軒詩草 19, 26, 63, 101, 131, 162, 187
志庵東溪詩集 19
戒殺放生演音 138
沂庵初定學式 40
沛陽吳世榮京回餞行詩集 185, 225
沛陽吳先生詩集 225
沛陽書集 109, 225
沛陽進士吳先生詩集 225
貝溪狀元挺對策文 74
貝溪詩集 75
佛經摘字 20, 168, 184
佛蹟山天福寺鐘磬碑字銘記 252
呂塘遺稿集 108
妝臺百詠 41, 220
岑樓集 172
妙蓮集／賴德公主妙蓮集 111
妙蓮詩集 204
含龍寺碑記 21, 53
抑齋遺集 13, 141, 145, 226, 240

步羅寺后碑叢記 48
每懷吟草 60
那麓神考小錄 79

八畫

官子村永福寺功德紀念後碑 181
官僚封贈對聯 61, 106, 116
官箴捷錄 62
青川居士彊甫公遺草 189
青月劉先生場習文 84
庚子恩科文選 185
拙山詩序 23
拙山詩集大全 22
拙庵詩集 21
拙齋文集 24
拙齋詠史詩集 24
河內 106
河內地輿 13
河內城記 62, 215
河內城碑記 27, 53
河防五說 37, 40
河防說 37
河防管見 159
河東名家對聯詩文集 115, 167, 202
河東名家對聯詩集 205
河城詩抄 63, 107, 142
河堤奏敘集 148
河堤奏集 148, 249
河堤奏諮集 249

坤元至德之碑 16	金鰲退食筆記 138
坤貞府碑 70	使北國語詩集 99
知止阮族家譜 220	使清文錄 19, 87
知止村學田碑／歲次辛亥年造 110	使程曲 99
知縣玄溪阮先生詩集附方亭文類 . 161	使程括要編 86
表文集 74, 151	使程要話曲 63
表奏集 46, 175	使程便覽曲／如燕使程便覽曲 86
表詔賦合選 114, 217	使程詩集 109
佳文集記 17, 120, 187	使程新傳 201
佳文雜記 225	使程誌略草 86
雨中隨筆 48, 146	使程雜詠 104, 125, 251, 252
雨後新居即事 201	使程類編 209
征占日程 67	使軺吟錄 158
征婦吟 5, 9, 73	使華卷 19
和正地理 22	使華筆手澤詩 131
和平黎族世次譜記 183	使華學部詩集 39
金古東汾遺集 49	使華叢詠 66, 192, 201, 226
金石奇緣 129	東平黃家詩文 129, 160
金江文集 91	東行詩說 86
金江阮相公日歷 91	東作阮氏家訓 19
金江阮相公挽集 167	東作阮氏家譜 19
金江阮相公登進士賀集 163	東洋文集 62
金江相國阮公神道碑 202	東洋該治十條略記 178
金江詩集 91, 144	東南盡美錄 213
金江遺草 91	東軒詩集 101, 113
金馬行輿 43	東野學言集聯稿 48
金剛經解理目／金剛經國音 78	東野學言詩集 48, 93
金陵記 157	東野學言聯集 48
金雲翹新傳 187	東野樵詩集 48, 93
金雲翹廣集傳 187	東陽文集 50
金甌寺碑志 143	東鄂社土堨坊留照詞 57, 128

東鄂社儺福碑 70
東鄂進士阮友造先生詩集 175
東黃家譜 129
東暘文 163
東暘文集 138, 163, 222, 233
東溪文集 19
東溪詩集 19, 204
明史論斷考辨 92
明良錦繡 67
明良錦繡集 192
明良錦繡詩集 192
明良錦繡瓊苑九歌 192
明命公文 253
明命年間表文 46, 162, 164
明命宮詞 50
明都詩 86, 151
明都詩彙 86, 151
明都詩選 86, 146, 151
明竫哀方詩集 50
明謙詩集 120
明鏡軒文抄 82, 162, 185
明鏡軒文詩抄 132
刷竹詩草 41
松竹蓮梅四友 48, 109, 162, 226
松坡詩集 234
松軒文集 234
松軒集 233
松軒場策文 233
松軒詩集 234
松軒寶光子文集 233
松堂詩草 233

松園文集 133
忠孝神仙 187
周易 136
周易折中 92
周易究原 29
周易國音歌 32, 66, 101
周易問解撮要 100
周易解義演歌 47
周原學步集 219
周原雜詠草 26, 51, 86
周禮註疏刪翼節要 216
周禮節要 216
往使天津日記 60, 249
奉事／生祠／供田／碑記 44
奉事後佛碑記 21, 154
奉事／後佛／碑記 44
奉事後佛／碑記 66
奉事後神碑記 88, 154
奉事范家碑記 15
奉事祭文 57
奉事碑記 21, 72, 173
奉事碑記／儀節券文 143
奉和呂祖國音詩 159
奉祀後神碑記／本社奉祀券文／奉祀
儀節祭文 154
奉使燕京總歌並日記 183
奉使燕臺總歌 183
奉將武略隱逸神仙列女賞覽各冊撰成
詩集 39, 130, 185, 204
法雨寺聲 70
法事齋儀 76

法越提攜正見書 171
祀典附碑記 252
武林洞 113
武東暘文集 163
武亭月圓記事 139
武學叢記 132
承祀碑 21
協保后神碑記／流傳奉祀券文／祭文／祭田 12
制科宏材文選 9
制科榜眼武惟清集草 9
長美社碑記／士會全碑記 75, 163
易軌祕奧集 48
易理新編 92
易經大全節要演義 100
易膚叢記 178
易膚叢說 168
炎郊徵古記 106
尚書少保裔郡公胡相公祠堂碑記 . 122
罔珠亭題詠集 40, 41, 116
居家勸戒則 193
始終 90
幸庵遺文 95, 120
性理節要／性理大全節要 216
虎帳樞機 20
芳渡列操州詠 104
芳澤何遜甫洋程集 162
宜詠詩集 235
附楂小說 29
宗溪阮永賴公年表 185

岩溪詩集 142
花箋潤正 61
芸臺類語 168
定齋詩集 45
奇觀詩 138, 192

九畫

香山行程雜詠 48, 56
香山靈感觀音事跡 28, 248
香山觀世音真經新譯 56
香池文藻 41
香池學草詩抄 41
香派先生集 79
香亭詩文集 78
香海禪師錄 78
香畦詩文集 79
香畦詩集／籌邊餘墨集二 79
香畦憶草 79
香跡峒記 108
香跡峒詩記附雜記 108
香墨社吳族家譜 36
看山亭詩文集 179
南山窗課制義 127
南山窗課賦選 127
南山遺草 127
南山叢話 127
南方名物備考 193
南天孝行實錄 171
南天國語實錄 124
南天標表 205

南天歷代私略史 73	南翁夢錄 126
南史私記 43, 124, 126	南國地輿 224
南史國音 187	南國地輿幼學教科書 116
南史策略 162	南雅民志考 4
南史集編 206	南雅民志考集 4
南史演音 187	南越輿地志 240
南史演歌 65	南遊雜詠 160, 193
南史賦 166	南藥神效 232
南史撮要 231	約夫先生詩集 109
南行記得集 1, 23, 175, 184	約甫詩集 241
南行集 100, 109, 162, 225	約亭詩抄 241
南行詩記 233	約齋文集 242
南交殿碑記 85	約齋文雜錄 242
南邦草木 139	范公年譜／承相范公年譜 155
南枝集 115	范公祠碑記 248
南定武竹村詩 228	范公家譜碑記 151
南定省地輿誌 147	范立齋先生詩集 100
南定祝祜歌格 180	范立齋聯文 100
南昌烈女傳 111	范宗家譜 155
南宗嗣法圖 204	范書齋詩集 159
南河紀文 159	范魚堂北槎日記 140
南河紀聞 1, 38	范義齋場策文 133
南風女諺詩 104	范鴻泰傳 171
南風解嘲 104, 233	軍中詞命集 240
南郊古今里巷歌謠註解 123	姜公輔事狀考 40
南郊樂章 46, 54, 56, 215	帝王寶鑒 142
南音草 124, 192	重刊治所碑 196
南真十六詠 100	重建白馬廟碑 100
南書目錄 142, 200	重修大悲寺／功德碑記 53
南海異人列傳演音 10	重修內亭碑記 27

重修文廟記 13	咸安場詩集 128
重修功德碑記 22	迪吉寶錄 229
重修法雲寺碑記 88	後佛大悲寺／田井立碑記 72
重修法雲寺碑記／本寺社功德姓名 154	後佛碑記 32, 100, 154, 248
重修林陽觀佛象碑 101	後神祠宇碑記 74
重修波羅寺大功德碑 88	後神碑記 72, 88, 135, 183, 228
重修祠宇碑記／重修祠宇捐供碑記 122	後神碑記／上洪府／錦江縣／陽明社 15
重修神祠碑／恭獻看作誌 70	後神碑記／何惠造亭奉事香火義 . 141
重修集福寺碑 87	後神碑記／事神依例 224
重修碑記 34, 178	後神碑記／流傳永遠 100
重修聖廟碑記 154, 202	後神碑記／後聖碑記 12, 150
重修龍慶寺碑 131	後神碑記／萬代留傳 47
重修徽文殿毓慶寺碑記 13	皇阮名家賀啟 40, 161, 163, 202
重修顯光寺立後佛碑記／一興功德報碑記永垂 47	皇阮登龍策文選 162
重修靈應寺閣鐘碑 235	皇訓九篇 161, 163, 175
重登浴翠山亭 184	皇家錦說 60, 185, 249
重興報恩寺碑記／本社姓名／檀那信供／供田三寶 22	皇陳廟坤範嗣音歌章合稿 212
貞石垂名 27	皇越一統輿地志 45, 181
恬江社武會碑記 9	皇越太傅劉君墓志 225
春早尚書阮進士家譜 19	皇越文選 21, 205
春香詩抄附雜抄 116, 164	皇越地輿志 240
春秋管見 43	皇越律例撮要演歌 12
春園詩集 193	皇越風雅統編 38, 109, 204, 212
宣光省賦 203	皇越科舉鏡 134
省臣祝嘏歌文 61, 187	皇越策選 225
省養陳黎紀先生詩文集 210	皇越會典撮要 251
咸安場策文 101	皇越詩集 52, 97, 168
	皇越詩選 99, 215
	皇越龍興志 178
	皇越叢詠 29, 77, 99, 155, 192, 240

皇朝大典 52, 58	前黎進士寧遜詩集 23
皇朝文集 .. 40, 161, 163, 213, 226, 233, 249	指南玉音解義 156
皇朝文選 19, 63, 132	保英良方 74
皇朝律例 98	保根詩集 7, 54
皇朝鄉會文武試則例 233	保漢珠聯 73, 123, 159
皇朝翰林院實錄 17, 187	保嬰良方 245
皇朝寶牒 1, 38, 129	保齋詩集 43
皇華雜詠 57, 86	洪桂軒詩集序 116
皇閣遺文 32, 135, 192, 225	洪義覺斯醫書 232
皇黎一統志／安南一統志 239, 243	洪德十八年丁未科進士題名記 67
英言詩集 135	洪鐘文碑記 247
段巡撫公牘 116	屏書遺寶 87
政和六年乙丑科進士題名記 88	飛鳥元音 40
洞林寺碑／皇帝萬歲 153	柳堂文集 162
秋夜吟 5	柳堂表草 162
秋夜旅懷吟 5	柳庵散翁詩集 104
流舍和正秘傳地法 22	柳庵散翁遺稿 104
亭門事例／石碑鎸造 70	柳庵詩集 104
胡尚書家禮 85	柳庵遺稿 104
胡春香考材料 142	柳齋庵詩集 104
胡家合族譜記 122	韋野合集 211
紀事新編 190	柏悅集 213
風林鳴賴詩集 93	星軺隨筆 212
風俗史 205, 207	星槎詩集 151
郊祀樂章 56	思鄉韻錄 73, 196
拾英文集 147	洛塘 106
拾英堂詩集 147, 185	建福元年如清日程 249
前後北行詩草 99	洋夢集 109, 115, 162, 225
前亭碑記／功德永垂 173	屋漏話 185
前朝丁先皇帝廟／功德碑記并銘 . 235	哀輓對聯集 40, 60
	科榜標奇 18

故黎午峰墨痕 43, 135
故黎左青威進士吳時仕公詩抄 135
故黎樂章詩文雜錄 168
昭儀祀事碑記／永治卷文／祭田逐分處所／祭物儀節例 85
昭儀神祠碑／皂隸祭田／歲時享祀／記功銘德 197
勉齋文籍 62
奏議前集 167, 218

十畫

柴山大禪上乘真經闈祕集 159
柴山尚書七十壽賀集 161
柴山勝跡雜記 229
柴山詩錄 27, 147
柴山感題 217
柴山實錄 27, 147
柴峰尚書公致事慶集 171
柴峰駟程隨筆 171
倉山外集 204
倉山詩集 204
倉山詩話 204
郡上主黎氏墓誌 75
珠川家訓 17
珠玉格言 64
珠峰詩集 48
珠峰雜草 48
珠溪詩集 16
海上懶翁醫宗心領 64
海杏詩集 62
海杏黎公文集 175
海杏黎公文籍 62
海派詩集 63, 188
海派詩稿 63
海翁詩集 63, 188
海陽地輿 69, 82
海陽風物志 40
海雲庵詩集 62, 185, 207
海煙詩集 63
海學名詩選 34, 101, 184
挽王少保汝舟 75
旅中吟 100
旅中雜說 216
唐中范敦仁原草 131
唐安丹鸞范家世譜 48
唐高都護渤海郡王詩傳 135
唐詩合選五言律解音 123
效方雜病 64
效顰詩集 24
效顰集 165
高平風土記 40
高平城陷事記 63, 132, 160, 212
高平記略 19, 132, 225
高平實錄 70
高伯适詩集 25
高伯達詩集 244
高周臣詩集 46, 126, 137, 161, 163
高周臣詩集／周臣詩集 25
高周臣遺稿 25, 126, 134, 163, 204
高青邱詩集 204
峽石集 69
神光寺恭紀 62

神光寺造／鑄洪鍾壹／果跡正皀／隸勇銳社	173	貢草園詩	223
神碑記	44	祝祐歌	180
神道碑記	130	留恩遺愛之碑	21
神道碑記／書筆御賜	216	家訓雜志	17
神機要語	233	家譜戶梁	174
烏州近錄	210	家譜集編	138
祠宇碑記	128	修造石橋碑記／十方功德姓名	154
祠址碑記	89	修造法雨寺碑／十方信施記	228
祠堂碑記附家訓	135	修復每獳橋碑記	51
桐江潘先生集	50	送貧案曲	61
師汾詩文	175	草堂詩原集	100
書序摘錄	40, 87, 212	盉莊詩稿	1
書經節要	216	凌雲氣賦集	143, 225
書經演義	168	桑滄偶錄	48, 56, 93
書齋文集	134	悟道歌詩集	86
書齋詩文國音集	134, 241	浴翠山靈祭塔記	192
格言雜錄	28, 179	祖餞合集	163
純忠總文址	101	起頭事錄	142
真武觀石碑	187	茶縷社志	85
峰相公傳記	140	倚羅社楊氏家譜	221
般若心經註釋	49	梳鏡新妝	157
宮怨吟曲	67		
桂流芳之碑	201	**十一畫**	
桂堂詩集	168, 205	淇川公贖文抄	94
桂堂詩彙選全集	168	梅山合纂詩集	115
玵亭神筆	12	梅山吟草	115
訓俗國音歌	174, 193	梅岩陳先生詩草	114
珥南詩集	144	梅亭夢記	103
珥湟遺愛錄	213	梅峰遊西城野錄	31, 115
恭紀綸音	60, 173	梅湖詩艸	112
		梅園詩集	116

作品索引　307

梅嶺使華詩集 131	陳家詩譜存遺稿 45, 78, 203, 248
梅驛諏餘文集 242	陳家響祀之碑 36
曹大家女戒 48	陳情表 213
章山詩集 83	陳族家譜 139
梁山縣碑記 76	陳朝世譜行狀 227
梁家族譜 174	陳朝陵寢圖漫記 185
梁溪文草 109, 170, 200, 223	陳黎外傳 13
梁溪詩草 109, 170, 200, 204, 223	陳廟碑記 225
清心才人詩集 114, 228	莫氏家譜 190
清化永祿縣誌 130, 192	乾元御製詩集 32
清化省志 23	乾坤一覽 48, 67
清化紀勝 41, 136, 156, 192	帳文詩對聯集 19, 162
清化總督荷亭阮述詩抄 60	帳文對聯全集 215
清化觀風 41	帳對及應制文 ... 14, 161, 164, 185, 226
清平歌調 133	帳對雜錄 ... 40, 161, 164, 185, 215, 226
清池光烈朱氏遺書 21, 29, 208	帳聯文集 14, 70, 128, 164
清池裴氏家譜 216, 231	張氏積善之碑 27
清康熙御題耕織圖副本 213	張留侯賦 9
清溪拙集 188	張菊溪守拙錄 27, 106
現今北圻之地輿史 178	張惠顯德之碑 66
郭氏地理節要 177	張夢梅詩集 63
郭氏家藏 6	張廣溪文集 46
祭文全集 248	張廣溪先生集 46
祭文對帳賀表書文雜錄 17	張廣溪詩文 46, 213
祭文對聯詩歌雜抄 104	國文叢記 38, 50, 62, 73, 116, 124, 128, 168, 192, 228
祭田碑記／逐分有差／坐落處所 . 197	國史敍 13
陳仁宗詩集 226	國史略編 136
陳太師讚文 61	國史遺編 13
陳王傳考 6	國史纂要 183
陳名案詩文集 104	國史攬要 49
陳家世譜 45, 157, 198	

國音文策 83	野史雜編 127, 207
國音詩 50, 168	野老好談 107
國音詩集 240	野老學言拙草 107
國音詩歌雜錄 213	盛世佳文集 46, 101, 104
國音新字 127	盛世雄文集 2, 162, 252
國音歌詩 171	盛烈東邑裴氏甲支列祖行狀 194
國音賦 158	盛德四年丙申科進士題名記 89
國音辭調 174	盛德宏功／福衍無疆 23
國風詩集合採 78, 206	盛黎詩集 192
國風詩演歌 78, 206	術古規訓錄 21
國風詩雜誌 78, 206	排外謬見列傳 17, 187
國師大王廟宇碑記 218	排奏役給朱社平海里 91
國朝文選 .. 56, 109, 127, 132, 138, 188, 194, 213, 219	荷池夜集 127
	荷亭文抄 60
國朝史撮要 106	荷亭文集 60
國朝名人詩採 50, 56, 104, 185, 202, 212	荷亭應制詩抄 60
	桵多省人丁風俗總冊 202
國朝名人墨痕 26, 50, 60, 217, 230	參考博文 9
國朝名孝 46	參考雜記 48
國朝名表 54, 62, 162, 194	參徒顯訣 246
國朝律例撮要 106	參禪旨要 155
國朝律學揀要 48, 55	唱曲集詩附唱曲集編 233
國朝科榜錄 106	陶匠敬事碑記／奉事記 72
國朝處置萬象事宜錄 247	陶娘歌籌唱類 9
國朝鄉科錄 106, 187	陶莊詩草 166
國朝詩文雜記 95, 104	雪齋詩集 235
國朝會科進士試策 45, 156, 162	啟序帳祭文抄集 101, 161
國朝翰苑 46, 109, 162	啟童說約 92
國朝歷科鄉策 229	寄忌碑記 27
國朝體例摘要 178	硃批寶翰 193, 215
野史 56, 60, 115	探花文集 185, 202

探花潘叔直錦回賀集 13
連業軒集 107, 200
御製古今體格詩法集 163
御製越史總詠 60, 109
御製裁成輔相詩集 164, 175
御製勦平北圻逆匪詩集 91, 162
御製勦平南北賊寇詩集 91, 162
御製勦平南圻逆匪詩集 91, 162
御製詩 161, 175
御製詩集 9, 82, 171, 194
御製聖德神功碑記 133, 162
御製歷代史總論 163, 175
御製題浴翠山 205
御製題龍光洞 205
從祀先賢碑記 248
推衍易書立成卷 245
理音通錄 178
理陰通錄 23, 36
掇拾雜記 57
笠峰文稿 95
魚峰仙生詩集 140
脫軒先生詠史詩集／脫軒詠史詩集
.... 195
造配神碑 146
造福寶書 229
造橋碑記 190
頂峰菘荽新撰鋟梓心囊大集 231
敏軒詩文集 25
敏軒詩集 25
敏軒詩類 25
敏軒說類 26

崧島詩集 104
崑島詩集 199
鳥探奇案 203
通國沿海渚 192
通鑑輯覽便讀 193
條陳堤政事宜集 91, 127, 185, 249
都梁總碑記／都梁總祭田碑誌 127
淹博科文集 50
崇報碑記 154
崇福寺鍾 34
崇德祠世祀之碑 43
崇嚴寺雲磊山大碑岩 69
崇嚴延聖寺碑銘 155
陪頌公文集 31
惟詩可勝金 172
鹿鳴亭詩草 200
強輿文戰 87, 123, 167
陰騭文 147
陰騭文註 168, 216
淵鑑類函略編 82

十二畫

進士古林公詩文遺稿合集 24, 122
進士陳氏講履歷 73, 157
進士魏公善甫詩集 193
進覽文草 163
湘山行軍草錄 132, 185
隊山寺碑 192
逸士阮公家譜 125
逸夫詩集 104
鄗川使程詩集 124

場文	26
壺天寺後伕碑	196
策文抄集	102
策學問津	212
策學新選	128
策學篡要	19
斯文祠址碑	218
黃氏窗前玄機密教	177
黃甲黎公祠堂記	218
黃飛虎過關	123
黃龍殿碑記	101
馮太傅詩	131
馮克寬詩集	131
馮使臣詩集	131
馮舍社馮公言志詩	131
越史三百詠	40, 106
越史三字新約全編	48
越史三字新約全編序	224
越史正編節要	193
越史地輿	17
越史通考	53
越史捷徑	100, 136
越史賸評	127
越史集要	40, 224
越史節要	249
越史新約全編	13, 28, 55, 116
越史綱目節要	50, 193
越史綱鑑考略	94
越史標案	135
越史總詠	60
越史鏡	48, 145
越史續編	13
越古文	62, 114
越甸幽靈集	205
越甸歷代備考附雜說	45, 106
越南山河海峒賞詠	6, 192
越南史要補遺	187
越南風史	209
越南義烈史	30, 116, 171
越南號爵詞典	142
越南輿地志	176
越音詩集	26, 88, 118, 191, 206, 240
越詩串珠	97, 170
越詩續編	6, 136, 169, 212
越粹參考	6, 124, 192, 228
越綱集成	13
越輿紀勝	39, 95, 192
越輿剩志全編	47
貴台公留福碑	15
詠史合集	127, 137, 184
詠史詩集	132, 195
詠史演音	241
詠阮氏金詩／莫挺之小史／朱文安小史	206
備考	48
程先生國語	5
程國公白雲庵詩集	5
程國公阮秉謙詩集	5
程國公讖記	5
普光寺／立碑記	35
普光寺碑記	47, 143
湖寺陂／三寶碑	141

圍江效顰集 39, 97, 146, 164, 203
雲池楊大人先生對聯並詩文 127, 172, 246
雲池詩草附燕軺集詩抄 246
雲亭表文啟帳全集 166
雲亭進士楊珪尚書先生 246
雲亭楊大人場文集 166
雲亭解元楊琳文集附雜文 166
雲亭詩錄 245
雲恬榆林阮族合譜 184
雲耕陳制科文集 248
雲耕陳家世族譜 157
雲集村儒先碑記 127
雲楊文集 166
雲齋阮氏家譜 224
雲囊小史 41
答弟子妙道之問 14
答法融色空凡聖之問 86
賀言登錄 106, 167, 228, 246
賀胡城中狀元 217
賀高副榜對聯帳文 13, 55, 167, 246
賀帳文集 50, 163
賀進士帳文 5
賀壽詩集 147
舜汭詩文集 79, 91, 101, 146
舜韶詩文類 198
巽甫詩集 118, 162, 225
巽齋學詠 162, 218
景治八年庚戌科進士題名記 89
景治五年丁未科進士題名記 66
景興三十年己丑科進士題名記 168

景興貳十一年庚辰科進士題名記 . 130
景興貳十七年丙戌科進士題名記 . 130
景興貳十四年癸未科進士題名記 . 168
欽定人事金鑑 105
欽定越史 109, 135, 231
欽定越史通鑑綱目 94, 109, 249
欽定越史綱目輯要 163, 224
欽定越史賦 130
欽定詠史賦 39, 109, 156
欽定集韻摘要 133
欽定勦平兩圻逆匪方略正編 ... 46, 162
欽定對策準繩 46, 109, 156
欽定輯韻摘要 161
傘沱文集 179
陽岳松軒吳子文集 87, 233
陽亭喪事詩帳對聯集 225
陽亭詩帳集 40, 133, 162, 193, 225
陽亭賦略 112, 213, 225
陽亭賦譜 225
陽節演義 28, 86
陽巖 69
詔表並御製詩 160, 175
詔表敕諭雜錄 101
詔表集 . 40, 49, 109, 156, 193, 241, 251
詔表論式 46, 156
詔表賦義舊文雜錄 63, 132
詔表體文雜錄 9, 140
喝東書異 115
菊坡詩集 29
菊秋百詠集 34, 43, 69
菊軒先生文類 27

作品索引

菊軒先生詩文集 27
菊軒表選 27
菊軒詔選 27
菊軒詩集 27, 101
菊軒論選 27
菊堂百詠詩集 34, 43, 69, 192
菊堂詩草 50
菊堂詩草／敏軒高周臣詩目 25
菊堂詩類 25
菊堂詩類附策文 26, 204
菊溪張相公守拙 27, 106, 173
菊農詩集 28
博物新編 56, 82
博學宏詞科文選 9, 130, 183
博學宏詞科策文 193, 215
萃芳賦集 116, 202
鄂亭先生錦回之慶 128
循垓別墅詩合集 117, 165
渭城佳句摺編 56, 123
勝封侯 172
詞苑春花 46, 185
詞翰舉要 63
悲柔郡公芳續錄 44
悲柔郡公芳蹟錄 176
集美詩文 56, 194
集唐述懷 202
登科錄搜講 12
登龍策選 114, 160, 202
筆香齋閨訓歌 111
筆華隨錄 187
筆溪文集 10

筆溪詩草 10, 136
筆算指南 56, 79
善亭謙齋文集 115, 193
華容小路 26, 138
華原詩草 181
華原隨步集 41
華堂文策 100
華堂立齋范公詩 100
華堂南行詩集 100
華梂社阮族家譜 45, 92
華韜吟錄 114, 162
華程記詩畫集 57, 107, 109, 199
華程消遣集 169
華程偶筆錄 66, 202
華程詩集 23, 32, 44, 53, 184, 187
華程遣興 226
華程學步集 41, 49, 93, 161
華程續吟 114
順軒詩後集 198
順廣二處山水路程版圖 78
報恩碑記／信約文記／惠田逐分記／
尊德姓字記 21
報國寺碑／新造前堂重修內寺碑／僧
誌／銘曰 27
報德後／神碑記 197
散翁遺稿附雜錄 104
朝堂文式 14
創造亭廟／功德碑 146
雅堂詩集 141
富貧傳演歌 111
琵琶行演音歌 207

琵琶國音傳 56
琵琶國音新傳 56, 60, 246
鄉試文式 40
鄉會試文 115
尋龍家傳國語 177
貽澤堂譜記 74
舒齋詩集 202
無題 21, 27, 46, 89, 91
無題碑 16, 122, 127, 130, 133, 135, 150, 153, 154, 156, 168, 183, 184, 187, 191, 204, 213, 217, 228, 233
無題碑銘 60
無題碑銘文 58
隆翹靈應聖昭矯大王上等神記錄 . 225
超類縣道秀社后神碑記 135
惠靈祠後神碑文／三社村後佛事例 151

十三畫

愚山文選 163
愚山全集 163
愚山詩文全集 163, 249
義川官光集 134
義批造亭碑記／第一東閣甲碑 ... 173
義鄉亭廟碑 182
義溪詩集 131, 185
楊山筆璞 61
楊氏文集 166
楊先生履歷詩文集 221
楊家世譜 13
楊家杍軸 13

楊慈何茂 223
農山詩集 148
農河詩集 148
董天王新傳 125
遊五行山唱和集 19, 26
遊香跡山前集 82, 185
遊香跡峒記 91, 108, 115, 185, 228
遊香跡峒記序 141
遊香跡峒詩集 108
詩文祭文對聯雜詠 205
詩文集編 26
詩文對聯抄集 13, 33, 41, 91, 116
詩文對聯雜錄 17, 187
詩文雜抄 87
詩文雜記內附漢字對聯祭文帳文 6, 172
詩文雜集 40, 87, 162
詩文雜編 26, 73, 164, 205
詩文雜錄 43, 162, 172, 228
詩文類 101, 185
詩囚草 122
詩抄 6, 9, 15, 53, 67, 80, 88, 97, 113, 119, 128, 129, 136, 142, 169, 179, 180, 192, 198, 207, 209, 212, 238
詩奏合編 41, 46, 109, 204
詩草 208
詩草雜編 56, 60, 104, 127, 217
詩珠集 53
詩恩寶詔 91
詩帳雜編 133, 164
詩集 63

作品索引　315

詩集合選 104	萬世奉祀碑記 154
詩集選 101	萬古開群蒙雜集 76
詩詞歌對策文雜抄 26, 73, 136, 192	萬里行吟 185, 217
詩經識名圖說 84	萬里侯陳公碑 131
詩對文雜錄 104, 164	萬言書 211
詩銘對帳抄集 82	萬劫靈祠本傳記 136
詩歌對聯雜錄 133	萬國公法 56
詩歌雜編 217	萬選新編 26, 92, 109
詩歌雜錄 138, 213	酬世名書 43, 101, 104, 205
詩賦文集 56, 133, 205	酬世詩集 2
詩賦對聯古文雜錄 96	酬奉駢體 106
詩賦雜抄 50, 226	酬恩碑記 26
詩賦雜錄 34, 43, 104	經史詩集 202
詩課集並表帳文 185	經略偹文集 228
新文集 171	經義文集 26
新刊鄉會文選 114	節玉對聯 106
新刊普濟良方 49	節齋詩集 207
新式文抄 167	粵行吟草／粵行吟／粵行詩話／粵行續吟／粵行吟草略抄 87
新江文集 161, 180, 181, 202	粵行雜草 40
新江詞集 106, 167, 202	慈安阮族世譜 36
新年說 48	慈廉縣登科誌 242
新書 159	艍舟酬唱集 217
新造節義神道碑記／大王上等神祠 43	零江營衛錄 21
新造瓊罍亭／後神惠田／本社文約／天地長久 154	葛洞何進士詩集 87, 162
新傳奇錄 100	葛洞何遜齋先生集 162
新聞錄 171, 182	溫舍社文址碑 184
新撰三字經童集策文 83	試法則例 209
新輯驪石河爪牙州吳氏傳家集錄 . 199	準定鄉會試法 35, 146, 225
萬方集驗 220, 245	傳奇新譜 73
	傳奇錄 105

傳家至寶 18
傳家錄 183
傳翁徒巴尾 235
聖宗遺草 191
聖祖行實演音歌 193
楚音集 181
鳩苔詩集 29
群英會詩 87, 91
群書考辨 168
群書參考 48
群賢賦集 29, 52, 93, 105, 145, 205
群賢賦集序 105
道流餘韻卷 64
道南齋初稿 96, 101, 216
道教源流 23
暗室燈演歌 189
碑記表文雜錄 18
碑記祭文集 100
碑記雜編 33, 40, 109, 115, 184
榆軒詩草 228
裕庵文集 34
裕庵吟錄 34
裕庵詩文集 34
綏國公詩集 211
葦野合集 127
牒疏賀文 219
葵渚興圓寺碑記 90
葵憂錄 93
過越井岡 217
殿試制策 181

微溪詩集 99
嗣德時文 185
嗣德御製文 60, 94, 125
嗣德御製詩 60, 125
嗣德聖製解義歌 173
嗣德機餘自省詩集 46
葫樣詩集 127
勤儉彙編 127
鼎鍥大越歷朝登科錄 18, 27
亶齋公詩集 42, 101, 118, 216
廈齋詩集 60
意齋算法一得錄 253
會題翹詩 101, 162
感懷 7, 14

十四畫

豪川詩集／豪川侯詩集 85
翠山行雜抄 117
翠山詩集 .. 46, 116, 133, 139, 156, 164,
179, 226
鳳山詞誌略 19, 116, 171, 208, 212
鳳池文集 163
鳳鳴全集 50
輓文對聯集 215
輓文憲侯 172
輓金江阮相公帳文 203
輓聯雜草 140, 172, 182, 186
裴氏家譜 118
裴氏略編 230
裴氏譜編／雲耕裴氏譜編 242

裴存齋聯文 185	遜甫學詠 162
裴家北使賀文詩集 19, 57, 109, 133, 161, 163, 225	遜庵詩抄 217
裴家訓孩 185	聞見雜編 162, 215
裴亶齋摘對 42	算法 56, 79
裴亶齋摘錦 42	算法大成 201
裴亶齋對聯集 42	嘉定城通志 14, 181
寧平全省地志考編 163	嘉遠縣甘蔗社后神碑記 190
寧平事蹟 156, 175, 185, 192	趙皇神祠碑 203
寧平省安慶縣安寧總各社村雜記 . 133	瑤亭詩集 135, 226
福田碑記 235	碩亭遺稿 183
福江詩文集 158, 167	夢海文集 187
福建會館興創錄 34	夢珠詩集 122
福陵陳相公世譜 151	夢梅亭詩草 110
福巖寺三寶市碑／功德信施 228	夢湖詩選 202
演州東城縣通誌 13	夢賢傳 166, 173
演武亭 123	槐軒先生集 248
瑰池碑記 23	碧峰遺討 8
壽寺碑記 247	對帳集 215
壽昌先賢祠宇碑記／留奉祠宇田池碑記 19	對帳雜抄 115
壽昌東作阮氏世譜 19	對賦詩記雜錄 128
壽河秀嶺裴翁六旬雙壽詩集 147	對賦傳雜記 178
壽席珠璣 146	對聯文集雜記 135
壽梅家禮 194	對聯抄集 168, 225
閩行詩話集 162	對聯帳文集 129, 184, 248
閩行詩集／閩行雜咏／閩行詩話集／閩行詩話 86	對聯集 213
	對聯詩文集 31, 51, 74, 101, 143
僧伽碎事 226	對聯詩文雜誌 .. 26, 115, 117, 163, 185, 188, 202
僧家雜錄 247	對聯詩文雜編 17, 94
	對聯詩歌吟韻 138

漢喃詩文雜錄集 133, 202	黎致仕詩集 168, 216
歌詞雜錄 5	黎紀續編 205
歌傳隨筆 5	黎家詩集 162, 188
歌調略記 137	黎朝八韻賦 101
歌籌 26, 45, 137, 241	黎朝功臣列傳 168
歌籌各調 137, 156	黎朝名人詩 192
歌籌體格 26, 45, 137, 225, 241	黎朝官制 192
精義抄集 167	黎朝官制典例 192
精選諸家律詩 114	黎朝景興監文 135, 226
精選諸家詩集 8, 29, 58, 69, 238	黎朝黃瞻地理論 177
閨閣英雄 123	黎朝會文選 23, 101, 135, 184
綺語叢錄 163	黎朝會試文集 ... 23, 135, 168, 184, 185
圖盤城記 33	黎朝嘯詠詩集 72
認齋文集 143	黎朝賦選 9, 57, 160
鳴鵑詩集 126	黎朝遺臣忠懇公之墓 98
摘艷詩集 52, 58, 145, 155, 170	黎朝歷科進士題名記 247
	黎朝纂要 183
十五畫	黎貴惇家禮 168
樂山詩集 96	黎聖宗純皇帝近體詩 67
樂生心得 126	黎聖宗詩 191
樂道集 96	賞心雅集 206
諒山團城圖 130	賞心雅頌 169
諒程記實 120, 138, 171	劉氏譜記 84
黎公行狀 128	劉較甫榮歸賀集 139
黎公廟碑 187	衛生要旨 2
黎史纂要 70	衛生脈決 2
黎成周詩集 61	醉仙詩集 45
黎季逸史 185	醉後閒吟集 166
黎相公事業勳名碑記 154	蓬州武先生試文 9
黎侯北行集陳柳庵詩集 104	蓬州詩文集 9
黎皇玉譜 231	諸名家詩 56, 82, 134, 185, 217

諸臣謝表 46	廣集地書 177
諸佛跡緣事 247	廣溪文集 46
諸品經 77	廣義省女學場 6, 192
諸家文集 40, 54, 146	廣嚴古寺 248
諸家詩文選 26, 161, 162	廣覽文集 171
諸道場慶贊文 76	廣覽名言集錄 6, 213
諸輿雜編 101, 116, 192	慧圃詩集 75
諸題合選 213	慧靜醫書 232
諸題墨 .. 43, 60, 91, 101, 106, 115–117, 133, 144, 156, 161, 163, 179, 185, 187, 202, 217, 225, 228, 239	養庵雜作 36
	養齋集 40, 76, 138, 163, 197, 215
	蓼雲仙傳 223
徵甫公詩文 243	慶賀集 106
盤阿山碑 135	慶節文草 163
潘佩珠小史 171	課虛錄 232
潘佩珠年表 171	蔗園全集 19, 27, 56, 94, 109, 204, 209, 217, 230
潘佩珠號召東遊 171	
潘家世祀錄 215	蔗園別錄 56, 204, 212
潘族公譜 26, 239	儀節祭文 57
潘懋軒先生國史捷錄 120	澄溪集 137
賦則新選 87, 145, 200	澄溪詩文集 137
賦集 40	增葺鄉學碑記 26
賦選 160	增廣明善國音真經 41, 159
撮要諸門 64	論語節要 29
鄭家世譜 35	論語愚按 184
鄧家奉祀碑記／萬世奉祀券文／祭物儀節事例／祀田逐分處所 220	論語菁華幼學序 111
	論語釋義歌 173
鄧黃中文抄 212	論辨贊頌歌箋文集 44
鄧黃中五戒法帖 212	論辯贊頌歌箋文集 74
鄧黃中詩抄 212	論體新選 106
駙馬賀從善公 39	歐學行程記 134
廣記集詩文錄 40, 43, 136	毅齋詩集 131

撫邊雜錄 136, 168
撫蠻雜錄 27, 106, 150, 187
德馨山仰祠碑記 88

十六畫

歷代典要通論 115, 215
歷代政刑通考 163
歷代政要論 104
歷代登科錄 167
歷代群英詩文集 120, 135
歷科四六 62, 78, 114
歷科策略 135
歷科鄉試文選 78
歷朝史記文選 27
歷朝祭文 162
歷朝登科備考 18, 101
歷朝策略 34
歷朝憲章類志 114
歷朝雜紀 247
興化風土志 103
興化省賦 202
興化記略 249
興功寺市碑記重修／信施功德 153
興功重修福娘寺碑 22
興功碑／功德 44
興聖寺重修鴻鐘功德易市碑記 72
興福寺碑記／興福寺福田碑 51
學田記 128
學吟存草 65, 86, 115
學源摘對 61

燕行曲 63, 226
燕行牙語詩稿 237
燕行總載 63, 164, 175
燕軺詩文集 184
燕軺詩草 184
燕軺詩集 184
燕臺秋詠 43, 190
燕臺嬰話 63, 185
燕臺嬰語演音 206
錦回集 13
錦亭文集 13, 192
錦亭詩文全集 13, 18, 192
錦亭詩選集 13
錦旋榮錄 44, 50
錦語 17, 94, 187, 213
錦語（對聯詩文雜編） 204
澹如詩草 39
澹齋主人文集 39
澹齋詩文集 40
澹齋詩課 39, 130
澹齋壓線集 39
獨步社神祠碑記並編抄錄 143
獨樂書 120
龍吟詩集 83
龍崗八十壽言編集錄 105
龍崗文集 105
龍崗北鎮行餘詩集 105
龍崗休亭效顰集 105
龍崗行餘聯集 105, 115
龍崗明良啟告錄 105

龍崗京邸行餘文集 105
龍崗京邸詩集 105
龍崗來賀集 105
龍崗戊戌京邸集 105
龍崗留草 105
龍崗草集 105
龍崗詩草 105
龍崗增廣行文寶笈 105
龍崗聯集 105
龍編百二詠 102, 193, 216
龍選試策 19, 136, 187, 189, 202, 228, 246
橘林詩草 39
翰苑流芳 32, 143, 163
翰閣文體程式 88, 134
翰閣英華 43
翰閣叢談 6, 23, 29, 88, 135, 145, 151, 192, 205, 216, 224
翰閣雜錄 163, 185, 192
默翁止齋黎參詩文合編 18, 118
默翁使集 118
輶軒詩序 217
輶軒詩草／輶軒詩 217
輶軒叢筆 217
磨崖紀公文 58
諭祭勳臣 120
錢詩 198
蕊溪阮氏家譜 145
蕊溪楊家世譜 14
澤園門傳輯要醫書祕傳 219

榮溪詩集 145
磬輓集 244
錄選今古四六今策 156
橫歷碑記 133
靜齋小草摘抄 214
樵隱國語詩集 208
樵隱詩集 208

十七畫

矯大王上等神記錄 225, 233
謝玉文聯集 178
營田表文 94
礬刊家訓碑 184
護兒方法總錄 36
禪宗本行 15, 205, 227
禪林鐵嘴語錄 226
禪苑集英 7, 14, 33, 42, 56, 59, 68, 76, 86, 90, 117, 121, 137, 138, 192, 204, 211, 214, 220, 221, 243, 246, 247, 253
禪道要學 155
療疫方法全集 36
嶺南逸史 33
嶺南群賢文詩演音集 179, 192, 198
嶺南摭怪 46, 203
嶺南摭怪序 148
嫩渃 106
覬進詩編 117, 146
總督大王神祠碑記 3
應溪文集 116, 241
舉業詩集 217

十八畫

藍山事跡歷代帝王所記 97
藍山祐陵碑 206
藍山實錄 85
雜文 50, 101, 185
雜文抄 185, 202
雜文抄一集 26, 161, 204
雜錄 187
舊文抄錄 163
舊翰林段阮俊詩集 43, 63, 114, 187, 207
歸去來辭演歌 174
歸田詩集 83
題吾溪 227
題秋江送別圖 75
題唐明皇浴馬圖 103
題柴莊永興寺 245
題群魚朝鯉圖 103
題龍光洞 192
雙青賦選 27, 136, 169, 216
璧垣藻鑑 160
鎬峰公詩集 31
斷索錄 155
斷詞體式 192
斷腸新聲 56, 187
斷腸錄 184
禮經 29
禮齋文集 102
翹傳 209
醫會碑記／醫會詞記／供田／祀田
 96
醫學纂要 30
謾謏詩集 117

十九畫

鏡臺集詠 92
鏡海續吟 86
懷安縣公文集 167
羅岸杜大家詩文 180, 181
羅岸杜大家賦集 180, 181
羅城古蹟詠 248
羅溪吳氏祠堂碑記／羅溪吳氏忌田碑記 216
辭受要規 212
禱雨廟碑 128
藥師十二願文 246
懶翁藥方 64
懶樵詩草 99, 183
瓊琚亭碑記 143
瓊華靈春福蔭萬寧／祿溪南無等之橋碑 235
瓊瑠節婦傳 174
瓊瑠縣重修祠宇碑記 136
韻對屑玉附雜文對聯 120
贊慧忠上士 155

二十畫

譯之為貴集 91
嚴公碑記／奉祀例碑記 27
釋氏寶鼎行持祕旨全章 77

蘇江志水 92
蘇江志始 206
蘇郡公神道碑銘 51
蘇溪隨筆集 107
勸孝歌 87
勸青年 106
勸善國語歌 195
籌設山防事宜奏 233
籌擬河防事宜疏 161
寶鼎行持／寶鼎行持祕旨全章 77
寶篆陳先生詩集 104
寶篆陳進士詩草 175
寶篆陳進士詩草／故黎朝進士寶篆陳
名案詩草 104
寶篆黃甲陳公詩集 104
寶齋詩集／寶篆陳黃甲詩文集 104

二十一畫

鶴人叢言 24, 122, 134, 171
鶴亭詩集 61
鶴峰全集 77
鶴墅吟編 115
蘭池見聞錄 98
覽西紀略 28, 106
醻恩碑記 57
續彙大南文苑統編 219

二十二畫

讀史痴想 98, 184
讀書格言 62

讀書樂趣 92
鑄銅馬碑／十方恭進／本村恭進各社
恭進 23
籟鳴詩草 115, 228

二十三畫

顯瑞庵碑 16
顯靈祠石碑 22
顯靈祠後神碑記／壹社村佛事例 ... 88

二十四畫

讖記秘傳 5
靈祠碑記 133

二十五畫

觀成文集 249
觀東海 126

二十六畫

讚圓覺經 246

二十八畫

驩州宜仙阮家世譜 81, 130
驩州風土記 89, 185
驩州風土話 87, 89, 126, 186
驩州碑記 122, 137, 174

二十九畫

鸛山詩草 183

國家圖書館出版品預行編目（CIP）資料

越南漢喃作家辭典 / 鄭克孟著. -- 新北市：華藝數位股份有限公司學術出版部出版：華藝數位股份有限公司發行, 2021.03
　面；　公分
譯自：Tên tự, tên hiệu các tác gia Hán Nôm Việt Nam.
ISBN 978-986-437-187-7(平裝)
1. 作家 2. 古代 3. 詞典 4. 越南
783.8304　　　　　　　　　　　　　110001681

越南漢喃作家辭典

作　　　者／鄭克孟
翻　　　譯／黎輝煌、阮黃燕
校　　　訂／阮大瞿越
責任編輯／謝宇璇
封面設計／張大業
版面編排／王凱倫

發 行 人／常效宇
總 編 輯／張慧銖
發行業務／吳怡慧
出　　　版／華藝數位股份有限公司　學術出版部（Ainosco Press）
　　　　　　地　　址：234 新北市永和區成功路一段 80 號 18 樓
　　　　　　電　　話：(02) 2926-6006　傳真：(02) 2923-5151
　　　　　　服務信箱：press@airiti.com
發　　　行／華藝數位股份有限公司
　　　　　　戶名（郵局／銀行）：華藝數位股份有限公司
　　　　　　郵政劃撥帳號：50027465
　　　　　　銀行匯款帳號：0174440019696（玉山商業銀行　埔墘分行）
法律顧問／立暘法律事務所　歐宇倫律師

ISBN／978-986-437-187-7
DOI／10.978.986437/1877
出版日期／2021 年 4 月
定　價／新臺幣 1800 元

版權所有・翻印必究　　Printed in Taiwan
（如有缺頁或破損，請寄回本社更換，謝謝）